大学生创新创业实践教程

主　编　宋保峰　苏新民　刘　迪

苏州大学出版社

图书在版编目(CIP)数据

大学生创新创业实践教程 / 宋保峰，苏新民，刘迪主编. --苏州：苏州大学出版社，2024.6
ISBN 978 - 7 - 5672 - 4812 - 0

Ⅰ. ①大… Ⅱ. ①宋… ②苏… ③刘… Ⅲ. ①大学生-创业-高等学校-教材 Ⅳ. ①G647.38

中国国家版本馆 CIP 数据核字(2024)第 110210 号

书　　名：大学生创新创业实践教程

主　　编：宋保峰　苏新民　刘　迪
责任编辑：周建兰
封面设计：吴　钰

出版发行：苏州大学出版社(Soochow University Press)
社　　址：苏州市十梓街 1 号　**邮编**：215006
印　　装：苏州市古得堡数码印刷有限公司
网　　址：www. sudapress. com
邮　　箱：sdcbs@ suda. edu. cn
邮购热线：0512-67480030
销售热线：0512-67481020

开　　本：787 mm × 1 092 mm　1/16　**印张**：15. 75　**字数**：355 千
版　　次：2024 年 6 月第 1 版
印　　次：2024 年 6 月第 1 次印刷
书　　号：ISBN 978-7-5672-4812-0
定　　价：49. 00 元

《大学生创新创业实践教程》编写组

主　编　宋保峰　苏新民　刘　迪

副主编　刘永红　吕晓丽　吴国艳　高爱霞
王　珣　顾　超　刘　鹏　张金红
袁　飞　陆　平

参　编　白立洋　姚兴华　郭　宁　李春月
杨梦蕾　邹少冰　王小艺　李　萍
董一鸣　梁承磊　孙延民　宋媛丽
任　萍　张赛燕　刘媛媛　魏　雪
彭泰来　丁　玲　亓　迪

前 言

对于创新创业教育而言,课堂教育与实践教育是两种不可或缺的教育载体。就教育实施的具体效果而言,需要促进课堂教育与实践教育的内在融合、协同育人,实践教学注重体验、鼓励探究、便于互动,但是实践教学模块下的个性化辅导、特质化的实践环境提供都需要大的投入,大多数高校一直没有形成实践教学的课程体系和教材体系。

山东财经大学东方学院协同北京正保育才教育科技股份有限公司共建创新创业教育体系,结合最新的创新创业实训技术,营造一站式创新创业教育综合平台,打造以“理论+实训+孵化+成果转化落地”的创新创业教育闭环,实现高校资源和社会资源的对接,最大限度地丰富创新创业实践教育资源。

创新创业实践教育重视能力的培养,通过不同岗位的实训,学生可以熟悉企业运作流程、岗位设置与要求,掌握基本工作技能,从而提高学习能力、思考能力、实践能力、解决问题的能力等。本书作为实验指导书分为三个模块,第一个模块是创业实训模拟公司业务集成系统,第二个模块是创业模拟商战,第三个模块是实践项目,同时给授课教师提供操作手册作为参考。

本书致力于将课堂延伸到课外、将课上延伸到课下,致力于让学员在有限时间内体会创业流程、领会创业精神,从而产生创新创业的驱动力,提升学员的创新精神和创业能力,为今后创新创业打下良好的基础。与此同时,书中融入多重思政元素,包括中国梦、爱国主义、民族精神、奋斗精神、革命精神、工匠精神、“四个自信”、守法经营、精准扶贫、乡村振兴、人文精神和仁爱之心等,融入人生观和价值观教育,教育学生树立正确的人生观和价值观,引导学生关注广大农村地区,助农兴农,帮助学生们树立起世情、国情和社情意识。在指导学生创新创业实践的同时给学生带来全方位的思政大课。

为方便系统地使用软件平台和进行线下实践教育,北京正保育才教育科技股份有限公司委托山东财经大学东方学院组织联合有关机构和专家组成编委会，基于山东省一流课程“创新创业实践”的建设，编撰了这本《大学生创新创业实践教程》教材。本教材编写组通力合作，由刘迪老师统稿，高爱霞老师审稿，苏新民老师终审定稿。

本教材在编写过程中得到了北京正保育才教育科技股份有限公司的大力帮助，山东电子职业技术学院刘永红老师、陆平老师和泰安市岱岳区职业中等专业学校刘鹏老师给予了帮助和支持，也吸收了国内外众多的优秀研究成果，并参阅、借鉴了大量文献资料。相关的老师、专家、作者无法一一列出，在此一并致以衷心的感谢！

书中不妥之处，敬请不吝赐教。

编者

2024 年 2 月

目录

第一模块　创业实训模拟公司业务集成系统

第二模块　创业模拟商战

第三模块　实践项目

第一模块

1

创业实训模拟公司业务集成系统

第一章 创业实训模拟公司主体功能

【教学内容导图】

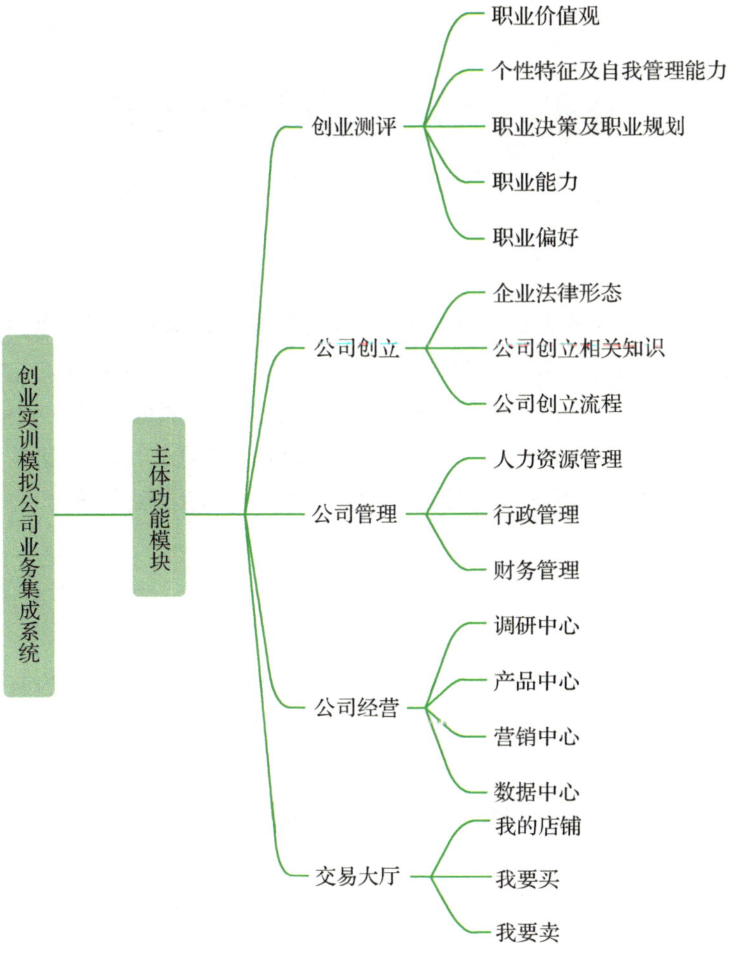

学习目标

- 了解创业者创业能力的优势和劣势，制订未来职业规划。
- 掌握创业实训模拟公司业务集成系统的操作方法，真实体验创办公司管理经营全流程。
- 理解创业成功的关键要素。
- 培养学生的自信心，激发“敢想、会创”的热情。

【教学准备】

- PC。
- 创业实训模拟公司业务集成系统。

第一节　创业实训模拟公司业务集成系统概述

一、平台介绍

创业实训模拟公司业务集成系统采用金马兰创业实训远程平台，该系统由全球模拟公司联合体中国中心、北京正保育才教育科技股份有限公司研发而成。金马兰创业实训远程平台为中国中心模拟实训在线辅助平台，其致力于帮助实训学员在创业之前，了解自己是否适合创业，如何创建公司，如何管理自己的公司，如何进行产品研发及营销策略制定，等等。在该平台上可与国内及全球模拟公司进行实时的远程交易。

二、实训原理

（一）主体功能模块

金马兰创业实训远程平台涵盖五大主体功能模块，分别为“创业测评”“公司创立”“公司管理”“公司经营”“交易大厅”。

1. 创业测评

“创业测评”是指学员在选择创业之前，须完成对职业价值观、个性特征及自我管理能力、职业决策及职业规划、职业能力、职业偏好五个方面的测评，以帮助学员清晰认识到为什么要工作，应该如何工作，如何规划职业发展，怎样做最好的自己，最终找到适合自己的职业。

2. 公司创立

“公司创立”模块提供了个体工商户、有限责任公司、合伙企业和个人独资企业四种适合初创型企业的法律形态，学员可学习在线创立公司，学习公司创立相关知识，体验创立流程，学会如何创建公司，从而在现实创业中少走弯路。

3. 公司管理

“公司管理”模块包括人力资源管理、行政管理和财政管理三个部分内容，可以让学员体会到现实企业中公司管理模块的主要工作内容，并亲身体验公司组织架构制定、人员招聘等人力资源管理环节，学习行政、财务专家为初创型企业量身定做的知识架构和内容。

4. 公司经营

“公司经营”模块包括调研中心、产品中心、营销中心和数据中心四个部分内容，学员在线下进行市场调研，明确产品目标，并体验产品设计、研发和包装的整个过程，学会制定营销策略，为至交易大厅进行产品交易奠定基础。

5. 交易大厅

“交易大厅”以“我”是卖家的交易流程为主线，可以让学员体验在线交易流程，模仿电子商务的交易模式及私信式的在线沟通模式，提升学员的商务谈判、客户关系维系等能力。

（二）辅助功能模块

五个辅助功能模块分别为“创业学堂”“创业项目”“商业计划书”“调查考试”“创业服务”。

1. 创业学堂

“创业学堂”模块包括创业课堂、创业知识、创业案例、合同规范、政策资讯、创业故事、创业书架七个子模块内容。以高清宽屏的在线课程形式，提供创业专家们优质丰富的创业知识。

2. 创业项目

“创业项目”模块提供各地创业项目库，可供查询、对比及选项指导知识学习。

3. 商业计划书

可在线完成商业计划书撰写，也可在线查看优秀商业计划书。

4. 调查考试

在线完成各项调查及考试。

5. 创业服务

向学员提供专家在线咨询，可就创业相关疑问进行讨论，为众多学员提供开放的在线讨论创业问题的平台。

第二节　平台登录

一、登录

打开 https://jml.chinapen.org.cn/，登录金马兰创业实训远程平台，用户名由后台管理员根据教学需要进行批量生成，一般用户名为身份证号码，初始密码为“123456”。输入用户名、密码及验证码后，点击“登录”按钮（图 1-2-1），即可完成平台登录操作。

图 1-2-1

首次登录平台，如图 1-2-2 所示，“用户登录”框中“职务”“公司”为空，待自行创建公司或加入公司后，信息框会显示相应的公司信息。“公司资讯”框实时滚动显示平台上模拟公司创立相关信息。

图 1-2-2

点击图 1-2-2 中的“修改密码”,可跳转至如图 1-2-3 所示的“密码修改”页面,根据页面提示信息,输入新旧密码,点击“修改密码”按钮,即完成密码修改操作。注意,密码可为数字、字母的任意组合,字母区分大小写,位数为 6 ~ 15 位。

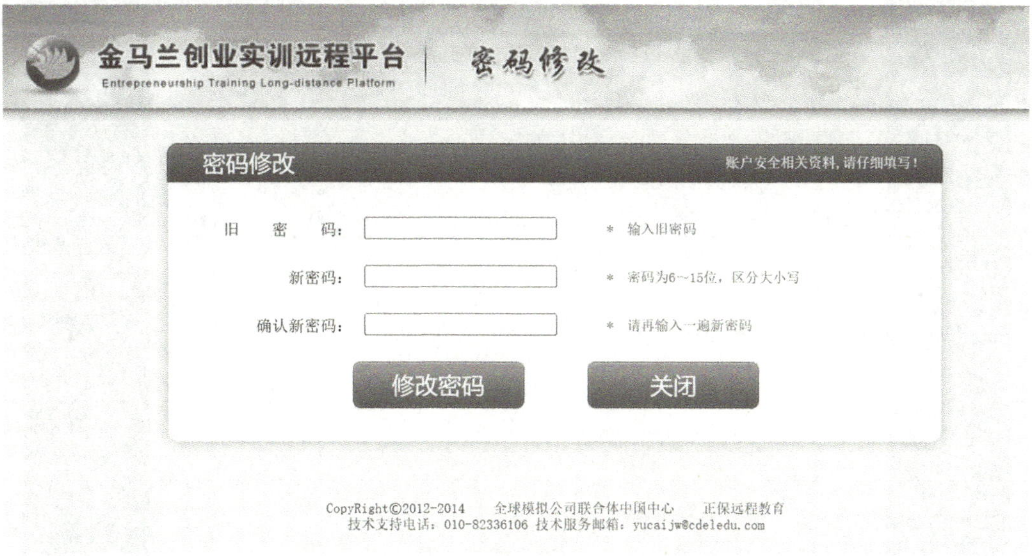

图 1-2-3

二、我的简历

点击“用户登录”框的“我的简历”链接,可跳转至“我的简历”页面(图 1-2-4),“我的简历”包括“个人信息”“教育经历”“工作经历”“求职意向”四个部分内容。简历仿照真实求职的简历框架设计,其中“教育经历”和“工作经历”可以填写多项内容。每个部分有收起、编辑和保存等功能,学员可通过在线“我的简历”撰写,学会如何撰写个人简历。

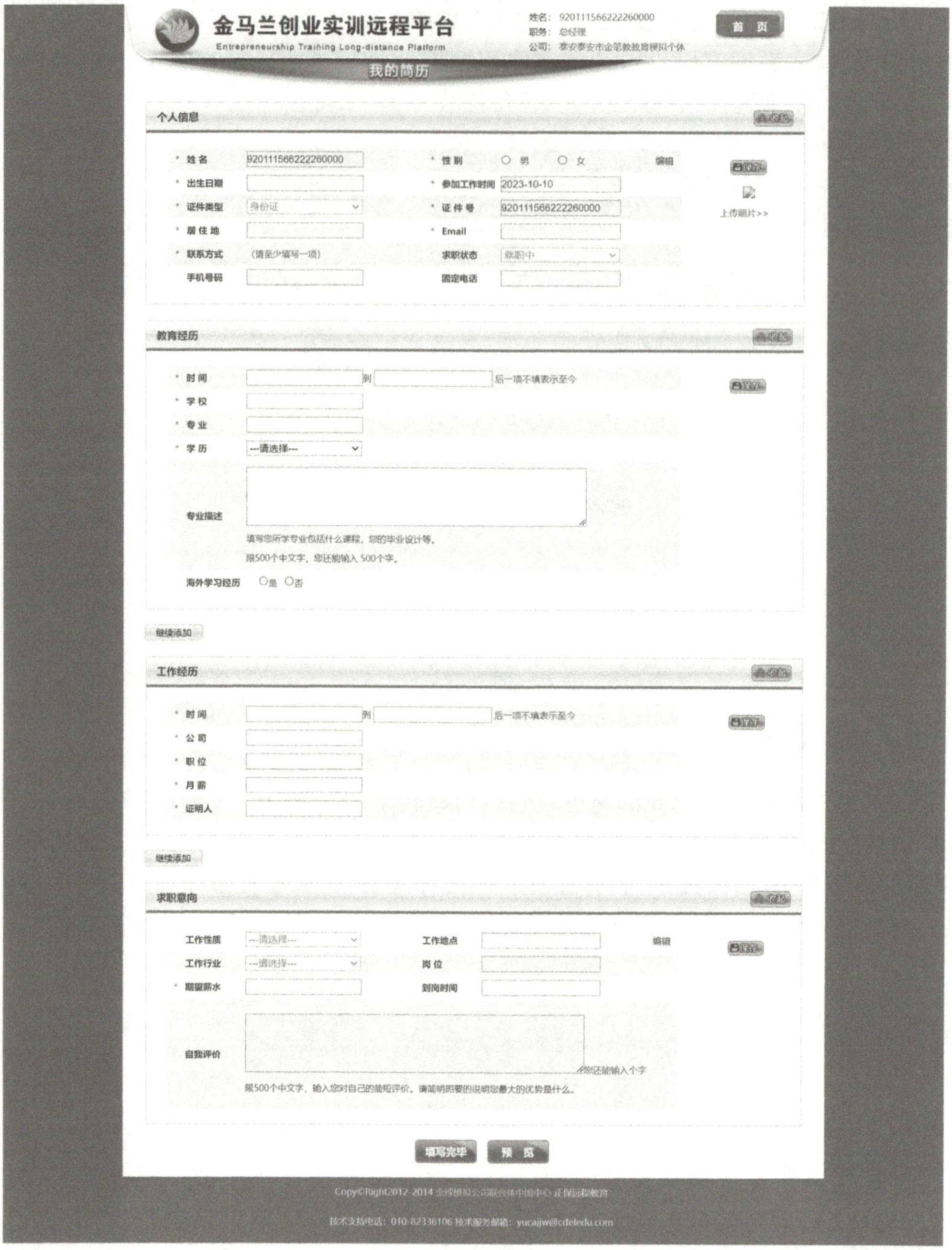

图 1-2-4

三、我的公司

点击“用户登录”框的“我的公司”链接，可跳转至“我的公司”页面（图 1-2-5），此页面包括“公司招聘信息”“我的招聘邀请”“交易提醒”“公司证照”等公司相关信息。

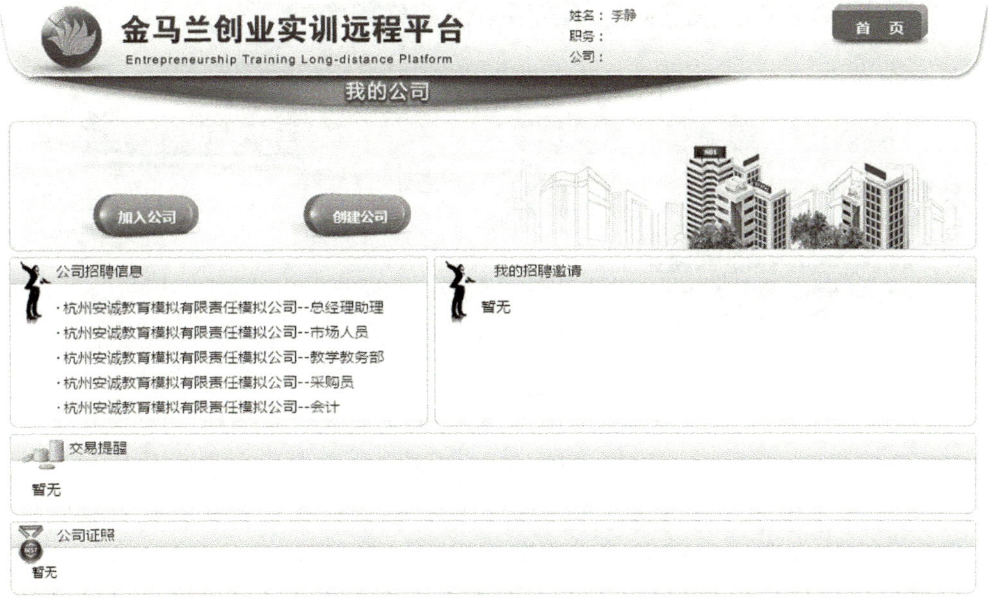

图 1-2-5

点击图 1-2-5 中的“加入公司”按钮，跳转至如图 1-2-6 所示的页面，可搜索公司信息和岗位信息，若对某公司或某岗位感兴趣，可参与应聘。

图 1-2-6

若点击图 1-2-5 中的“创建公司”按钮，则跳转至“公司创立”模块。公司创立完成后，“我的公司”页面如图 1-2-7 所示。

图 1-2-7

点击图 1-2-7 中的“我的学习进度”按钮，可查看我的学习进度情况（图 1-2-8），如有“×”，点击相应模块，链接至未完成的页面完成相关操作。

图 1-2-8

点击图 1-2-7 中的“公司注销申请”按钮，弹出“注销申请”框，可填写注销理由，如图 1-2-9 所示，由实训师在后台批准后，可重新在线模拟公司创立流程。

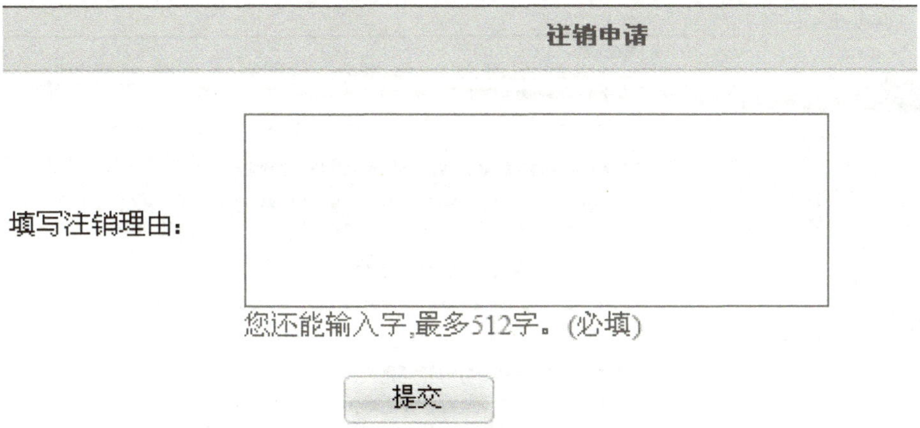

图 1-2-9

点击图 1-2-7 中的“基本信息修改”按钮，跳转至“基本信息修改”页面，可修改公司名称及企业的 LOGO，如图 1-2-10 所示。

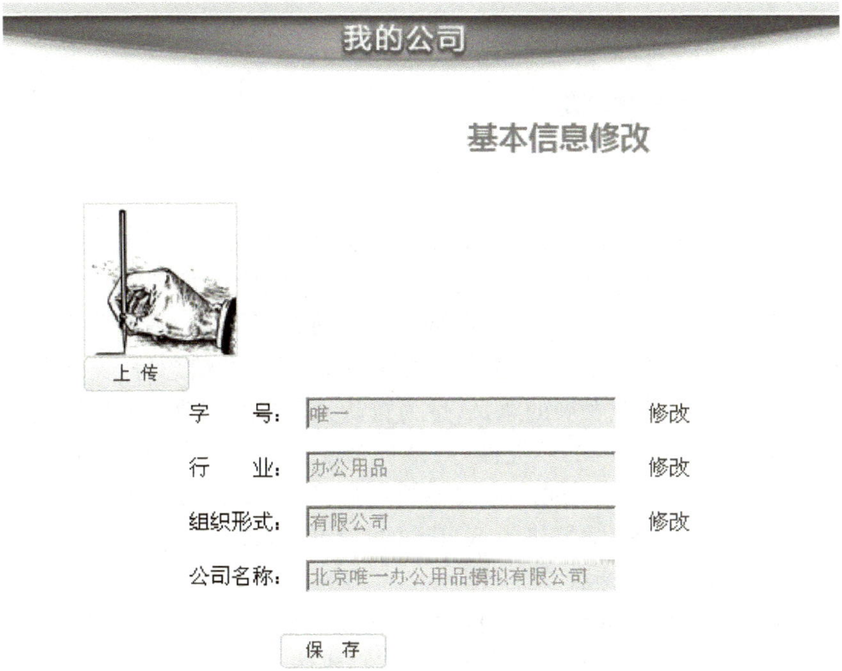

图 1-2-10

四、帮助

平台各主体模块页面右上角均设有“帮助”链接，点击，可弹出“帮助”页面，如图 1-2-11 所示，学员可有针对性地查看帮助信息，更有效地利用平台上各个模块的功能。

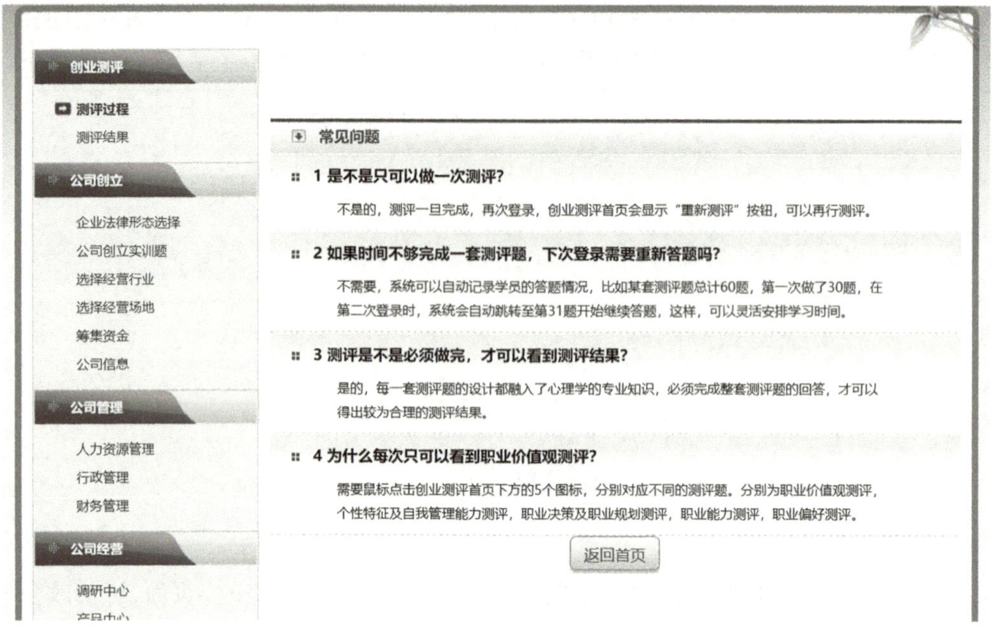
创业测评
测评过程
测评结果
公司创立
企业法律形态选择
公司创立实训题
选择经营行业
选择经营场地
筹集资金
公司信息
公司管理
人力资源管理
行政管理
财务管理
公司经营
调研中心
常见问题
1 是不是只可以做一次测评?
不是的，测评一旦完成，再次登录，创业测评首页会显示“重新测评”按钮，可以再行测评。
2 如果时间不够完成一套测评题，下次登录需要重新答题吗?
不需要，系统可以自动记录学员的答题情况，比如某套测评题总计60题，第一次做了30题，在第二次登录时，系统会自动跳转至第31题开始继续答题，这样，可以灵活安排学习时间。
3 测评是不是必须做完，才可以看到测评结果?
是的，每一套测评题的设计都融入了心理学的专业知识，必须完成整套测评题的回答，才可以得出较为合理的测评结果。
4 为什么每次只可以看到职业价值观测评?
需要鼠标点击创业测评首页下方的5个图标，分别对应不同的测评题。分别为职业价值观测评，个性特征及自我管理能力测评，职业决策及职业规划测评，职业能力测评，职业偏好测评。
返回首页

图 1-2-11

第三节　创业测评

“创业测评”包含 5 套测评题，联合北京师范大学心理专家精心打造，涵盖职业价值观、个性特征及自我管理能力、职业决策及职业规划、职业能力、职业偏好五个方面。

职业价值观表明了一个人通过工作所要追求的理想是什么：是为了钱、为了权力，还是为了一种情感关系，等等。它支配着人的选择心态、行为及信念等，支配着人们对职业的认知，明白事物对自己职业发展的意义，也为自认为正当的职业行为提供充足的理由。

不同个性特征的人有不同的职业偏好，某种个性特征的人会为某些特定的职业所吸引。自我管理能力主要指一个人如何有效地管理自己，实现自己的人生目标。通过个性特征及自我管理能力的测评，学员将了解自己的目标管理能力、时间管理能力、压力管理能力及情绪管理能力的主要特点。

职业决策及职业规划是指综合自身与外界环境的各种信息，基于对自身某种职业行为能力的判断和评估，所形成的对自身能力的信心或信念。它反映的是个体对自己完成特定职业的相关任务或行为的能力的知觉或对达成职业行为目标的信心或信念。

在职业生涯中，语言能力、数理能力、空间判断能力、觉察细节能力、运动协调能力、动手能力、社交能力、组织管理能力这八种基本能力对完成各种工作都是必要的。职业能力测评将帮助学员了解自己在这些能力上的倾向性及能力构成，以便于探索适合自己的职业。

职业的选择问题是事关今后生活和发展的大问题，能不能找到工作、选择什么职业才是最适合自己的，是面临择业的每个人最关注的事情。职业偏好测评旨在帮助学员发现和确定自己的职业兴趣和能力专长，从而为择业做出更好的参考。

测评首页如图 1-3-1 所示，点击页面下方五个图标，可切换至某个测评的简介内容，如是首次测评，可点击“开始测评”按钮，跳转至测评过程页面。

金马兰创业实训远程平台
Entrepreneurship Training Long-distance Platform
创业测评
首页
公司创立
创业学堂
创业项目
姓名：李静
职务：
公司：
职业价值观测评
职业价值观表明了一个人通过工作所要追求的理想是什么：为了钱，为了权力，还是为了一种情感关系等。它支配着人的选择心态、行为及信念等，支配着人们对职业的认知，明白事物对自己职业发展的意义等，也为自认为正当的职业行为提供充足的理由。
开始测评
查看测评结果

图 1-3-1

图 1-3-2 显示测评过程页面，每套测评的总题量在页面上方显示，学员完成本页的测评题后，可点击“下一页”按钮，继续进行答题，如一次无法完成所有答题，可点击“保存并退出”按钮，系统会自动保存答题情况，再次登录后，可在测评首页点击“继续测评”按钮继续答题。如已完成某套测评的答题，再次登录测评首页，则可点击“重新测评”按钮再次测评。

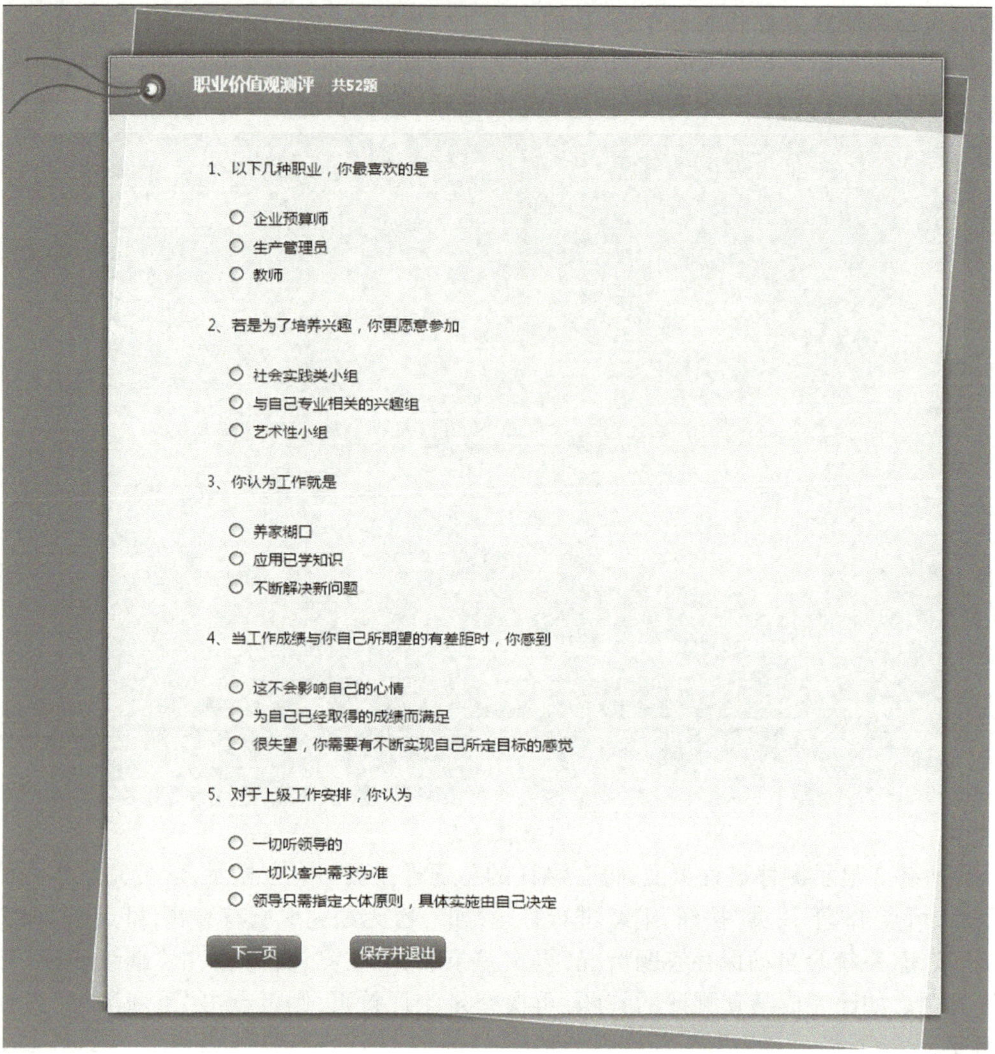
职业价值观测评 共52题
1、以下几种职业，你最喜欢的是
企业预算师
生产管理员
教师
2、若是为了培养兴趣，你更愿意参加
社会实践类小组
与自己专业相关的兴趣组
艺术性小组
3、你认为工作就是
养家糊口
应用已学知识
不断解决新问题
4、当工作成绩与你自己所期望的有差距时，你感到
这不会影响自己的心情
为自己已经取得的成绩而满足
很失望，你需要有不断实现自己所定目标的感觉
5、对于上级工作安排，你认为
一切听领导的
一切以客户需求为准
领导只需指定大体原则，具体实施由自己决定
下一页
保存并退出

图 1-3-2

完成测评后，可查看测评结果，每套测评结果包括“测评结果图”“专家解析”“专家建议”三个部分内容，分别如图 1-3-3、图 1-3-4、图 1-3-5 所示，学员可分栏查看个性化测评结果，也可单击“打印预览”按钮进行整体查看，亦可打印测评结果。

“创业测评”模块在功能上有如下特点：

① 可随时测评，系统自动保存测评结果。

② 可多次测评。

③ 可打印测评结果。

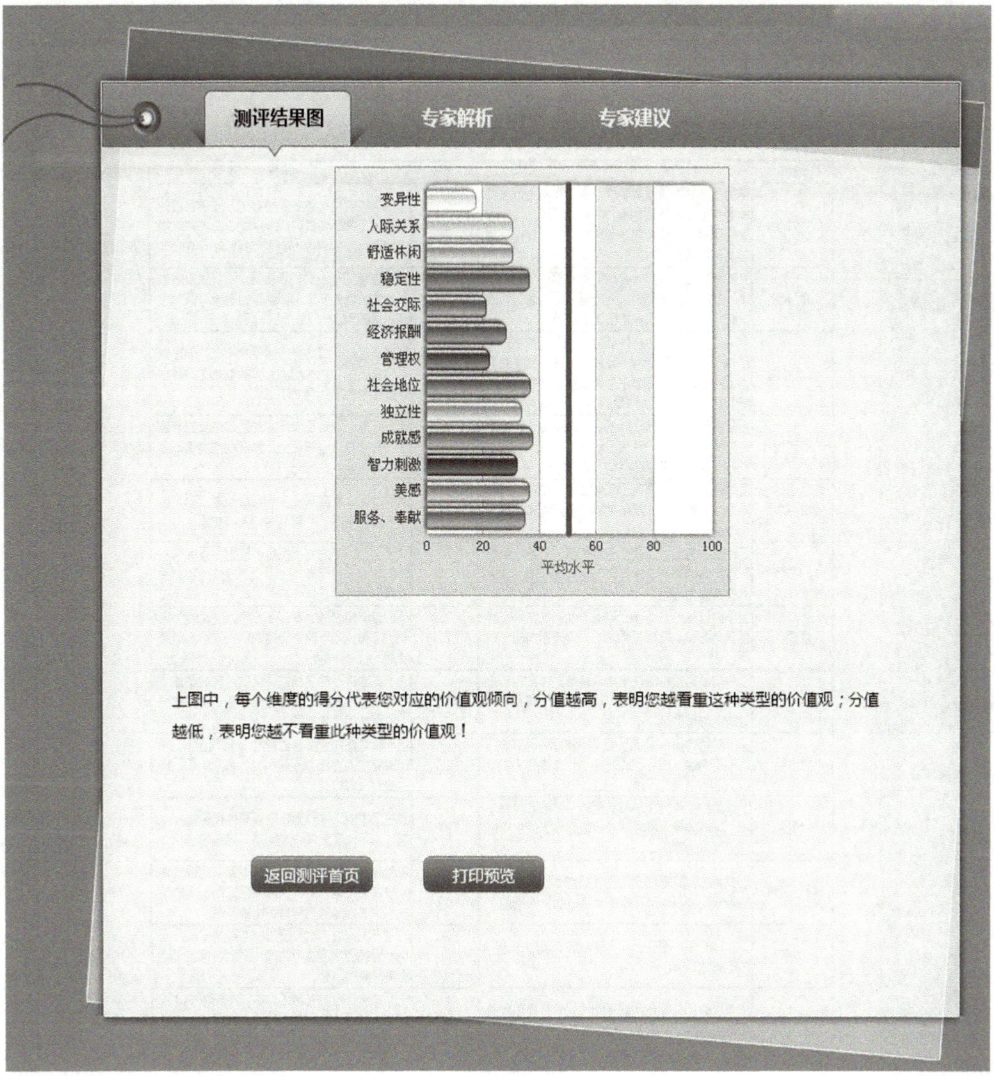
测评结果图
专家解析
专家建议
变异性
人际关系
舒适休闲
稳定性
社会交际
经济报酬
管理权
社会地位
独立性
成就感
智力刺激
美感
服务、奉献
0
20
40
60
80
100
平均水平
上图中，每个维度的得分代表您对应的价值观倾向，分值越高，表明您越看重这种类型的价值观；分值越低，表明您越不看重此种类型的价值观！
返回测评首页
打印预览

图 1-3-3

测评结果图　专家解析　专家建议

维度	定义	得分	特征
变异性	希望工作的内容经常变换，使工作和生活显得丰富多彩，不单调枯燥。如包含不同类型的活动，要解决不同问题，工作地点常常变化，常常遇到新面孔。	17	您不喜欢变化，喜欢保持常规，按部就班的工作。工作环境或内容的变化会给您带来很大的压力，造成很大心理负担。
人际关系	希望与一起工作的大多数同事和领导相处愉快、自然。追求和谐的人际氛围，认为这就是很有价值的事，是一种极大的满足。	30	您不在意工作中的人际氛围，不会刻意追求融洽的人际关系。人际氛围的融洽与否对您的影响不大。
舒适休闲	希望能将工作作为一种消遣，休息，或享受的形式，追求比较舒适，轻松，自由，优越的工作条件和环境。希望一个能够提供足够弹性的职业环境，甚至为此牺牲职业的一些方面。	30	您对于工作环境的舒适度要求不高，不在意工作之外的业余休闲。为了更高的工作要求可以牺牲自己的精力和时间。
稳定性	不管自己能力怎样，希望在工作中有一个安稳的局面，不会因为奖金，加工资，调动工作或领导训斥等经常提心吊胆，心烦意乱。	36	您不在意工作是否稳定，对工作内容的明确性没有要求。经常变换工作环境或内容不会给您带来很大的压力。
社会交际	工作的目的和价值在于能和各种人交往，建立比较广泛的社会联系和关系，甚至能和知名人物结识。	21	喜欢独处，不喜欢人多的场合，在人际交往中会紧张焦虑，尽量避免和人打交道。
经济报酬	工作的目的和价值在于获得优厚的报酬，使自己有足够的财力去获得自己想要的东西，使生活过得较为富足。	28	对于工作带来的物质报酬不在意。不会强烈追求金钱，对于基本生活保障以外的财力没有强烈的欲望。
管理权	工作的目的和价值在于获得对他人或某事物的管理支配权，能指挥或调遣一定范围内的人或事。	22	不愿意承担领导的责任，不希望控制或影响他人工作。对于计划和组织别人工作的愿望较弱。
社会地位	工作的目的和价值在于所从事的工作在人们心中的有较高的社会地位，从而使自己得到他人的重视与尊重。	36	您不在意自己的工作是否受到人们的尊重，不会刻意维护自己的地位或声望，不在意别人是否向你寻求指导。
独立性	工作的目的和价值在于能充分发挥自己的独立性和主动性，按自己的方式，步调或想法去做，不受他人的干扰。	33	您不喜欢在完全没有监管的情况下工作，缺乏指导或监管让你感到不安，独立从事工作的能力相对较弱。
成就感	工作目的和价值在于不断创新，不断取得成就，不断得到领导与同事的赞扬或不断实现自己想要做的事。	37	您在工作中不会极力争取展现的机会或成就，也不太在意领导或同事对您的看法。
智力刺激	工作目的和价值在于不断进行智力的操作，动脑思考，学习以及探索新事物，解决新问题。	32	对新鲜事物缺乏探索欲望，不喜欢从事具有太强逻辑推理能力的工作，相对而言比较保守，解决问题的创新意识比较薄弱。
美感	工作目的和价值在于能不断地追求美的东西，得到美的享受。	36	您对于工作的艺术价值和美感要求不高。很少发现或鉴赏工作中的美，不太在意工作能否带来美的享受。
服务、奉献	工作目的和价值在于直接为他人的幸福和利益尽一份力。	34	您没有从服务他人的工作中获得乐趣或体验到快乐，不认为工作的价值是为了给他人带来好处。

返回测评首页　打印预览

图 1-3-4

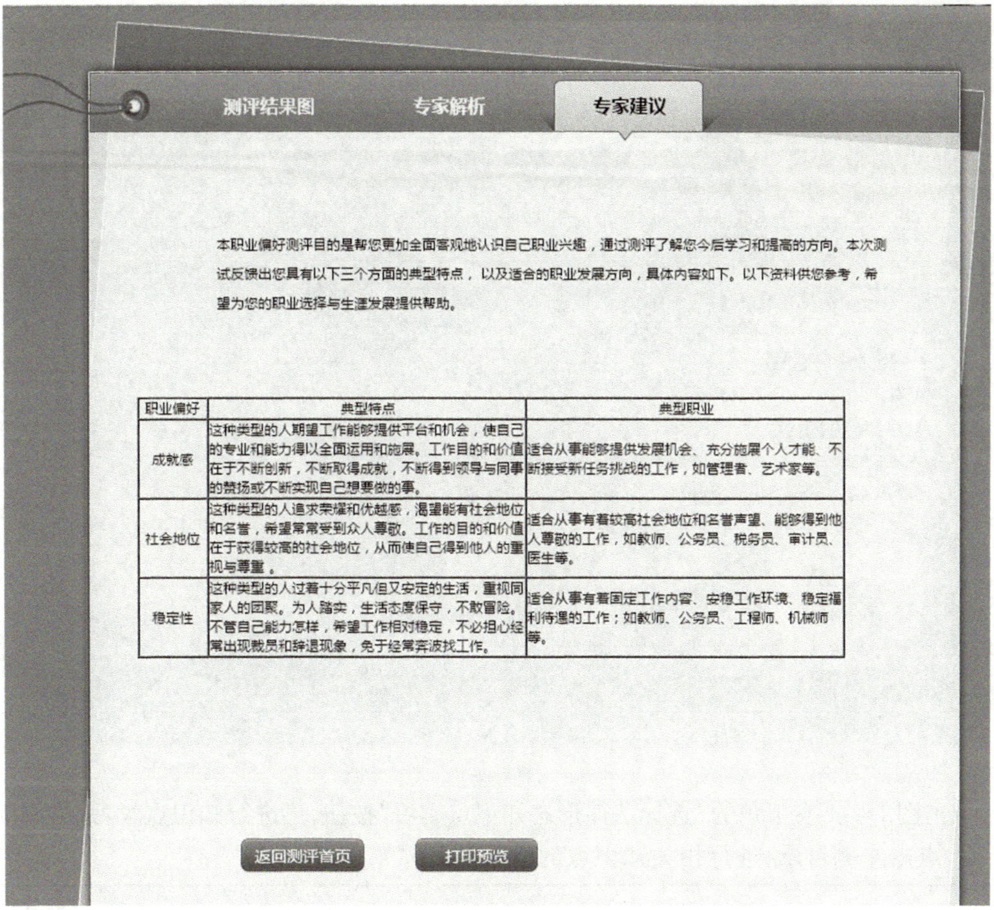
测评结果图
专家解析
专家建议
本职业偏好测评目的是帮您更加全面客观地认识自己职业兴趣，通过测评了解您今后学习和提高的方向。本次测试反馈出您具有以下三个方面的典型特点，以及适合的职业发展方向，具体内容如下。以下资料供您参考，希望为您的职业选择与生涯发展提供帮助。
返回测评首页
打印预览

职业偏好	典型特点	典型职业
成就感	这种类型的人期望工作能够提供平台和机会，使自己的专业和能力得以全面运用和施展。工作目的和价值在于不断创新，不断取得成就，不断得到领导与同事的赞扬或不断实现自己想要做的事。	适合从事能够提供发展机会、充分施展个人才能、不断接受新任务挑战的工作，如管理者、艺术家等。
社会地位	这种类型的人追求荣耀和优越感，渴望能有社会地位和名誉，希望常常受到众人尊敬。工作的目的和价值在于获得较高的社会地位，从而使自己得到他人的重视与尊重。	适合从事有着较高社会地位和名誉声望、能够得到他人尊敬的工作，如教师、公务员、税务员、审计员、医生等。
稳定性	这种类型的人过着十分平凡但又安定的生活，重视同家人的团聚。为人踏实，生活态度保守，不敢冒险。不管自己能力怎样，希望工作相对稳定，不必担心经常出现裁员和辞退现象，免于经常奔波找工作。	适合从事有着固定工作内容、安稳工作环境、稳定福利待遇的工作；如教师、公务员、工程师、机械师等。

图 1-3-5

第四节　公司创立

“公司创立”模块包含四种法律形态的公司创立，分别为个体工商户、有限责任公司、合伙企业和个人独资企业。如图 1-4-1 所示，进入“公司创立”首页后，可进行如下操作.

① 公司创立实训题的演练。

② 法律形态知识点的学习。

③ 创立公司法律形态的选择确定。（注意：此处法律形态一旦选择，则无法修改，除非公司创立完成后进行公司注销申请，重新创立公司）

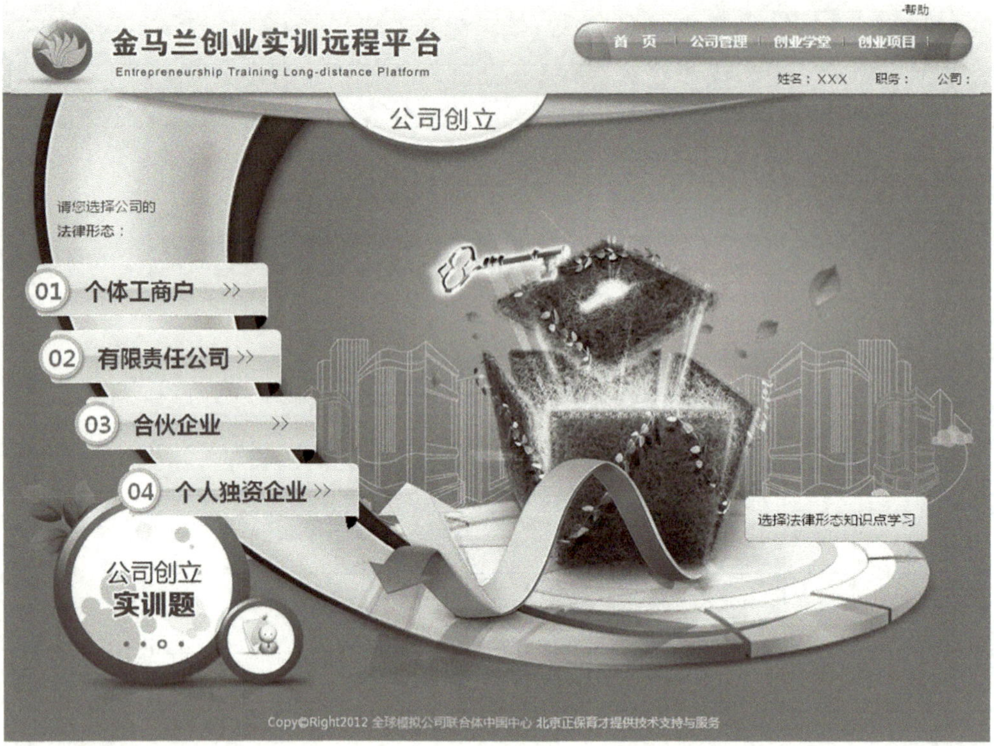

帮助
金马兰创业实训远程平台
Entrepreneurship Training Long-distance Platform
首 页
公司管理
创业学堂
创业项目
姓名：XXX
职务：
公司：
公司创立
请您选择公司的
法律形态：
01 个体工商户
02 有限责任公司
03 合伙企业
04 个人独资企业
选择法律形态知识点学习
公司创立
实训题
Copy©Right2012 全球模拟公司联合体中国中心 北京正保育才提供技术支持与服务

图 1-4-1

点击图 1-4-1 右下角的“选择法律形态知识点学习”按钮,可进行知识点学习,如图 1-4-2 所示,点击左侧目录,进行相关知识点的学习。

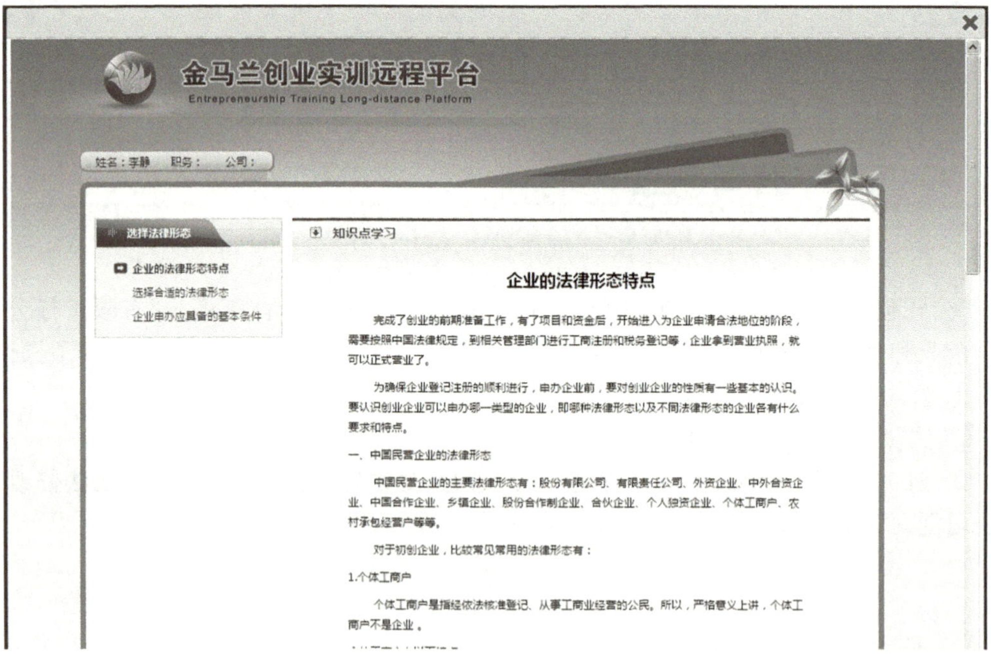

金马兰创业实训远程平台
Entrepreneurship Training Long-distance Platform
姓名：李静 职务： 公司：
选择法律形态
企业的法律形态特点
选择合适的法律形态
企业申办应具备的基本条件
知识点学习
企业的法律形态特点
完成了创业的前期准备工作，有了项目和资金后，开始进入为企业申请合法地位的阶段，需要按照中国法律规定，到相关管理部门进行工商注册和税务登记等，企业拿到营业执照，就可以正式营业了。
为确保企业登记注册的顺利进行，申办企业前，要对创业企业的性质有一些基本的认识。要认识创业企业可以申办哪一类型的企业，即哪种法律形态以及不同法律形态的企业各有什么要求和特点。
一、中国民营企业的法律形态
中国民营企业的主要法律形态有：股份有限公司、有限责任公司、外资企业、中外合资企业、中国合作企业、乡镇企业、股份合作制企业、合伙企业、个人独资企业、个体工商户、农村承包经营户等等。
对于初创企业，比较常见常用的法律形态有：
1.个体工商户
个体工商户是指经依法核准登记、从事工商业经营的公民。所以，严格意义上讲，个体工商户不是企业。

图 1-4-2

点击“公司创立”首页左下角的“公司创立实训题”按钮，跳转至实训题答题页面，如图 1-4-3 所示，学员可先行答题，再点击“查看答案”按钮，查看实训题的答案，用以巩固有关公司创立的知识点。

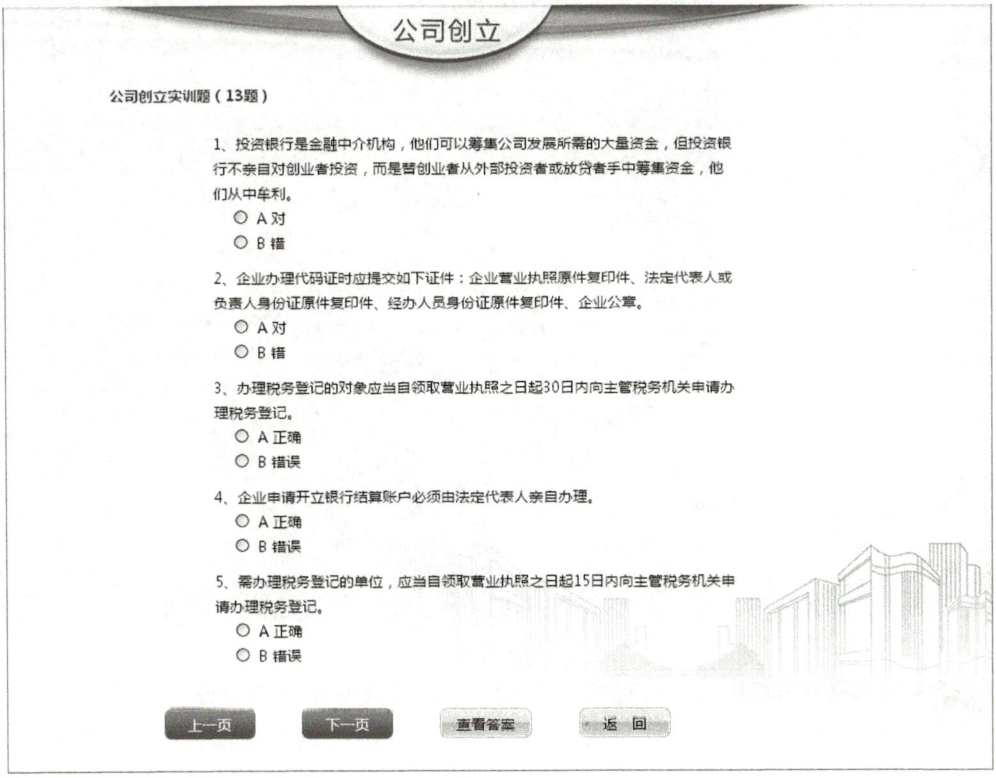
公司创立
公司创立实训题（13题）
1、投资银行是金融中介机构，他们可以筹集公司发展所需的大量资金，但投资银行不亲自对创业者投资，而是替创业者从外部投资者或放贷者手中筹集资金，他们从中牟利。
A 对
B 错
2、企业办理代码证时应提交如下证件：企业营业执照原件复印件、法定代表人或负责人身份证原件复印件、经办人员身份证原件复印件、企业公章。
A 对
B 错
3、办理税务登记的对象应当自领取营业执照之日起30日内向主管税务机关申请办理税务登记。
A 正确
B 错误
4、企业申请开立银行结算账户必须由法定代表人亲自办理。
A 正确
B 错误
5、需办理税务登记的单位，应当自领取营业执照之日起15日内向主管税务机关申请办理税务登记。
A 正确
B 错误
上一页
下一页
查看答案
返 回

图 1-4-3

一、选择经营行业

本书以“有限责任公司”为例，对公司创立流程进行说明。选定“有限责任公司”后，进入“创立流程”页面，如图 1-4-4 所示。

图 1-4-4

点击图 1-4-4 中的“1. 选择经营行业”，出现如图 1-4-5 所示的页面。本平台提供备选的一级行业分类为：农林牧渔业，交通运输、仓储和邮政业，信息传输、计算机服务和软件业，批发和零售业，住宿和餐饮业，租赁和商务服务业，居民服务和其他服务业，教育，卫生、社会保障和社会福利业，文化、体育和娱乐业，制造业相关以及其他。基本上涵盖了工商划分的所有行业，且对适合初创型企业的所有行业又进行了三级行业划分。学员可根据自身情况，线下进行调研后，参考实训师的建议，选择适合自己的行业。

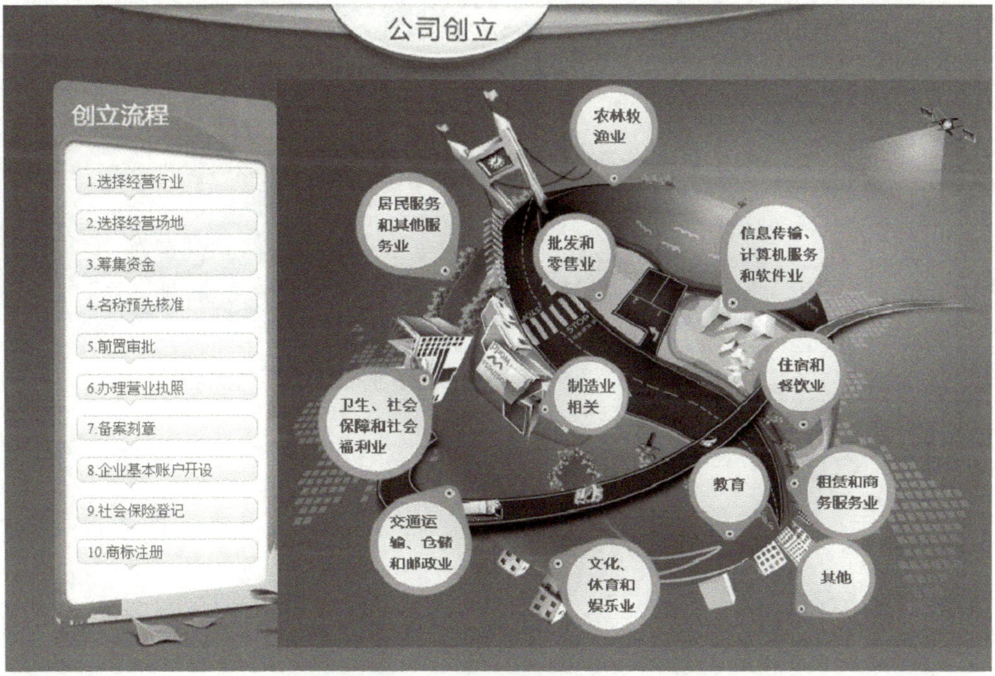

图 1-4-5

当选定行业后，在选择经营行业的页面下方会标明所选择行业的三级分类内容。点击“重置”按钮，可再选择经营行业；也可点击“下一步”按钮（图 1-4-6），进入经营场地的选择页面。

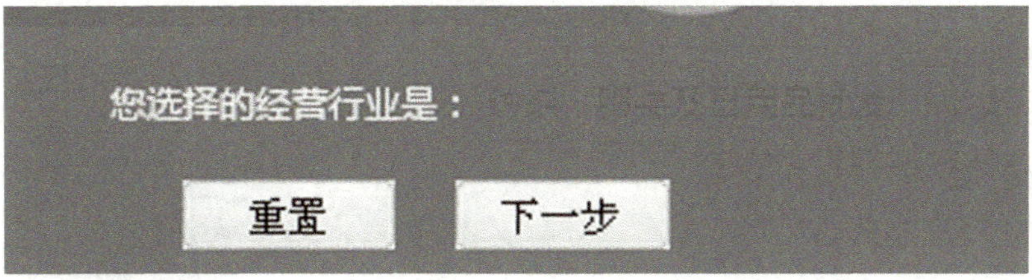

图 1-4-6

二、选择经营场地

选择经营场地，可点击“选择经营场地知识点学习”按钮，进行相关知识点的学习。平台提供办公区、商业区、文教区、住宅区、开发区和混合区六种经营场地，点击楼盘上浮动的区域标识字样，会出现类似图 1-4-7 所示的界面。

选择经营场地详情，学员需根据线下调查情况，填写所处位置、租用面积、租金及租用时间四项（图 1-4-7），且所填内容需在备注信息要求范围内。确定经营场地后，点击“保存”按钮，可跳转至预览页面。

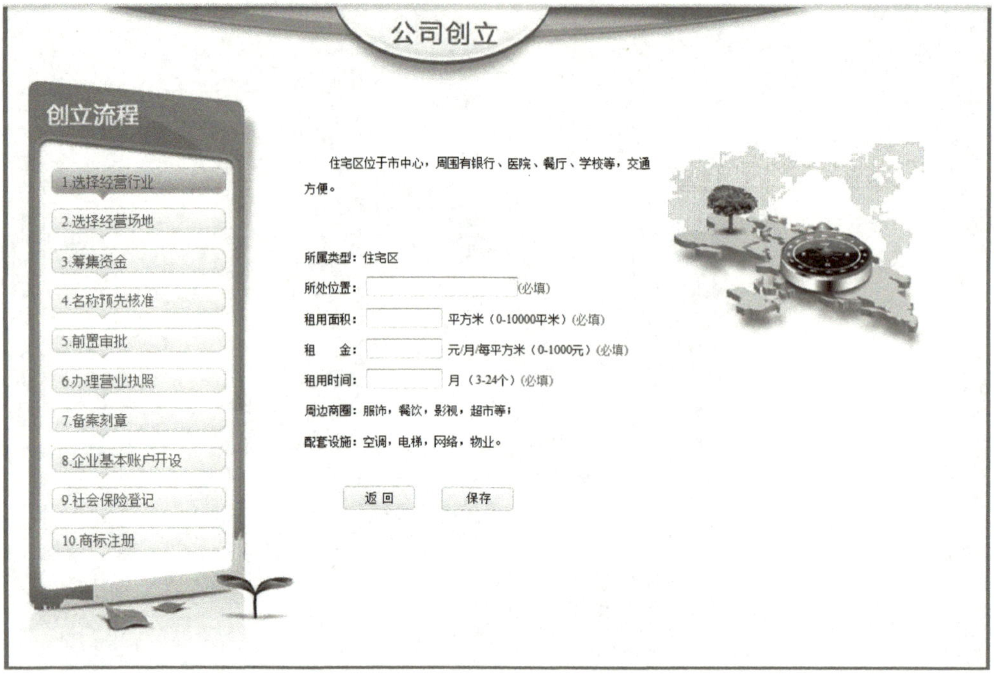

图 1-4-7

如需修改经营场地信息，点击“修改”按钮，即可修改相应信息（图 1-4-8）；也可点击“下一步”按钮，跳转至资金需求预测页面。

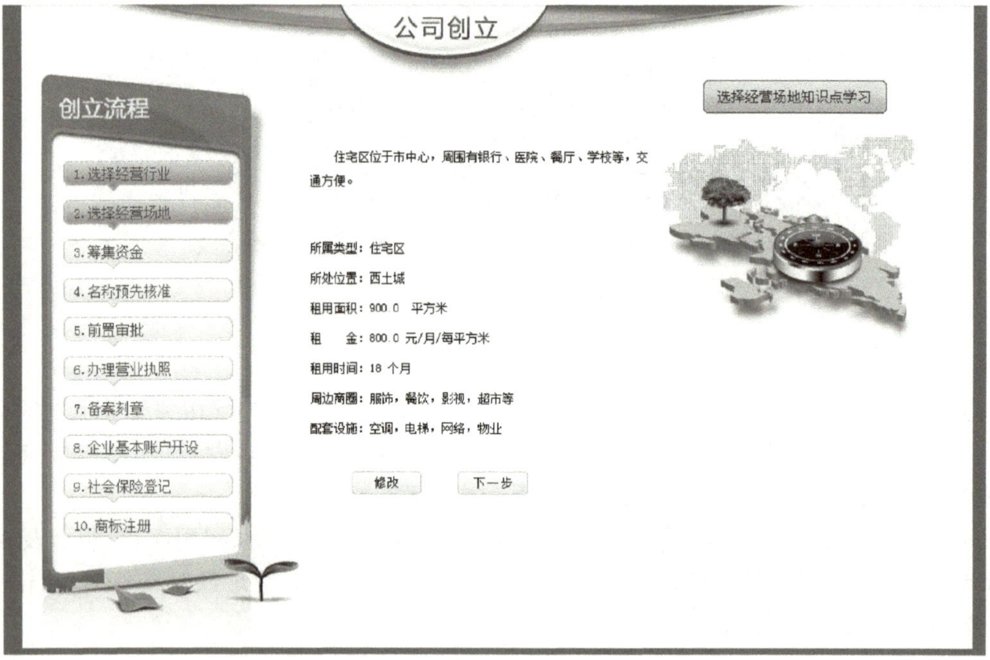

图 1-4-8

三、筹集资金

资金需求预测,可点击图 1-4-9 右上角的“筹集资金知识点学习”按钮,进行相应知识点学习,此部分包括“固定资产”“开办费”“3 个月流动资金”三个部分内容。学员需根据线下调查情况,填写相应信息。点击“保存”按钮,可跳转至预览页面,在预览页面点击“修改”按钮,可修改资金需求,若无需修改,则点击“下一步”按钮,进入资金筹集页面。

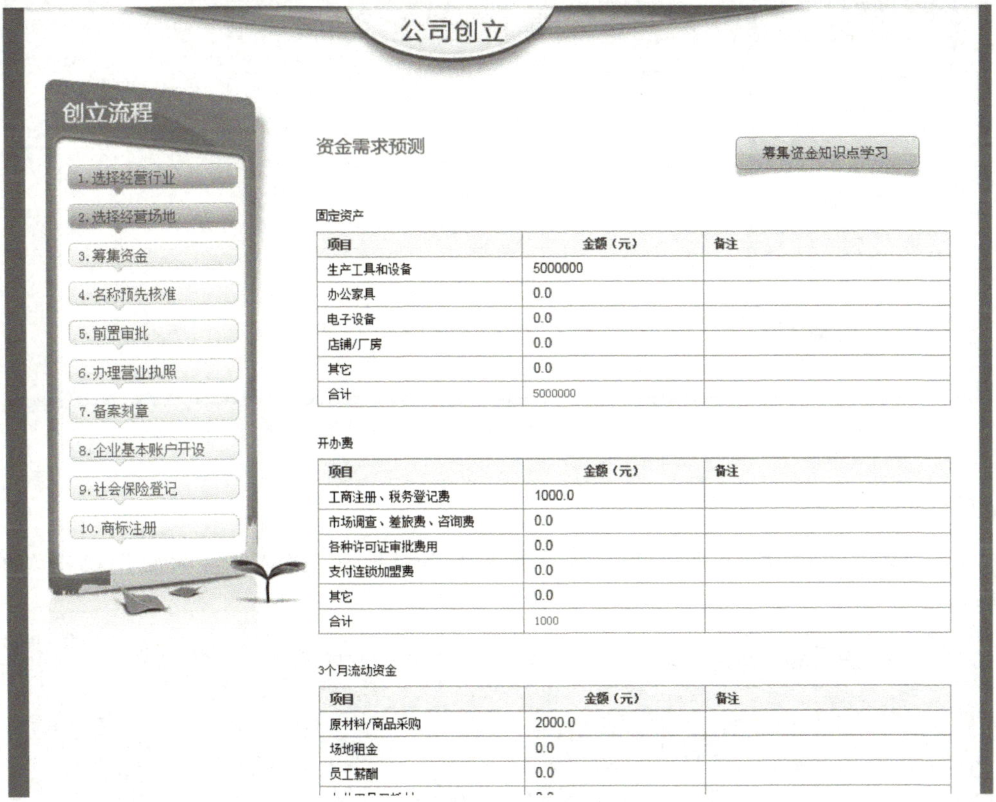

图 1-4-9

筹集资金,可通过自有资金、拆借、风险投资、小额担保贷款、银行贷款及其他几种方式进行,填写相应金额,点击“保存”按钮后,界面如图 1-4-10 所示。(注意:此处筹集资金总数一定要大于等于资金需求预测数,才可以进入下一步。)

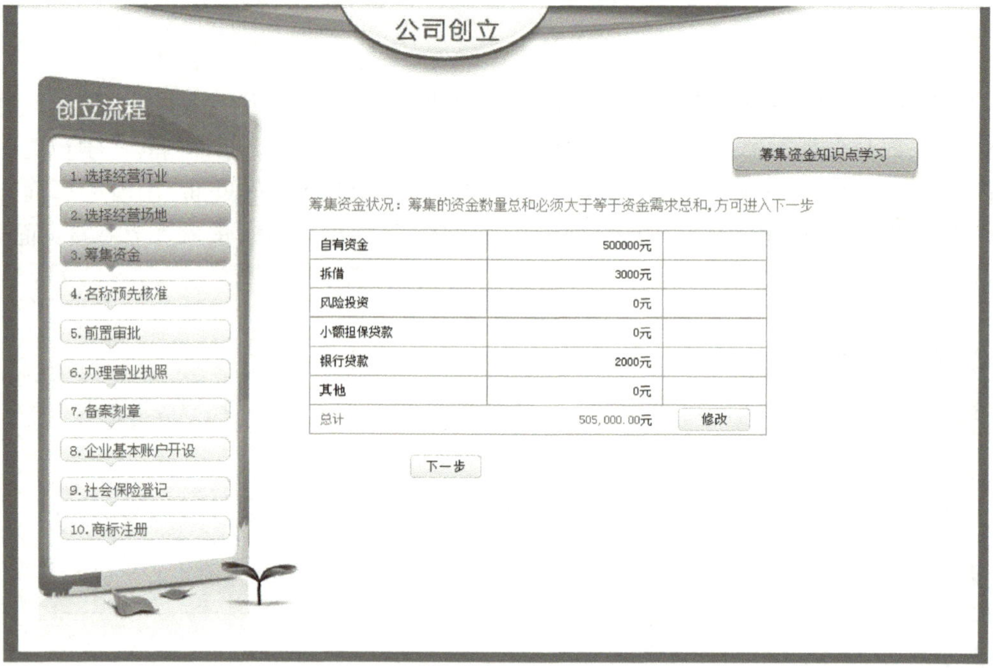

图 1-4-10

四、名称预先核准

点击“模拟工商局”页面中的“名称预先核准”按钮，进入“名称预先核准”页面（图 1-4-11）。

图 1-4-11

点击图 1-4-12 右上角的“名称预先核准申请表样本”按钮，可查看现实生活中申请表的示例（图 1-4-13）。

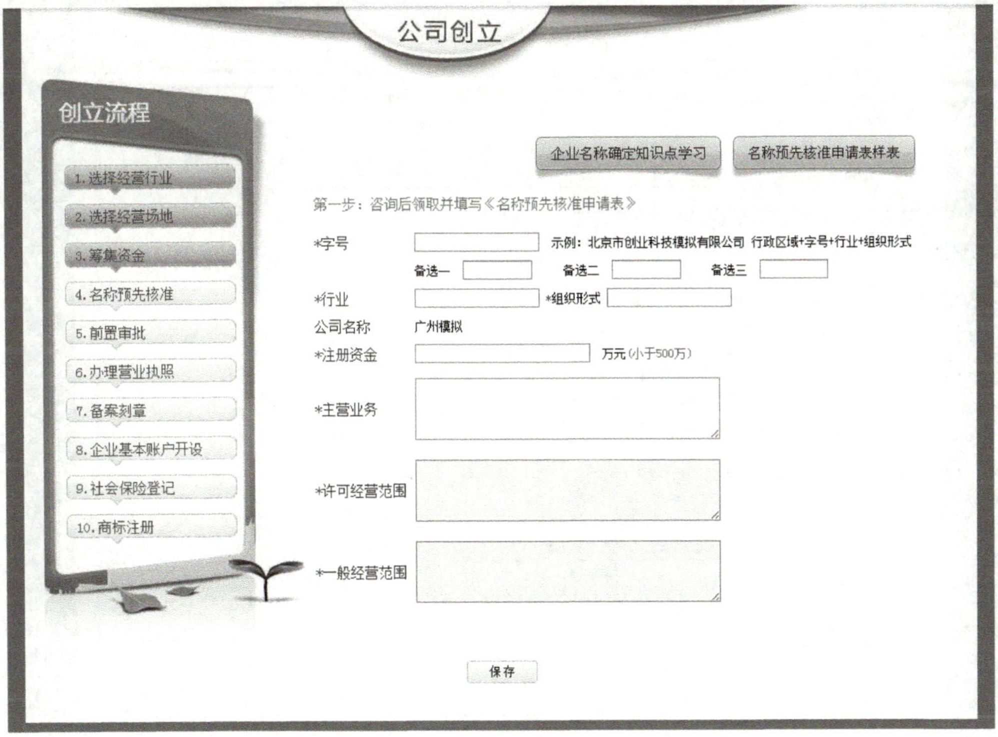

图 1-4-12

在平台上，需填写字号、行业、注册资金、主营业务、许可经营范围和一般经营范围。考虑到初创型企业，为了降低创业风险，注册资金不得大于 500 万，点击“保存”按钮。

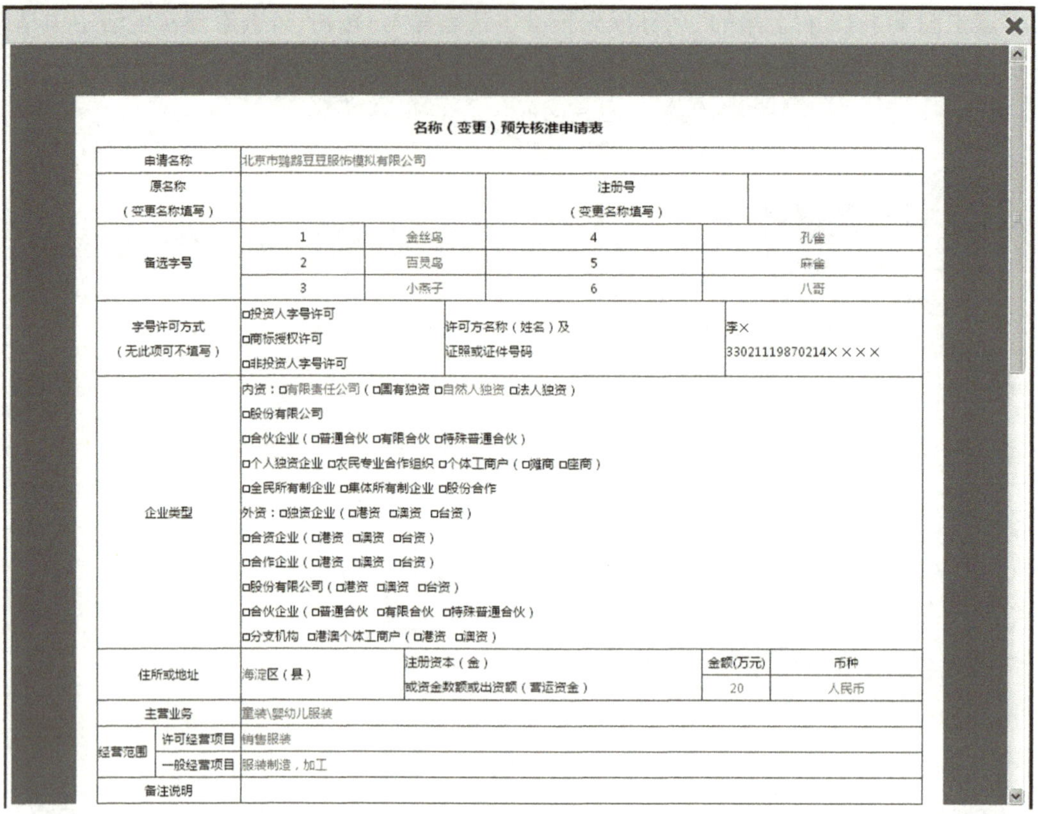

名称（变更）预先核准申请表

申请名称	北京市鹅路豆豆服饰模拟有限公司			
原名称 （变更名称填写）			注册号 （变更名称填写）	
备选字号	1	金丝鸟	4	孔雀
	2	百灵鸟	5	麻雀
	3	小燕子	6	八哥
字号许可方式 （无此项可不填写）	□投资人字号许可 □商标授权许可 □非投资人字号许可	许可方名称（姓名）及 证照或证件号码		李× 3302111987021４××××
企业类型	内资：□有限责任公司（□国有独资 □自然人独资 □法人独资） □股份有限公司 □合伙企业（□普通合伙 □有限合伙 □特殊普通合伙） □个人独资企业 □农民专业合作组织 □个体工商户（□摊商 □座商） □全民所有制企业 □集体所有制企业 □股份合作 外资：□独资企业（□港资 □澳资 □台资） □合资企业（□港资 □澳资 □台资） □合作企业（□港资 □澳资 □台资） □股份有限公司（□港资 □澳资 □台资） □合伙企业（□普通合伙 □有限合伙 □特殊普通合伙） □分支机构 □港澳个体工商户（□港资 □澳资）			
住所或地址	海淀区（县）	注册资本（金） 或资金数额或出资额（营运资金）	金额(万元) 20	币种 人民币
主营业务	童装\婴幼儿服装			
经营范围：许可经营项目	销售服装			
经营范围：一般经营项目	服装制造，加工			
备注说明				

图 1-4-13

跳转至如图 1-4-14 所示的“出资方信息”页面，点击“添加”按钮。

图 1-4-14

弹出如图 1-4-15 所示的出资方信息填写页面,填写信息,并点击“保存”按钮,完成出资方信息的填写。

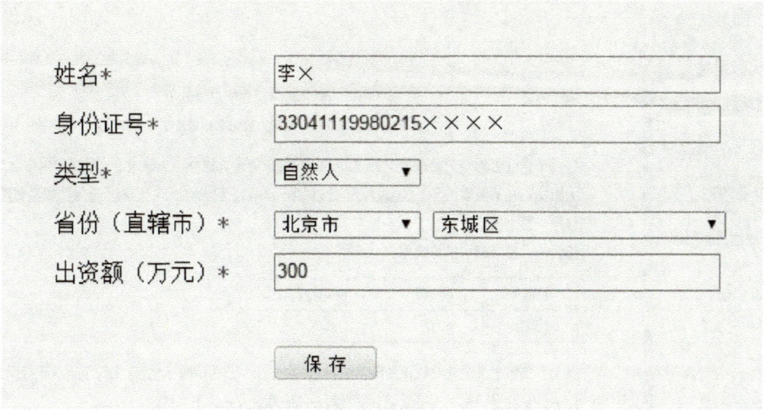

图 1-4-15

如需对出资方信息进行修改或删除,可点击出资方信息列表中的“修改”或“删除”按钮,进行相应操作(图 1-4-16)。若无需修改,则点击“下一步”按钮。

图 1-4-16

跳转至“企业名称预先核准通知书”页面(图 1-4-17),点击“确定”按钮,可跳转至“前置审批”页面。

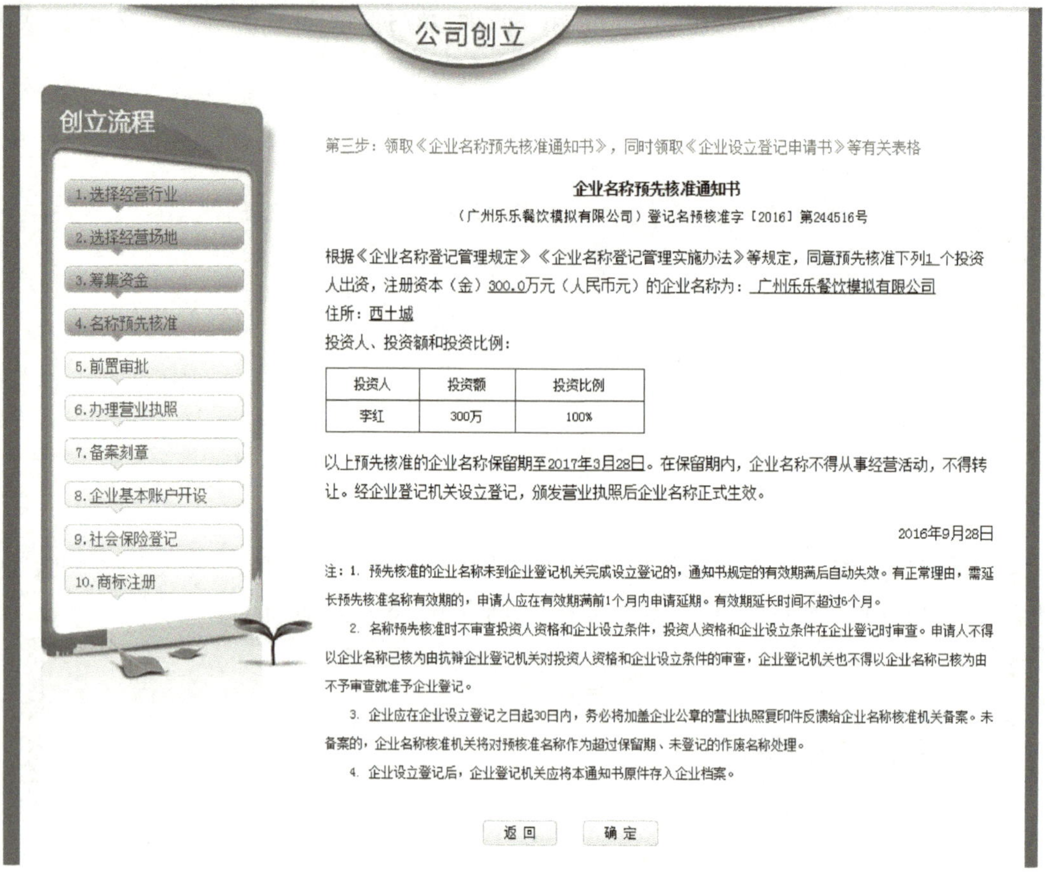

公司创立
创立流程
1.选择经营行业
2.选择经营场地
3.筹集资金
4.名称预先核准
5.前置审批
6.办理营业执照
7.备案刻章
8.企业基本账户开设
9.社会保险登记
10.商标注册
第三步：领取《企业名称预先核准通知书》，同时领取《企业设立登记申请书》等有关表格
企业名称预先核准通知书
（广州乐乐餐饮模拟有限公司）登记名预核准字〔2016〕第244516号
根据《企业名称登记管理规定》《企业名称登记管理实施办法》等规定，同意预先核准下列1个投资人出资，注册资本（金）300.0万元（人民币元）的企业名称为：广州乐乐餐饮模拟有限公司
住所：西十城
投资人、投资额和投资比例：
投资人 投资额 投资比例
李红 300万 100%
以上预先核准的企业名称保留期至2017年3月28日。在保留期内，企业名称不得从事经营活动，不得转让。经企业登记机关设立登记，颁发营业执照后企业名称正式生效。
2016年9月28日
注：1. 预先核准的企业名称未到企业登记机关完成设立登记的，通知书规定的有效期满后自动失效。有正常理由，需延长预先核准名称有效期的，申请人应在有效期满前1个月内申请延期。有效期延长时间不超过6个月。
2. 名称预先核准时不审查投资人资格和企业设立条件，投资人资格和企业设立条件在企业登记时审查。申请人不得以企业名称已核为由抗辩企业登记机关对投资人资格和企业设立条件的审查，企业登记机关也不得以企业名称已核为由不予审查就准予企业登记。
3. 企业应在企业设立登记之日起30日内，务必将加盖企业公章的营业执照复印件反馈给企业名称核准机关备案。未备案的，企业名称核准机关将对预核准名称作为超过保留期、未登记的作废名称处理。
4. 企业设立登记后，企业登记机关应将本通知书原件存入企业档案。
返回
确定

图 1-4-17

五、前置审批

前置审批是公司创立的可选项，有一些行业是无需进行前置审批的，可以单击“否”（图 1-4-18），跳转至“办理营业执照”页面。另外，各地对于前置审批的要求不尽相同，可单击“是”按钮，平台提供需前置审批的项目及对应审批机关的列表。学员也可根据各地不同情况，在线下查询确定。

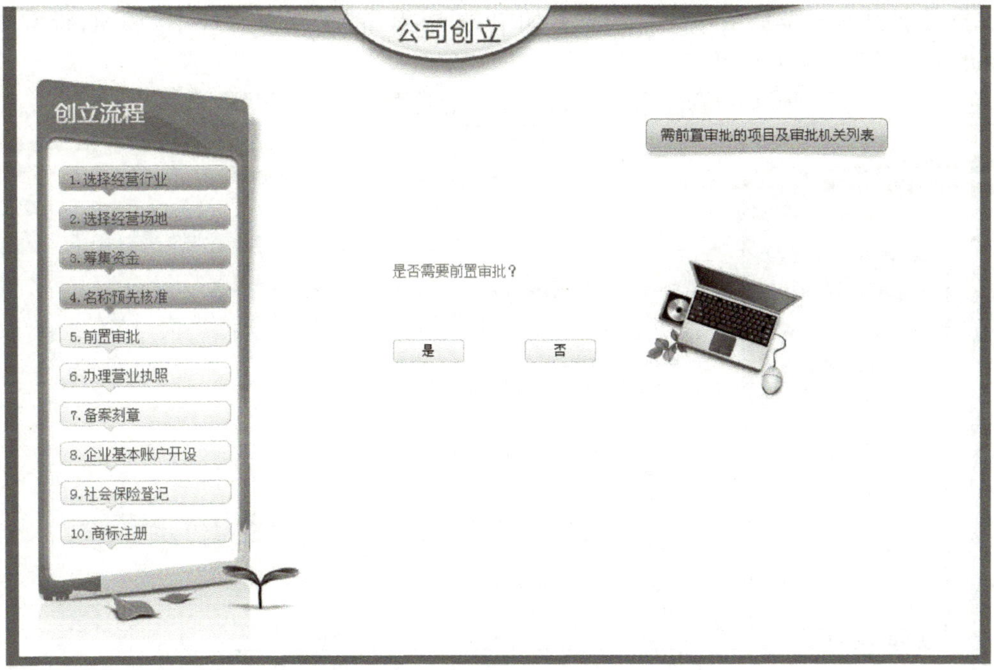

图 1-4-18

六、办理营业执照

图 1-4-19 显示办理营业执照的整体流程，点击“下一步”按钮，进入撰写公司章程页面。

图 1-4-19

公司章程撰写需要填写任期及营业期限,另可点击“公司章程样本”按钮,查看已经填好的公司章程(图 1-4-20)。

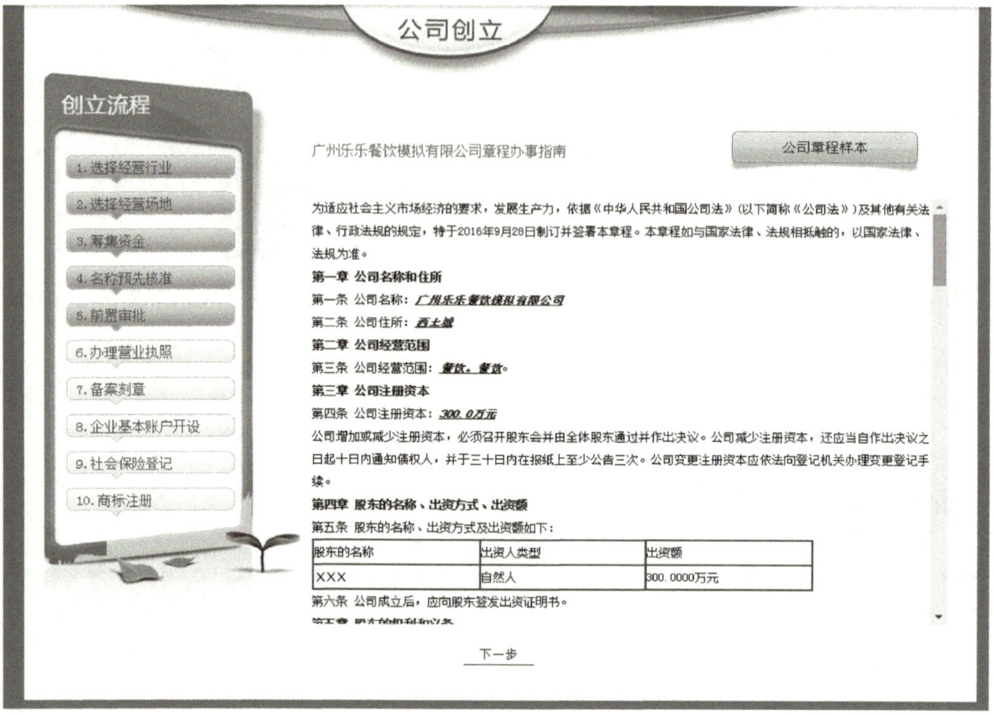
公司创立
创立流程
1.选择经营行业
2.选择经营场地
3.筹集资金
4.名称预先核准
5.前置审批
6.办理营业执照
7.备案刻章
8.企业基本账户开设
9.社会保险登记
10.商标注册
广州乐乐餐饮模拟有限公司章程办事指南
公司章程样本
为适应社会主义市场经济的要求，发展生产力，依据《中华人民共和国公司法》(以下简称《公司法》)及其他有关法律、行政法规的规定，特于2016年9月28日制订并签署本章程。本章程如与国家法律、法规相抵触的，以国家法律、法规为准。
第一章 公司名称和住所
第一条 公司名称：广州乐乐餐饮模拟有限公司
第二条 公司住所：西土城
第二章 公司经营范围
第三条 公司经营范围：餐饮、餐饮。
第三章 公司注册资本
第四条 公司注册资本：300.0万元
公司增加或减少注册资本，必须召开股东会并由全体股东通过并作出决议。公司减少注册资本，还应当自作出决议之日起十日内通知债权人，并于三十日内在报纸上至少公告三次。公司变更注册资本应依法向登记机关办理变更登记手续。
第四章 股东的名称、出资方式、出资额
第五条 股东的名称、出资方式及出资额如下：
股东的名称 出资人类型 出资额
XXX 自然人 300.0000万元
第六条 公司成立后，应向股东签发出资证明书。
下一步

图 1-4-20

点击“下一步”按钮,可以查看《企业设立登记申请书》《企业名称预先核准通知书》等示例(图 1-4-21)。

公司创立
创立流程
1.选择经营行业
2.选择经营场地
3.筹集资金
4.名称预先核准
5.前置审批
6.办理营业执照
7.备案刻章
8.企业基本账户开设
9.社会保险登记
10.商标注册
《企业设立登记申请书》示例
《企业名称预先核准通知书》示例
《指定（委托）书》示例
《企业秘书（联系人）登记表》示例
下一步

图 1-4-21

选择企业设立登记所需材料，如图 1-4-22 所示。

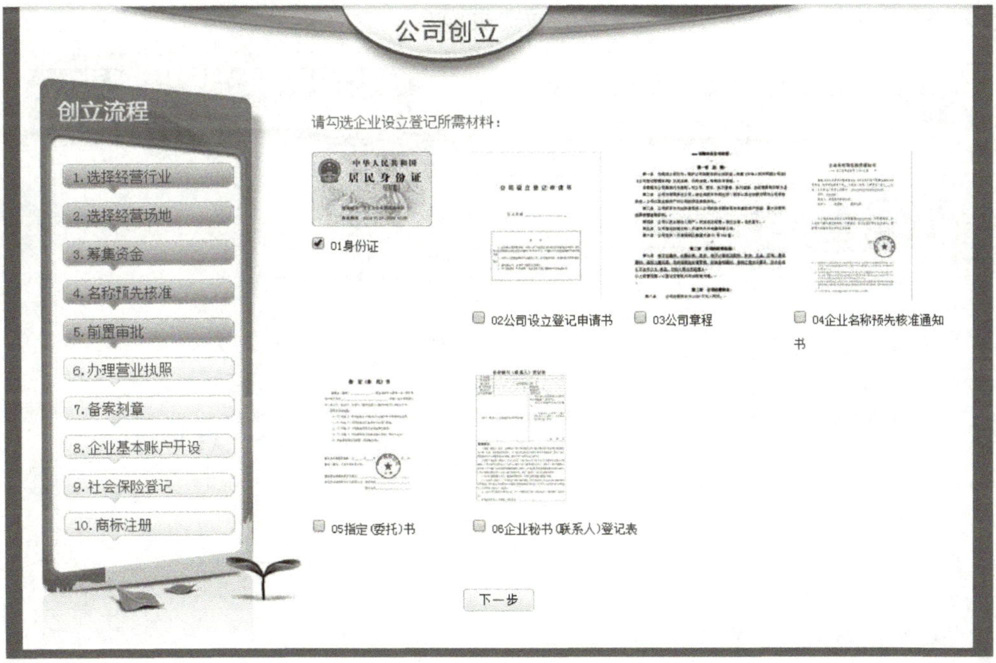

图 1-4-22

进入"'三证合一'申请书"页面，填写"三证合一"申请书（图 1-4-23，现全国已改为"五证合一"，这里是模拟操作）。

图 1-4-23

填写完成申请书后，进入“准予设立登记通知书”页面（图 1-4-24）。领取准予设立登记通知书后，点击“下一步”按钮，跳转至缴费页面。

图 1-4-24

点击“缴费”按钮（图 1-4-25），完成相应费用交纳后，跳转至“营业执照”显示页面，出现营业执照（图 1-4-26）。

图 1-4-25

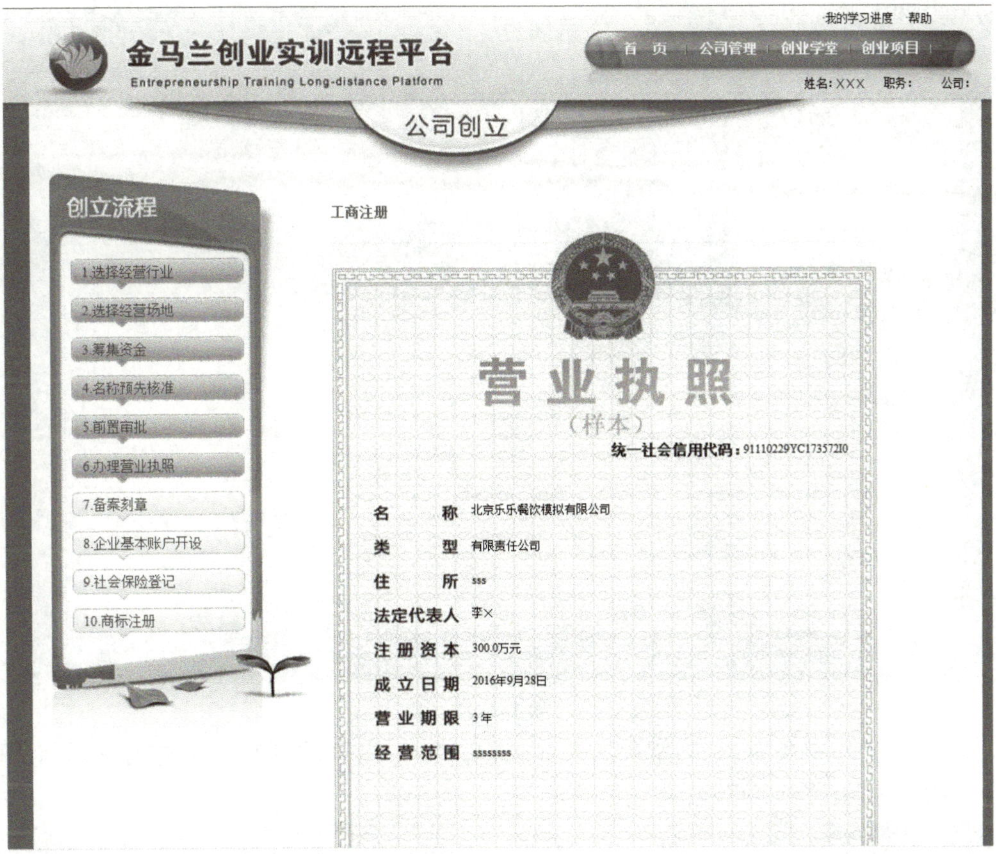

图 1-4-26

如需修改办理营业执照过程中的数据，可点击“重置”按钮进行再办理，点击“下一步”按钮，跳转至备案刻章资料勾选页页面。

七、备案刻章

在“模拟工商局”环节，需要带身份证及营业执照进行备案，勾选图 1-4-27 所需资料后，点击“下一步”按钮，跳转至刻章页面（图 1-4-28）。亦可点击“刻章知识点学习”按钮，进行相关知识点的学习。

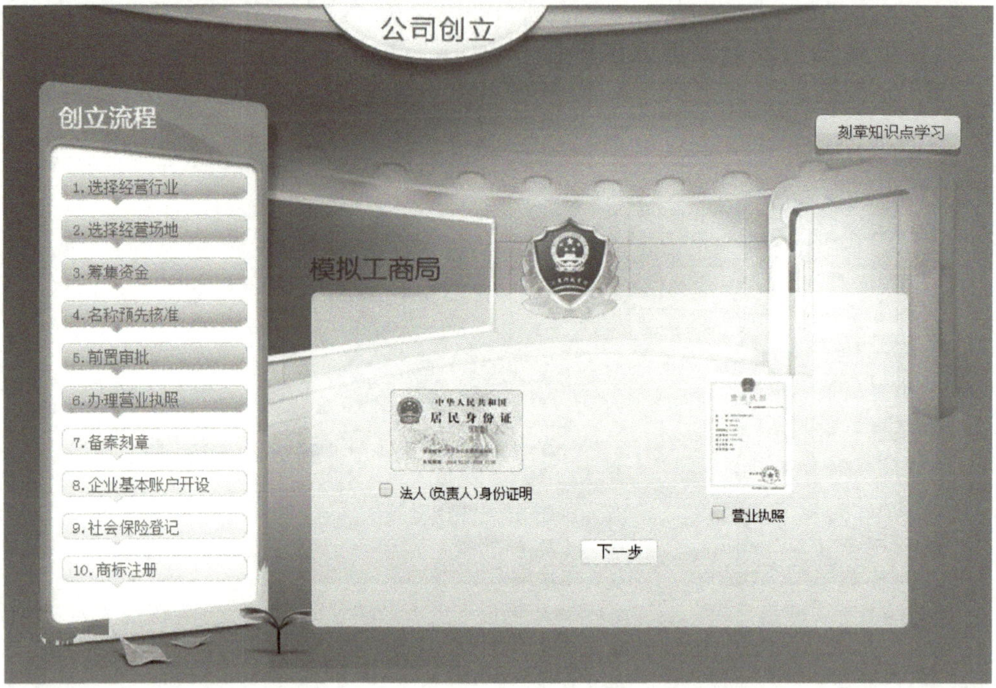

图 1-4-27

需完成公章、财务章、合同章及法人代表(负责人)名章的刻制。点击刻章图标,可进行各个章的刻制(图 1-4-28)。

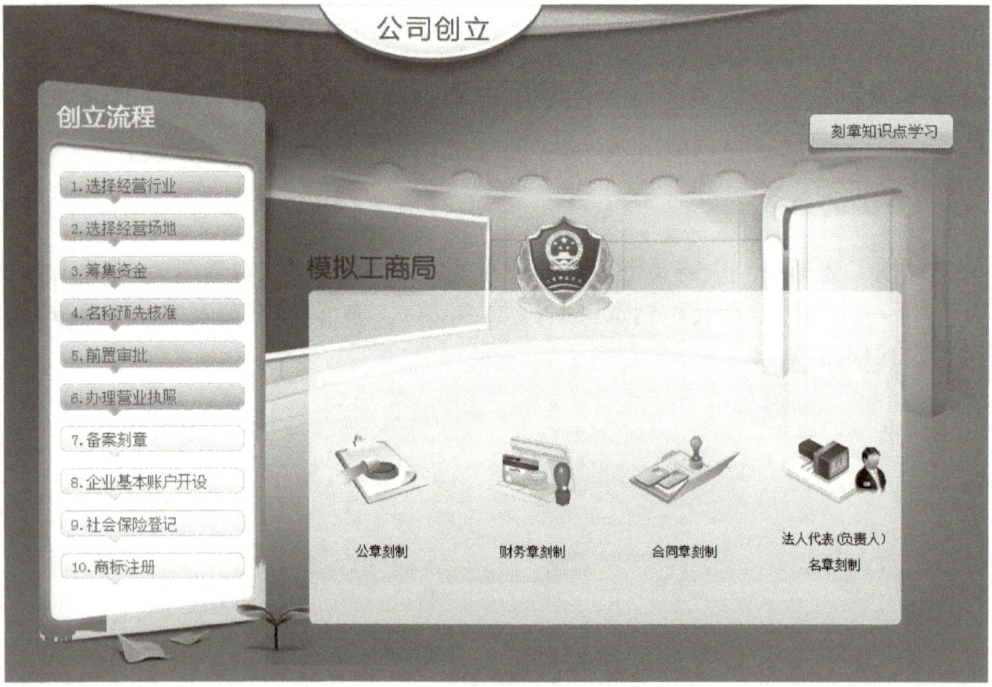

图 1-4-28

刻章完成后,页面如图 1-4-29 所示。待 4 个章都刻制完毕,点击“下一步”按钮,跳转至组织机构代码办理资料勾选页面。

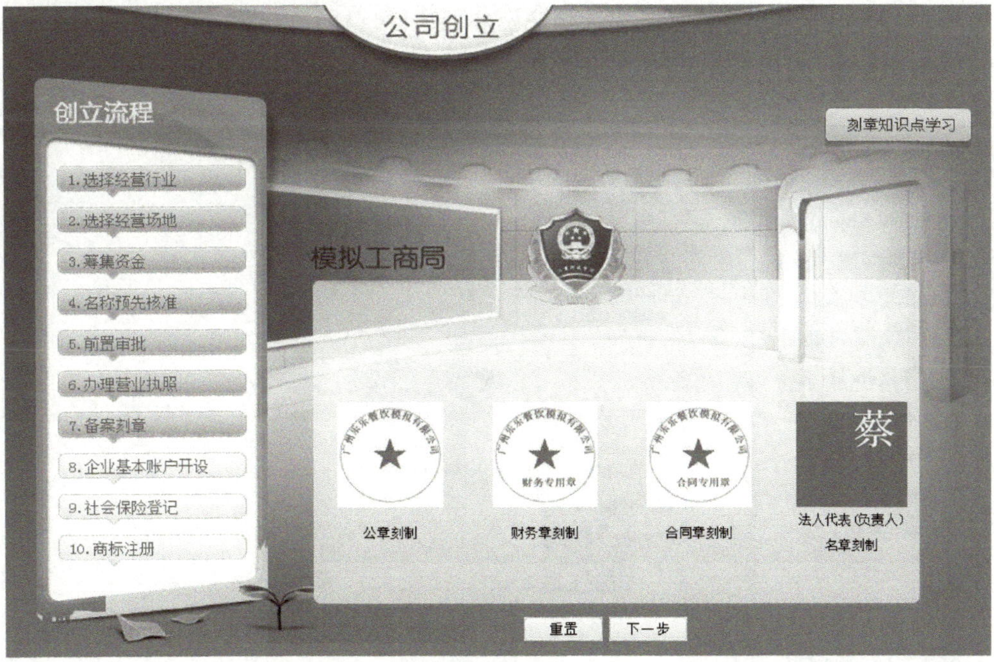

图 1-4-29

八、企业基本账户开设

点击"立即开通您的公司账户"按钮(图 1-4-30),跳转至账户开设准备页面。

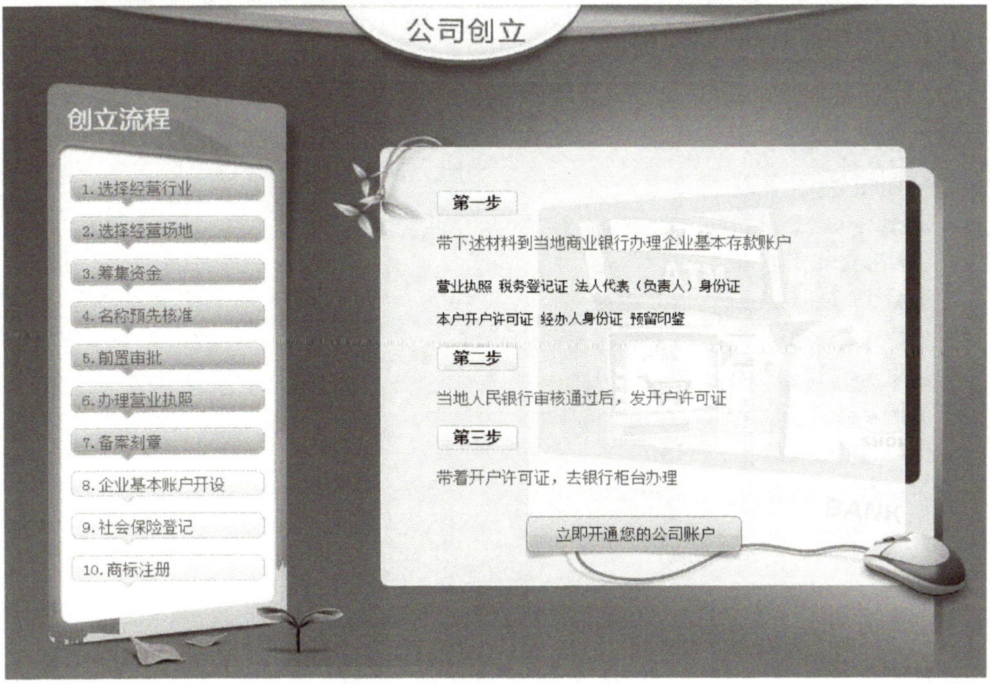

图 1-4-30

企业基本账户开设需提交的资料包括工商营业执照、法人（负责人）身份证、公司公章、财务章、法人（负责人）章等。勾选相应资料（图 1-4-31），点击“下一步”按钮，经过等待，待资格审核过后，跳转至申请成功页面。

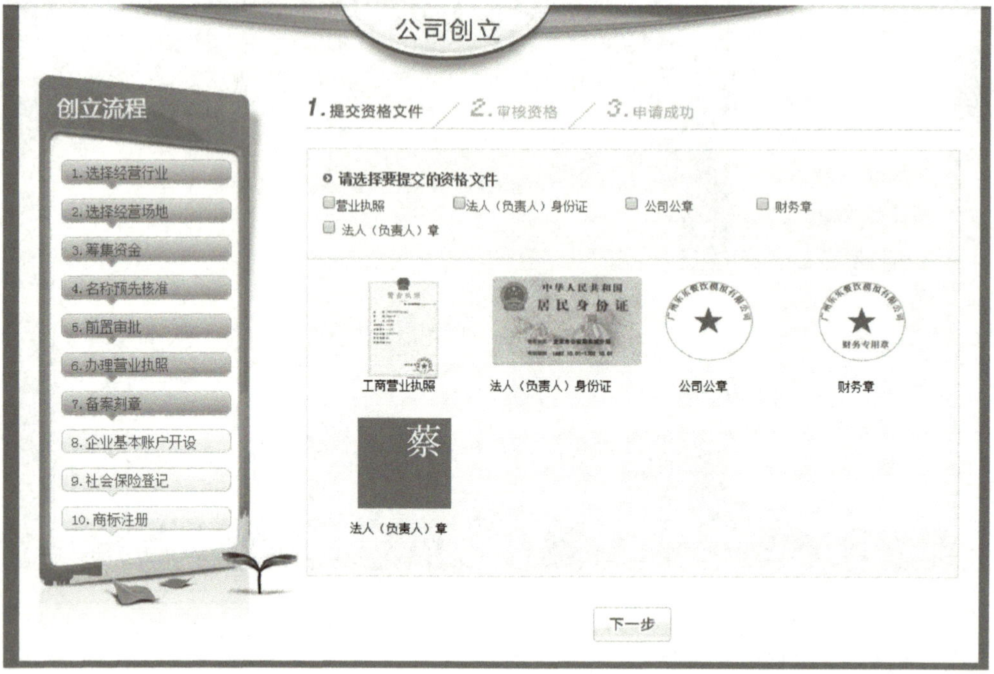

图 1-4-31

企业基本账户转账密码为“123456”，可点击“查看公司账户信息”按钮（图 1-4-32），查看公司账户信息（图 1-4-33）。

图 1-4-32

如需重新设置账户，可点击“重置”按钮。点击“下一步”按钮，跳转至“社会保险登记”页面。

图 1-4-33

九、社会保险登记

办理社会保险登记证，需提供资料包括：营业执照、法定代表人（负责人）身份证明、银行基本账户信息等。如图 1-4-34 所示，勾选相应资料，点击“下一步”按钮，跳转至办理资料填写页面。

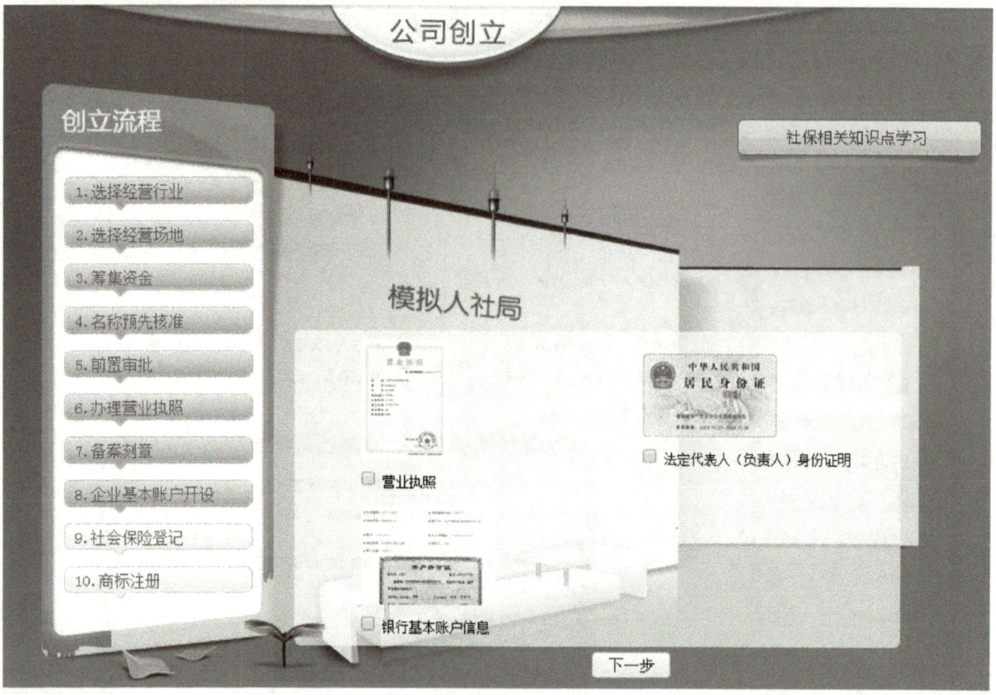

图 1-4-34

填写劳资、财务联系人的信息，点击“申领登记证”按钮（图 1-4-35），经等待并缴费后，跳转至如图 1-4-36 所示的“社会保险登记证”显示页面。

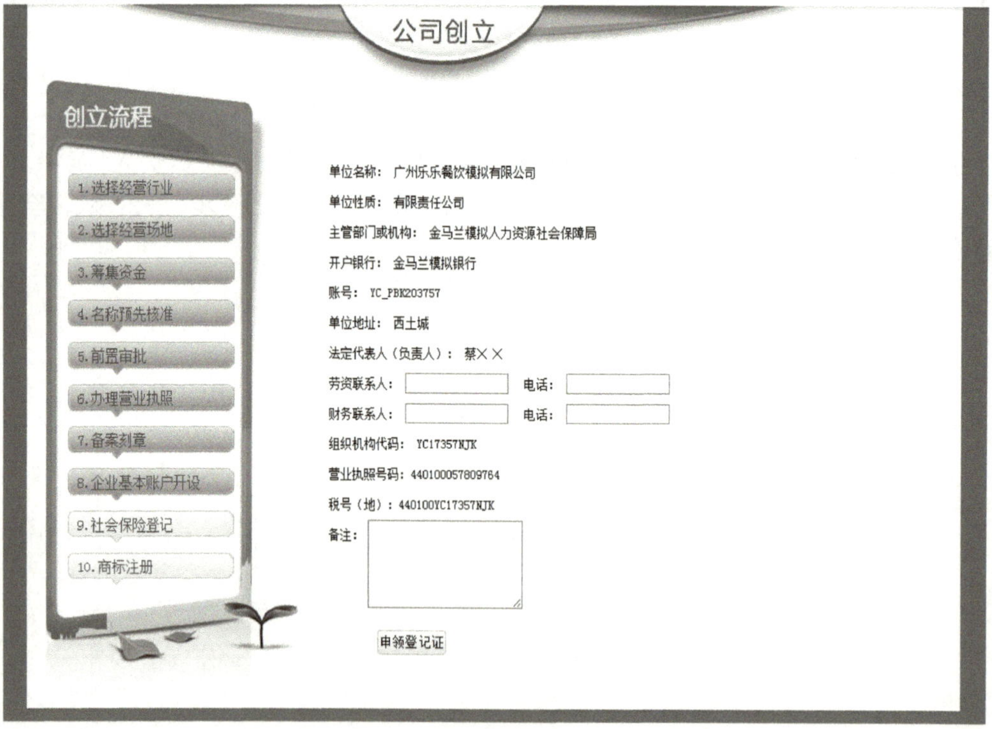

图 1-4-35

点击右上角的“社保相关知识点学习”按钮，进行相关知识点学习。如需修改社会保险登记相关信息，可点击“重置”按钮。点击“下一步”按钮，跳转至商标注册页面。

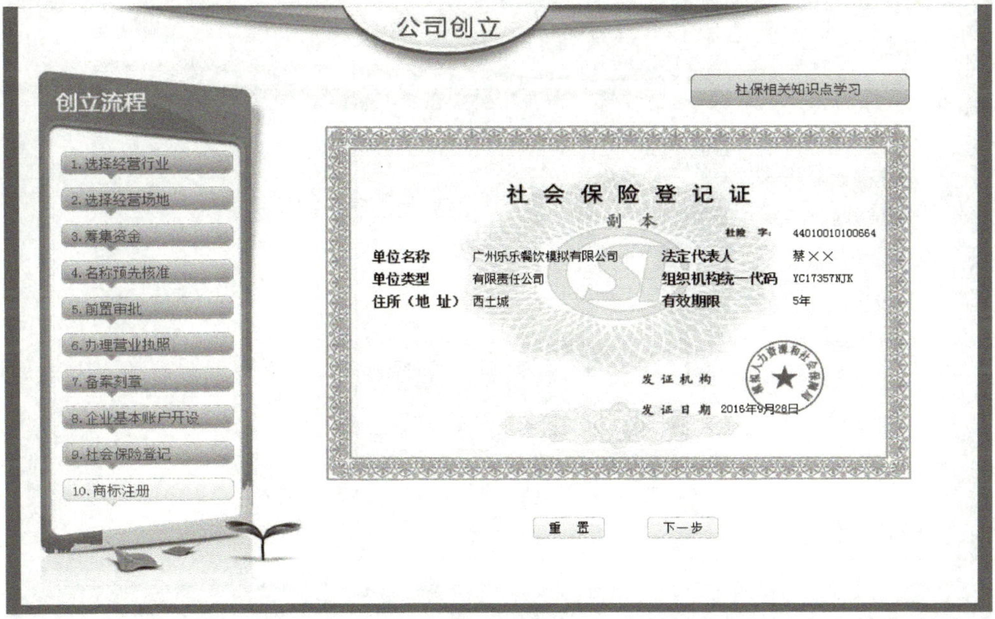

图 1-4-36

十、商标注册

商标注册在创立中是可选项，建议学员在平台上都进行商标注册，填写电话、传真等相关信息，并上传企业的 LOGO，该图片将作为企业形象图出现在交易大厅的企业列表中。点击“确定”按钮（图 1-4-37），跳转至公司创立完成页面（图 1-4-38）。

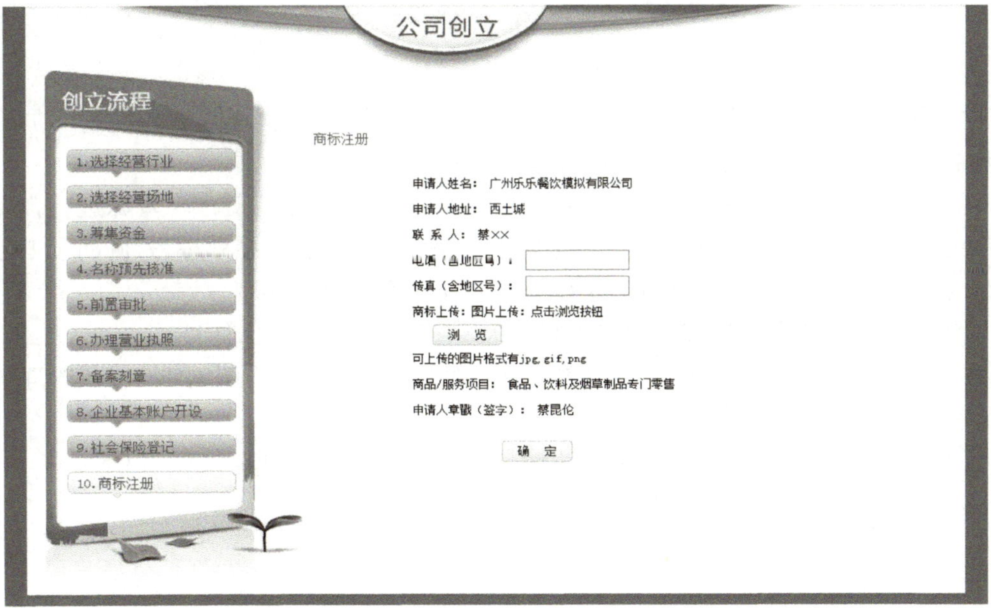

图 1-4-37

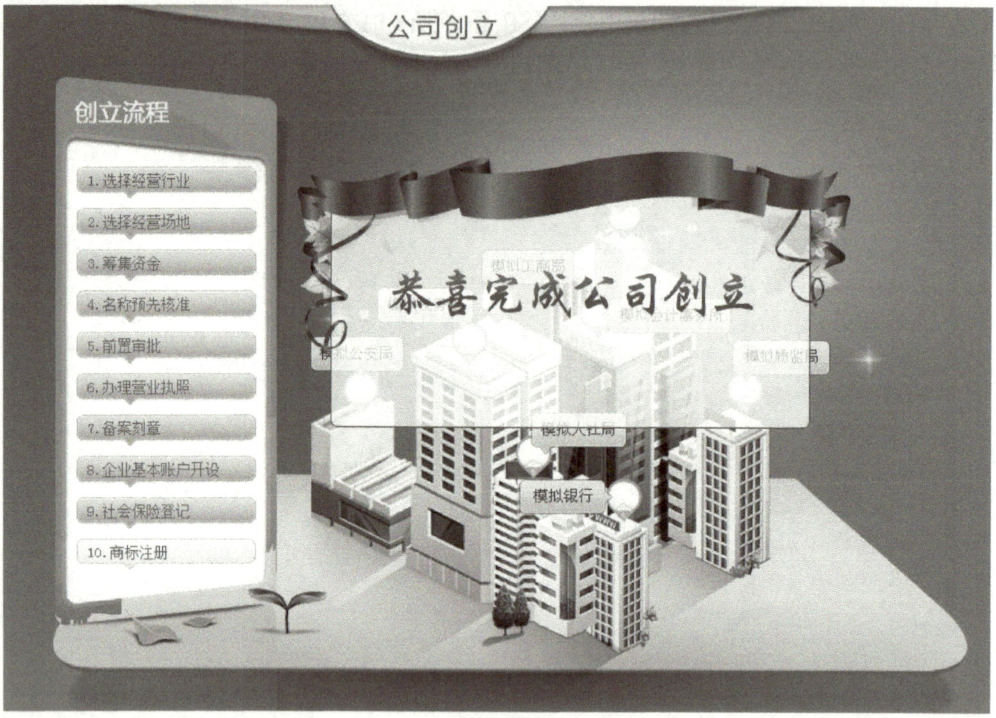

图 1-4-38

公司创立完成后，学员可进入公司进行管理等，也可选择“创业学堂”“创业项目”等辅助模块进行学习。点击页面右上角的链接，即可回到平台首页或者其他模块的首页。

第五节　公司管理

“公司管理”页面包括“人力资源管理”“行政管理”“财务管理”三个模块，学员可根据创业团队的部门规划安排相应人员负责某个模块。

(1)“人力资源管理”指根据企业发展战略的要求，有计划地对人力资源进行合理配置，通过对企业中员工的招聘、培训、使用、考核、激励、调整等一系列过程，调动员工的积极性，发挥员工的潜能，为企业创造价值，确保企业战略目标的实现。

(2)“行政管理”是企业的中枢神经系统。它是由专门行政部门组织实施、操作，其触角深入企业的各个部门和分支机构的方方面面的一个完整的系统网络。行政管理体系担负着企业的管理工作。

(3)“财务管理”是组织企业财务活动、处理财务关系的一项经济管理工作。

公司管理功能架构图如图 1-5-1 所示。

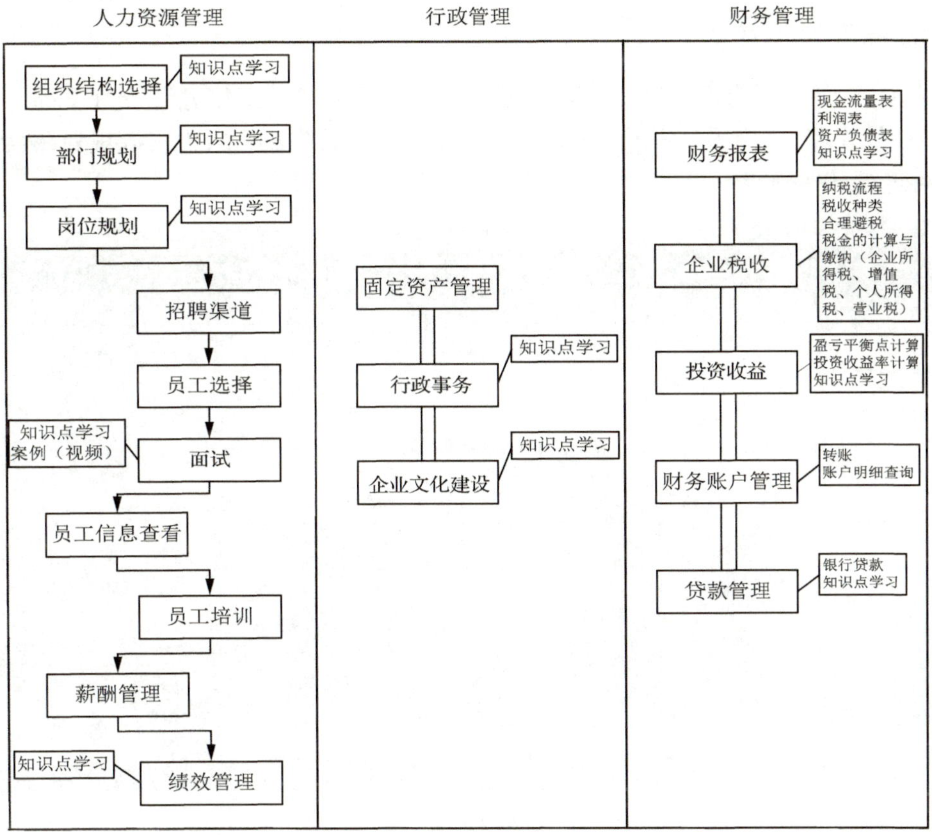

图 1-5-1

点击“人力资源管理”（图 1-5-2），跳转至“人力资源管理”首页。

图 1-5-2

一、人力资源管理

“人力资源管理”页面由“人力资源规划”“员工招聘”“员工信息”“员工培训”“薪酬管理”“绩效管理”六个部分组成(图 1-5-3)。该模块需首先进行人力资源规划,然后进行招聘,再进行其他操作。

图 1-5-3

点击“人力资源规划”,跳转至“人力资源规划”页面。

(一) 人力资源规划

人力资源规划需完成组织结构选择、部门规划、岗位规划操作。在进行操作之前,可以点击图 1-5-4 中的“人力资源规划知识点”按钮,进行相关知识点的学习。

图 1-5-4

点击“组织结构选择”，跳转至“组织结构选择”页面（图 1-5-5），完成示例组织结构的选择后，跳转至部门规划页面。也可通过页面左上角的路径链接，返回上一级目录。

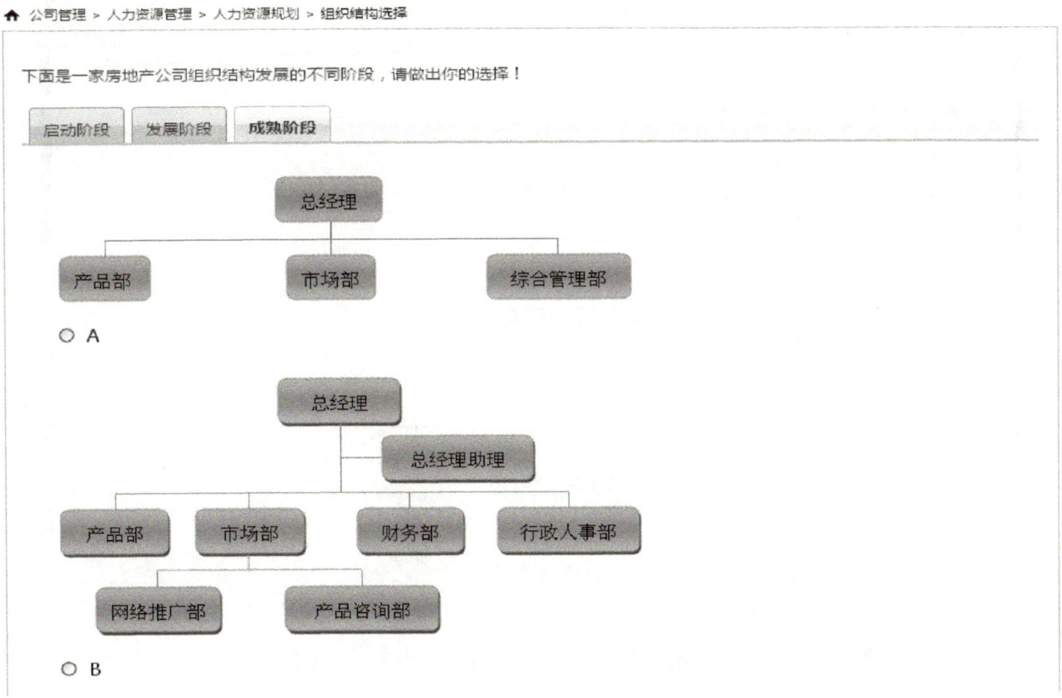

图 1-5-5

公司创立完成后，系统自动生成企业管理部，由总经理负责管理。点击图 1-5-6 中的“添加部门”按钮，跳转至“添加部门”页面。

图 1-5-6

填写部门名称、部门人数、部门职责的内容，点击“确定”按钮，完成部门添加操作（图 1-5-7）。其中部门人数是指在该部门下可招聘的人数总和。

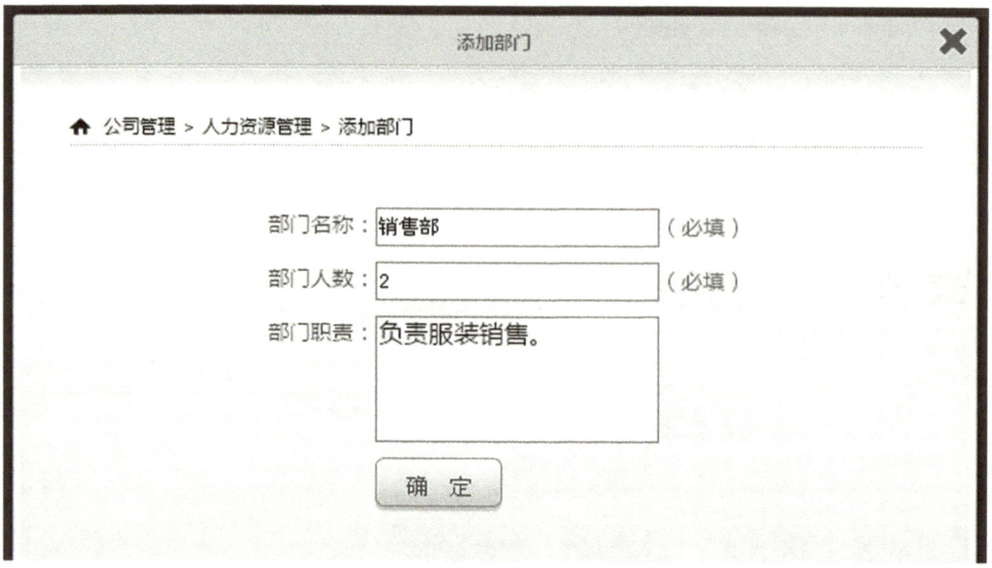

图 1-5-7

点击“确定”按钮后，跳转至“部门规划”页面，可对部门规划进行“编辑”或“删除”操作。点击图 1-5-8 中的“岗位规划”按钮，跳转至“岗位规划”页面。

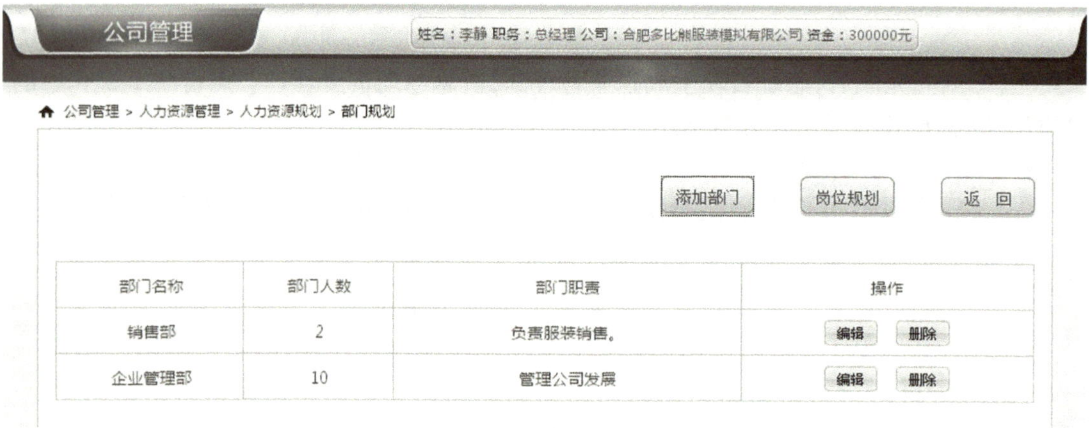

图 1-5-8

点击图 1-5-9 中的“添加岗位”按钮，跳转至“添加岗位”页面。

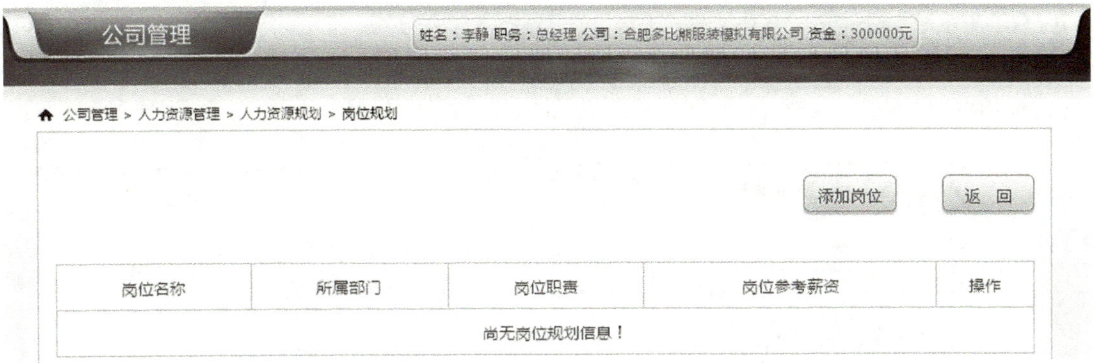

图 1-5-9

填写岗位名称、所属部门、岗位职责及岗位参考薪资，点击“确定”按钮，即可完成岗位规划操作(图 1-5-10)。

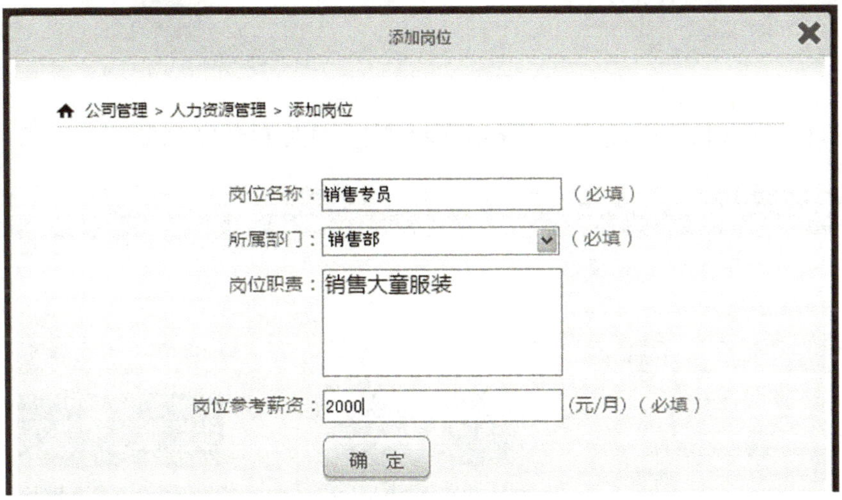

图 1-5-10

（二） 员工招聘

在“人力资源管理”页面，点击“员工招聘”，跳转至“员工招聘”页面，如图 1-5-11 所示。点击“员工招聘实训题”按钮，可进行员工招聘相关试题的演练；点击“招聘渠道”，跳转至招聘渠道页面。

公司管理
姓名：李静 职务：总经理 公司：合肥多比熊服装模拟有限公司 资金：300000元
公司管理 > 人力资源管理 > 员工招聘
员工招聘实训题 >>
面试
面试
员工选择
员工选择
招聘渠道
招聘渠道

图 1-5-11

学员可根据公司的具体情况，选择招聘的渠道，如图 1-5-12 所示。

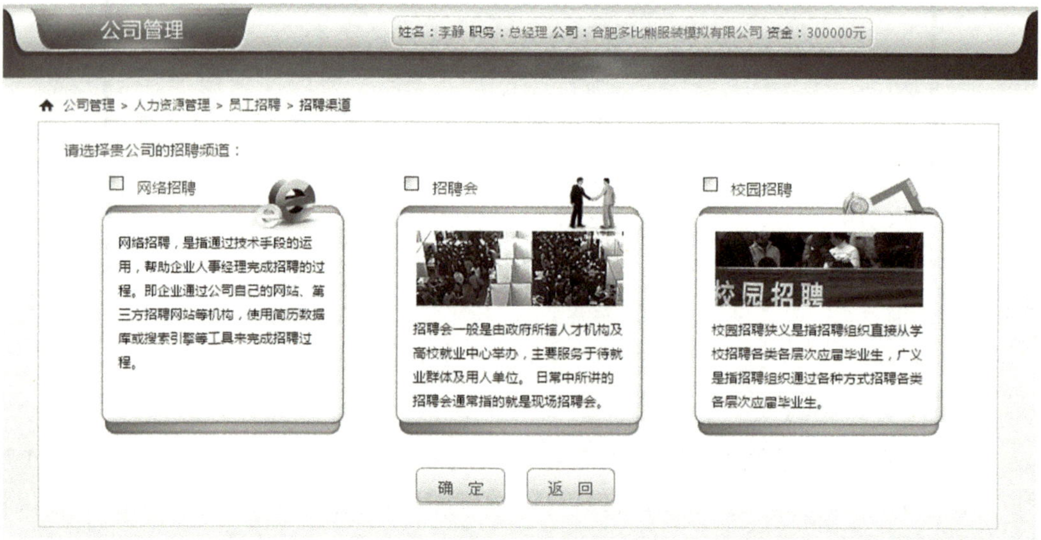
公司管理
姓名：李静 职务：总经理 公司：合肥多比熊服装模拟有限公司 资金：300000元
公司管理 > 人力资源管理 > 员工招聘 > 招聘渠道
请选择贵公司的招聘频道：
网络招聘
网络招聘，是指通过技术手段的运用，帮助企业人事经理完成招聘的过程。即企业通过公司自己的网站、第三方招聘网站等机构，使用简历数据库或搜索引擎等工具来完成招聘过程。
招聘会
招聘会一般是由政府所辖人才机构及高校就业中心举办，主要服务于待就业群体及用人单位。日常中所讲的招聘会通常指的就是现场招聘会。
校园招聘
校园招聘
校园招聘狭义是指招聘组织直接从学校招聘各类各层次应届毕业生，广义是指招聘组织通过各种方式招聘各类各层次应届毕业生。
确 定
返 回

图 1-5-12

点击“确定”按钮，跳转至“员工选择”页面(图 1-5-13)。通过招聘条件进行搜索，可点击“操作”下的“查看简历”按钮，查看简历后，选择某个状态为“找工作中”的员工，点击“邀请”按钮，跳转至“员工选择”页面。

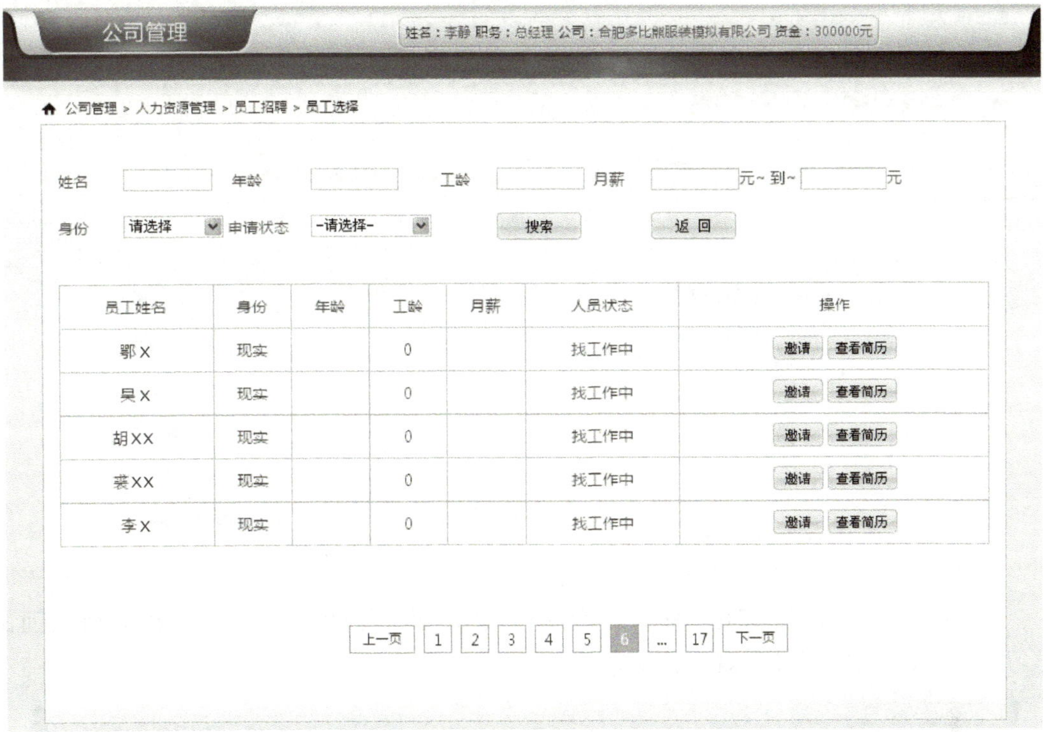

图 1-5-13

选择招聘的部门和岗位信息，点击“确定招聘”按钮（图 1-5-14），完成邀请的发送。

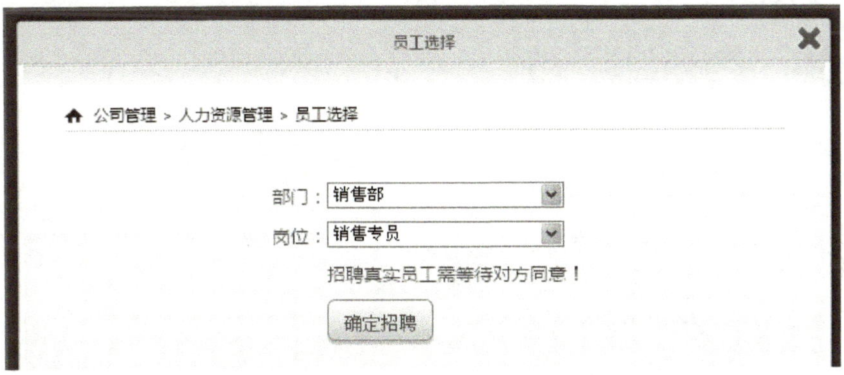

图 1-5-14

“员工选择”页面的人员状态会随着邀请的发送而改变，如图 1-5-15 所示。针对已发送邀请的员工，也可进行删除邀请操作。另外，在备选人员中有“个人申请”状态，这部分员工是个人通过加入公司搜索到的模拟公司，并主动申请了某职位。针对个人申请工作提供回馈意见，可在“员工选择”列表中进行相应的“同意”或“拒绝”操作。

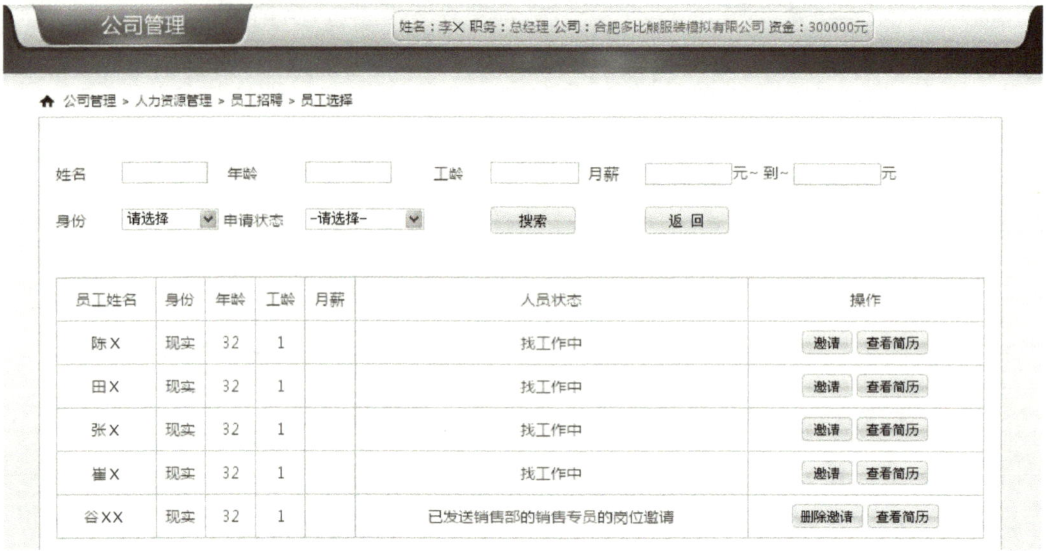

图 1-5-15

在“员工招聘”页面，点击“面试”，跳转至“面试”页面，如图 1-5-16 所示，可针对面试学习有关知识点，或者在线观看面试案例。

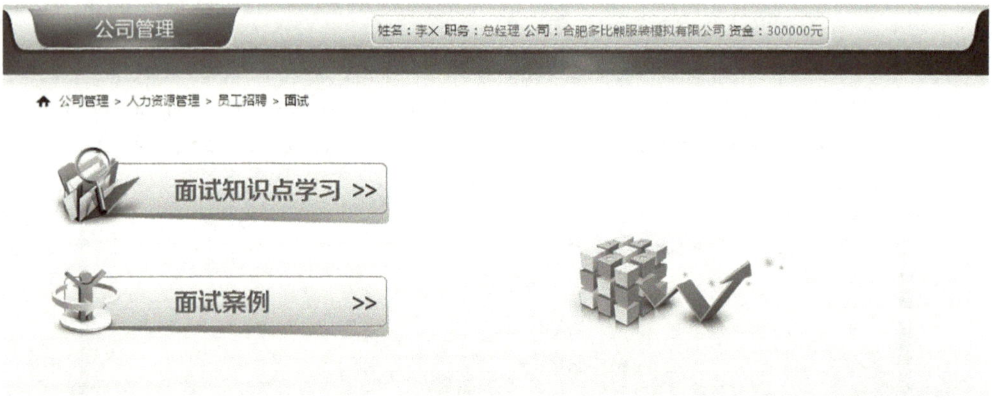

图 1-5-16

（三）员工信息

在“人力资源管理”页面，点击“员工信息”，跳转至“员工信息”页面，如图 1-5-17 所示，可查看已经招聘到岗的所有员工的信息。针对某位员工，点击“编辑”按钮，可修改薪资和绩效；点击“签合同”“变更/续签”“解除”按钮，可完成相应的操作。

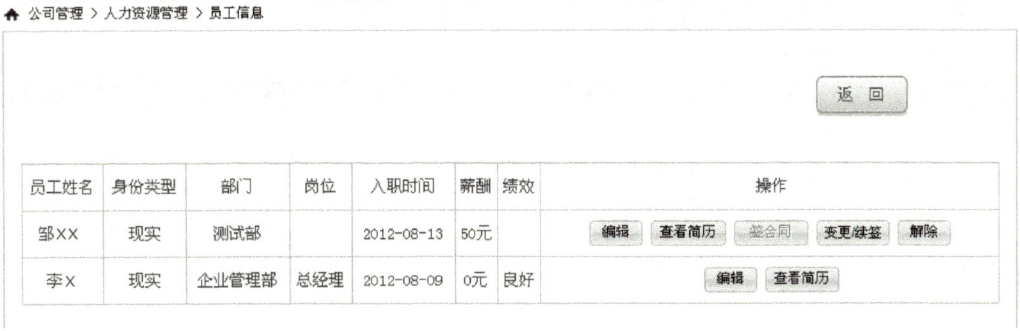

图 1-5-17

（四） 员工培训

在“人力资源管理”页面，点击“员工培训”，跳转至“员工培训”页面，如图 1-5-18 所示，点击“添加培训”按钮，跳转至“添加培训”页面。

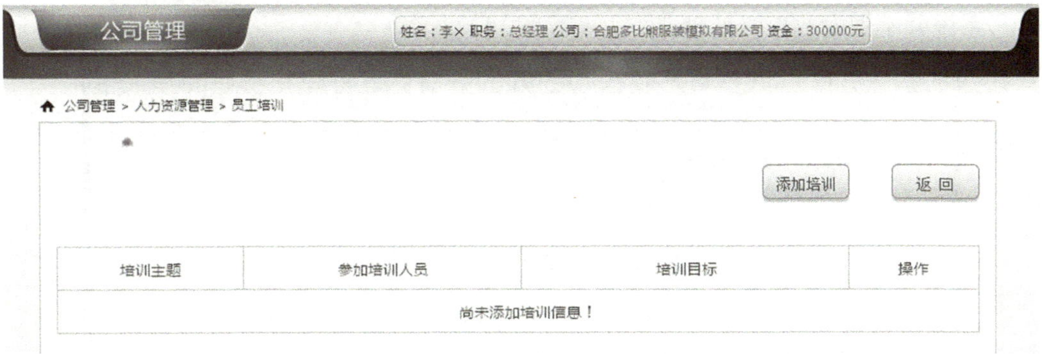

图 1-5-18

填写培训主题，勾选参加培训的人员，填写培训目标，点击“确定”按钮，即完成培训的添加操作(图 1-5-19)。

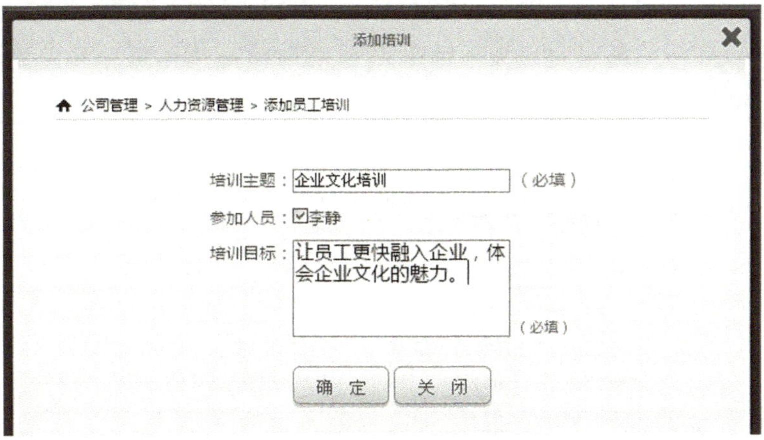

图 1-5-19

（五） 薪酬管理

在“人力资源管理”页面，点击“薪酬管理”，跳转至“薪酬管理”页面，如图 1-5-20 所示,点击右上角的“工资发放”按钮,跳转至“工资发放”页面。

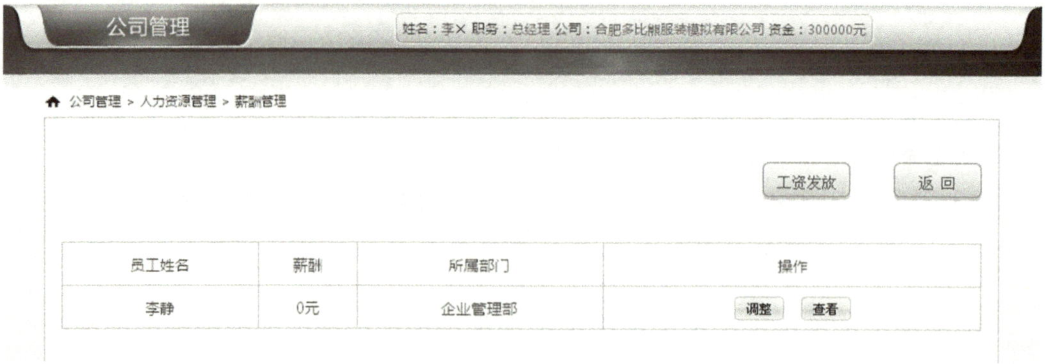

图 1-5-20

选择工资发放日期及工资发放的周期,点击“确定”按钮,即完成工资发放的设置(图 1-5-21)。考虑到培训周期与工资发放周期匹配度不高,此处只作为一个知识点进行学习,系统并不做发放工资处理。

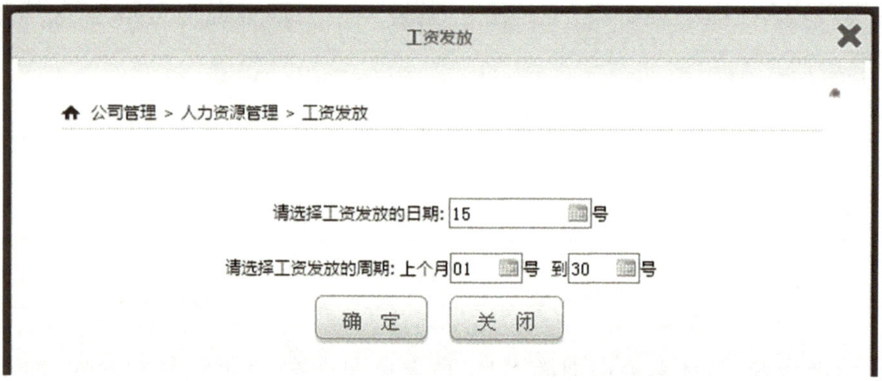

图 1-5-21

在“薪酬管理”页面,点击“操作”下的“调整”按钮,跳转至“调整薪酬”页面,进行各项薪酬的调整,如图 1-5-22 所示,系统自动计算薪酬总数,调整完毕,点击“保存”按钮,即完成调整薪酬操作。

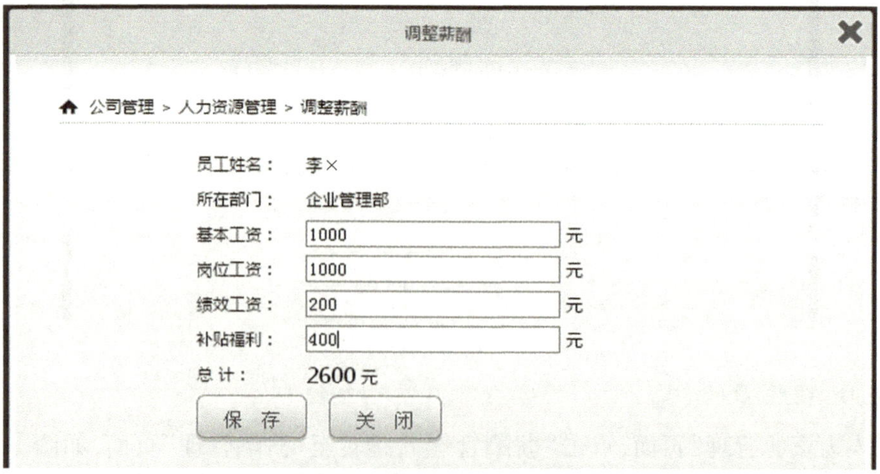

图 1-5-22

（六）绩效管理

在“人力资源管理”页面，点击“绩效管理”，跳转至“绩效管理”页面，如图 1-5-23 所示。点击“知识点学习”按钮，进行相关知识点的学习；点击“调整”按钮，跳转至“绩效调整”页面，调整绩效级别。

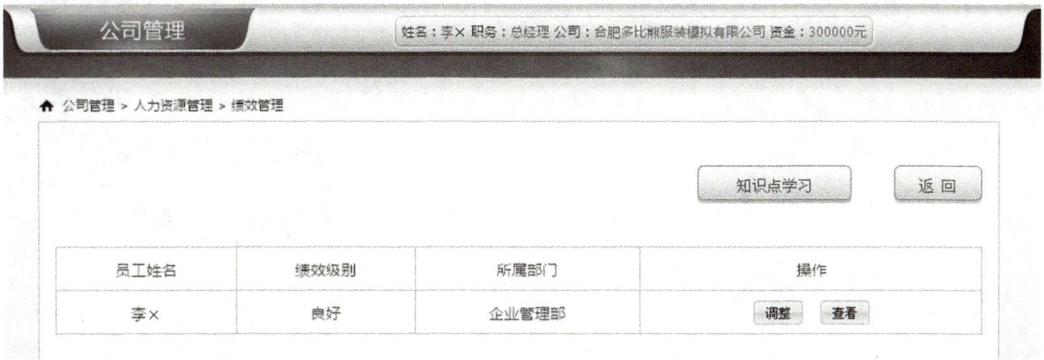

图 1-5-23

针对某位员工进行绩效选择，并填写绩效描述，点击“保存”按钮，即完成“绩效调整”操作（图 1-5-24）。

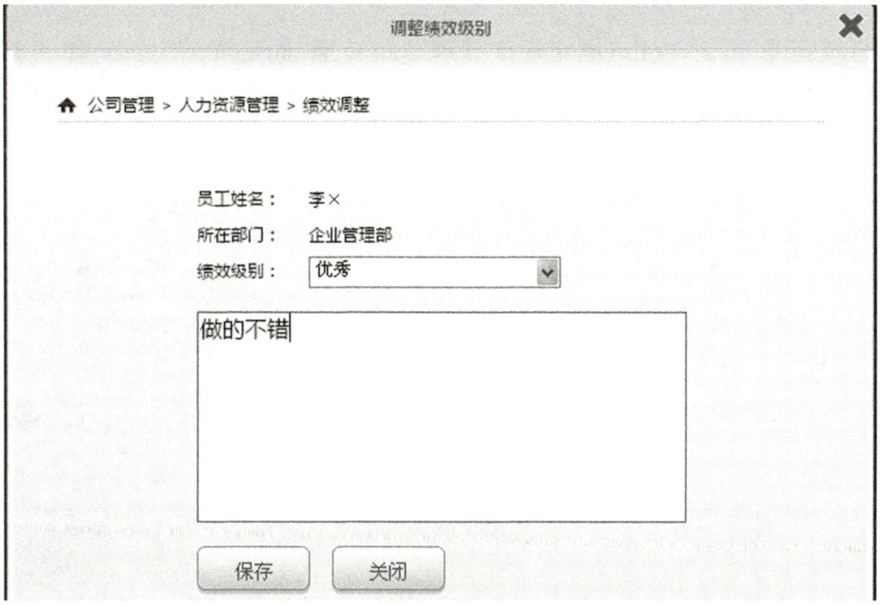

图 1-5-24

二、行政管理

“行政管理”页面由“固定资产管理”“行政事务”“企业文化建设”三个部分组成。点击图 1-5-25 中的“知识点学习”按钮，即可进行相关知识点的学习。

图 1-5-25

（一）固定资产管理

在“行政管理”页面，点击“固定资产管理”，跳转至“固定资产”页面，如图 1-5-26 所示，首次登录，显示为空，可点击“固定资产采购”或“自定义采购”按钮，完成固定资产的采购操作。

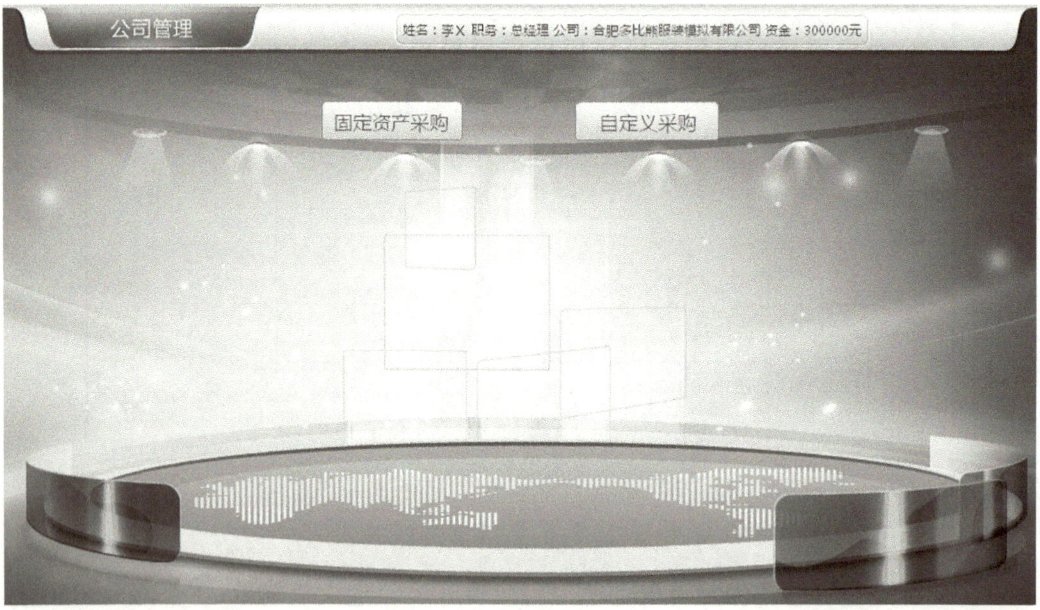

图 1-5-26

点击“固定资产采购”按钮，跳转至“固定资产采购”页面，如图 1-5-27 所示，可选择需要购买的资产数量，并点击“加入购物车”按钮，跳转至购物车页面。

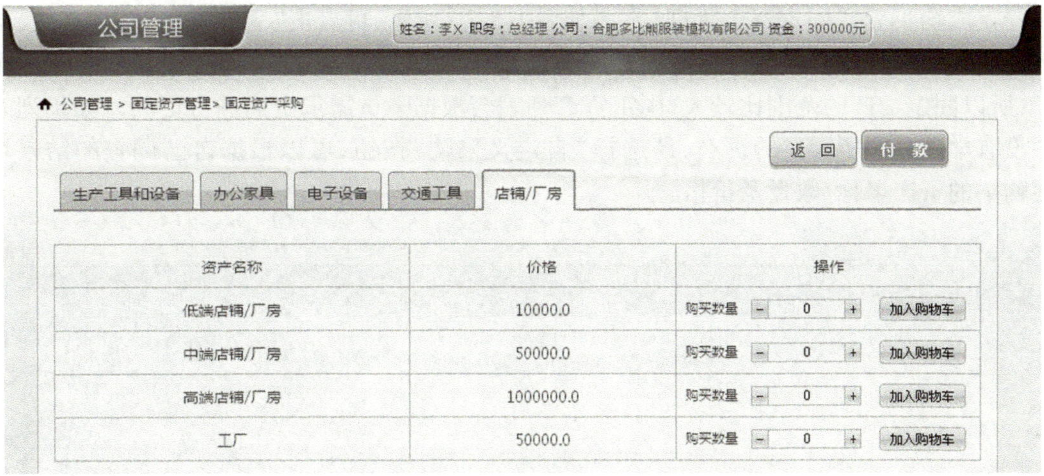

图 1-5-27

加入购物车后，可点击“继续采购”或者“去购物车并结算”按钮（图 1-5-28），进行相应操作。

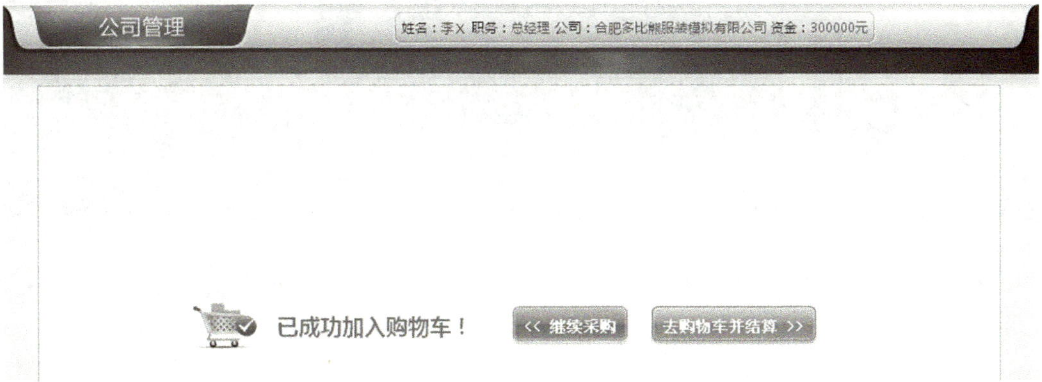

图 1-5-28

点击“去购物车并结算”按钮，跳转至如图 1-5-29 所示的结算页面，核实数量、金额无误后，勾选要结算的资产，点击“结算”按钮，跳出确定结算提示框，确定付款，即完成固定资产的一次购买。

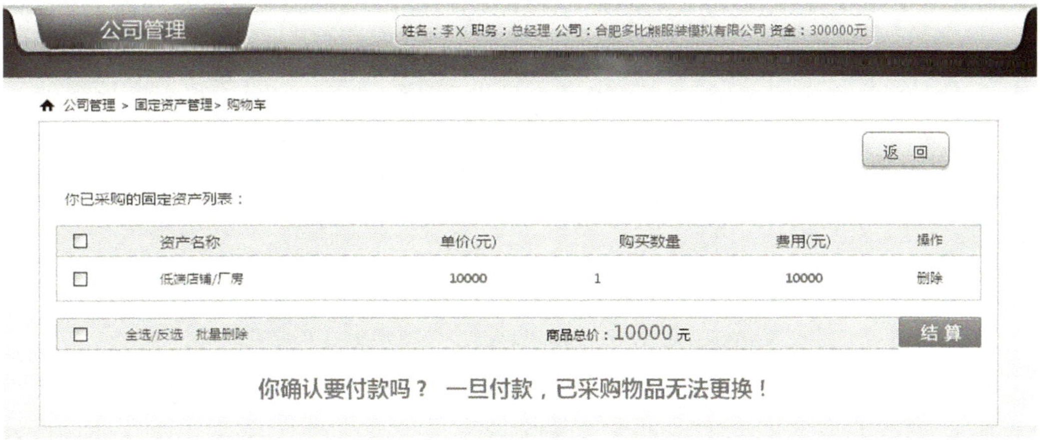

图 1-5-29

完成购买后，“固定资产管理”页面如图 1-5-30 所示，可点击“固定资产列表”按钮，查看已购买的固定资产列表信息。因本平台基本不限制公司创立的行业，涉及的行业面很广，所以固定资产的范围比较大，固定资产列表会根据学员需求定期进行更新。如果列表中没有学员公司所需要的资产，请选择“自定义采购”按钮，可以根据自己调查的结果填写购买的资产名称、数量及价格。

图 1-5-30

点击“自定义采购”按钮，跳转至“自定义采购”页面，填写需要购买的物品名称、采购数量、采购单价，点击“确定”按钮（图 1-5-31），即跳转至结算页面。

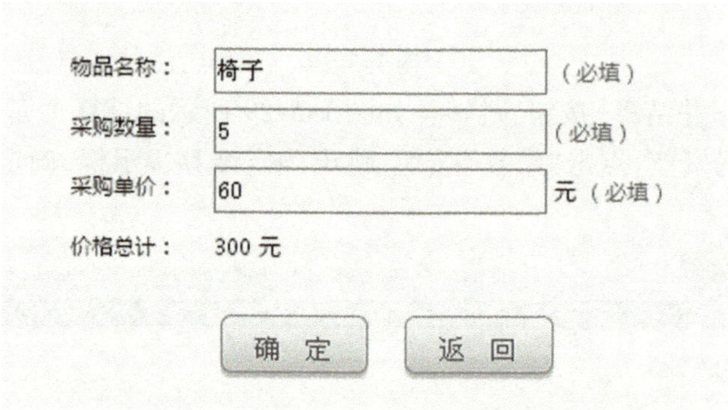

图 1-5-31

结算过程与固定资产采购类似（图 1-5-32），在此不再说明。

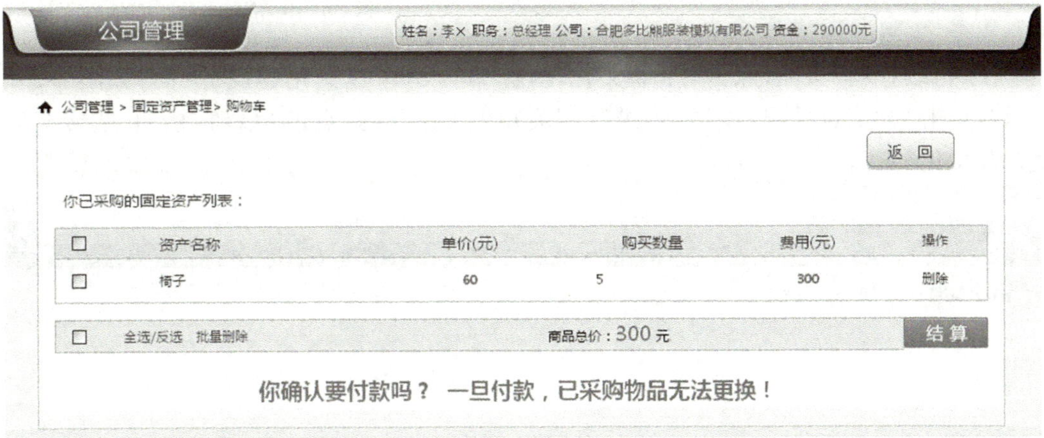

图 1-5-32

（二） 行政事务

在“行政管理”页面，点击“行政事务”，进入“行政事务”页面，如图 1-5-33 所示。点击“知识点学习”按钮，进行相关知识点的学习；点击“添加”按钮，跳转至“添加行政事务”页面。

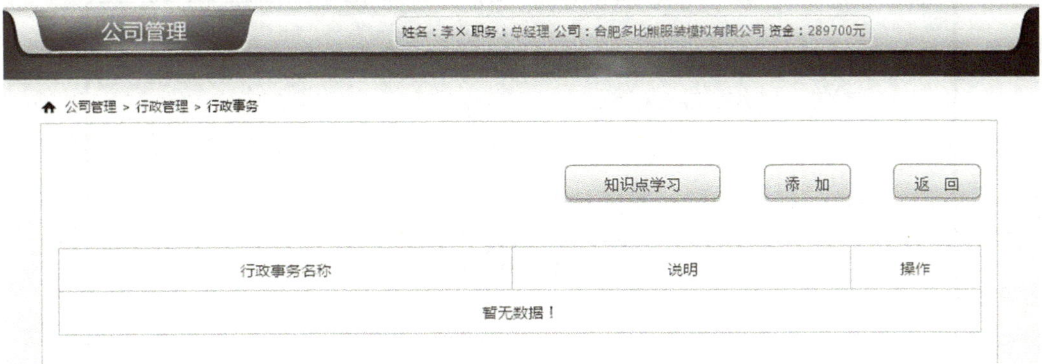

图 1-5-33

填写行政事务名称及行政事务说明，点击“确定”按钮，即完成行政事务的添加操作（图 1-5-34）。返回行政事务列表，可进行“编辑”或“删除”操作。

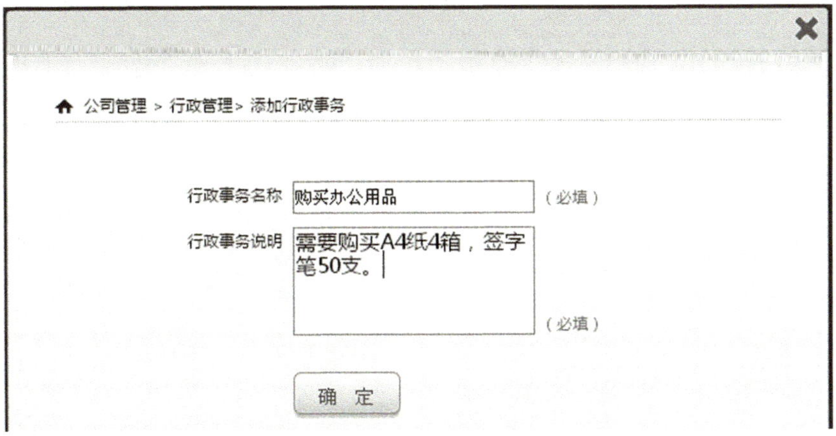

图 1-5-34

（三）企业文化建设

在“行政管理”页面，点击“企业文化建设”，进入“企业文化建设”页面，如图 1-5-35 所示。点击“知识点学习”按钮，可进行相关知识点的学习；点击“添加”按钮，跳转至“建设企业文化”页面。

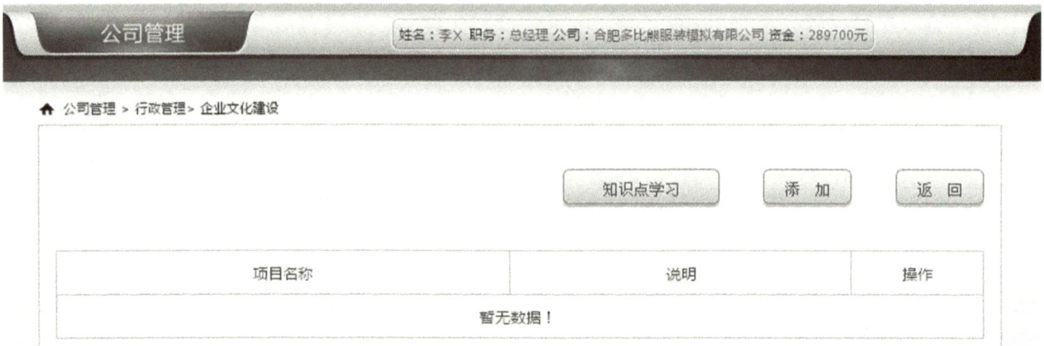

图 1-5-35

填写项目名称及项目说明，点击“确定”按钮，即完成企业文化的添加操作（图 1-5-36）。返回企业文化列表，可进行“编辑”或“删除”操作。

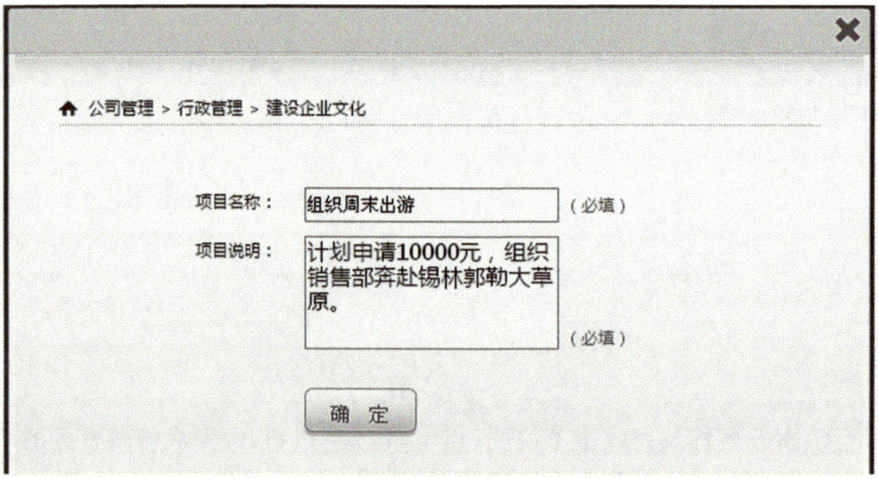

图 1-5-36

三、财务管理

“财务管理”页面包括“财务报表”“企业税收”“投资收益”“财务账户管理”“贷款管理”五个部分内容，如图 1-5-37 所示。

图 1-5-37

（一）财务报表

在“财务管理”页面，点击“财务报表”按钮，跳转至“财务报表”页面，如图 1-5-38 所示。点击“财务报表知识点学习”按钮，进行相关知识点的学习；点击任一财务报表按钮，可跳转至相应页面。

图 1-5-38

点击“资产负债表”，跳转至“资产负债表”页面，如图 1-5-39 所示。点击“资产负债表样表”按钮，可下载查看样表信息；点击“资产负债表上传”按钮，可上传本模拟公司的资产负债表至系统中。

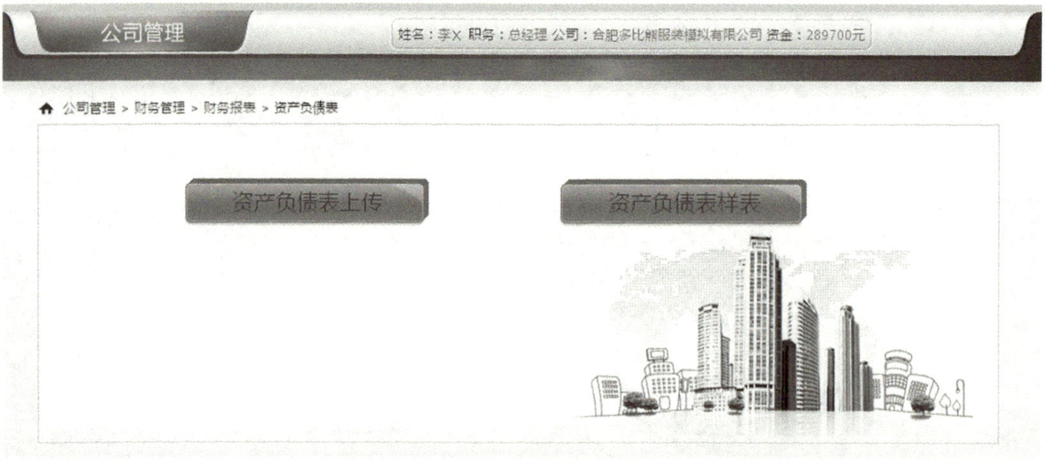

图 1-5-39

（二）企业税收

在“财务管理”页面，点击“企业税收”按钮，跳转至“企业税收”页面，如图 1-5-40 所示。企业税收包括“纳税流程”“税收种类”“合理避税”“税金的计算与缴纳”四个部分内容。其中，“税收种类”与“合理避税”是以知识点学习的形式展现的，学员可点击进行学习。

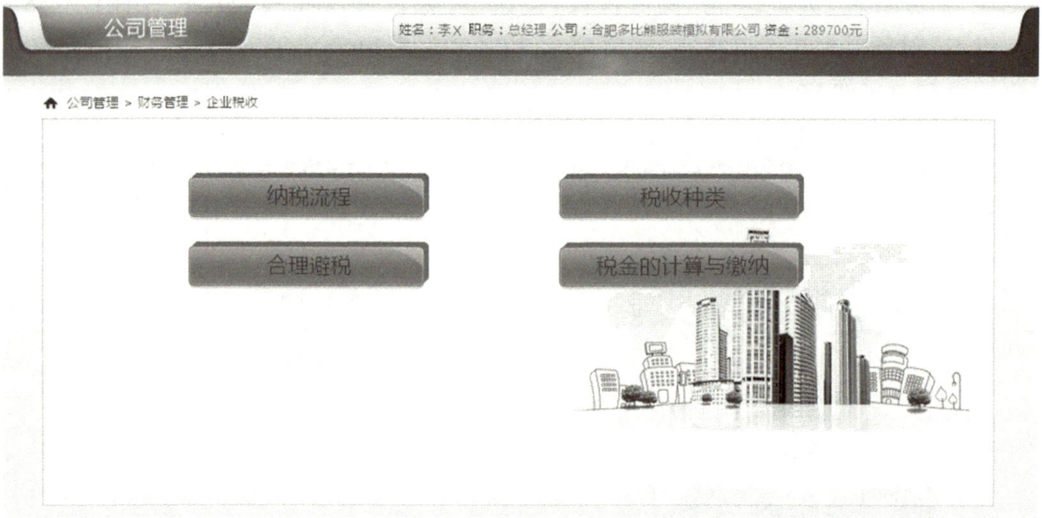

图 1-5-40

点击“纳税流程”按钮，跳转至“纳税流程”页面，如图 1-5-41 所示。点选正确的纳税流程，并点击“确定”按钮，即可完成纳税流程选择操作。如选择错误，可多次选择，进行强化学习。

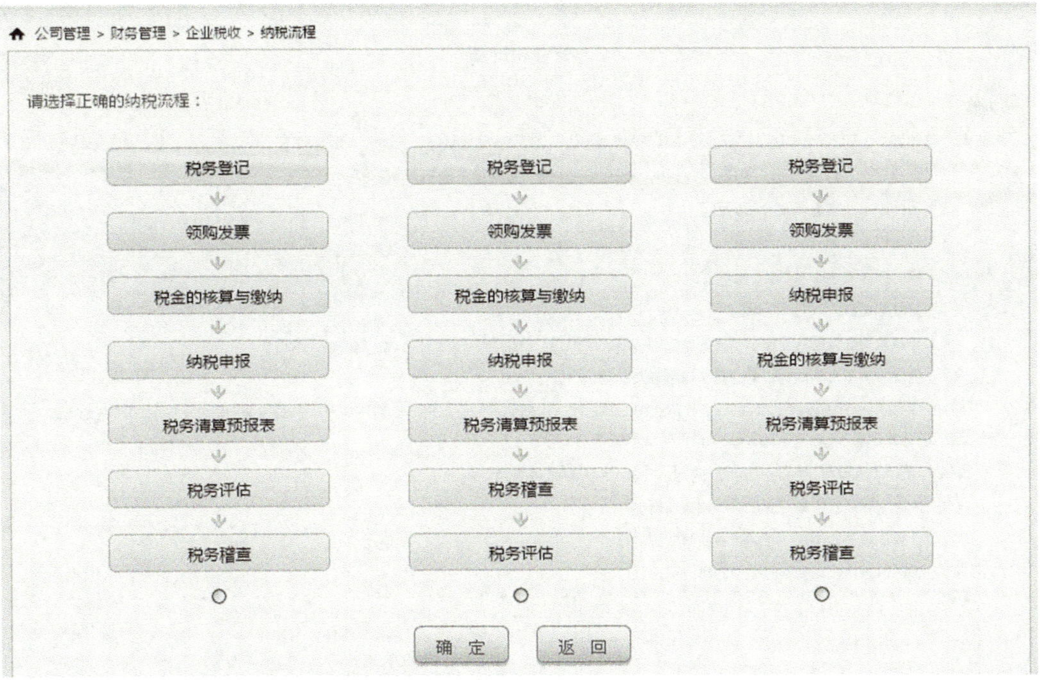

图 1-5-41

在“企业税收”页面，点击“税金的计算与缴纳”按钮，跳转至“税金计算与缴纳”页面，如图 1-5-42 所示，可进行企业所得税、增值税、个人所得税及营业税的计算。

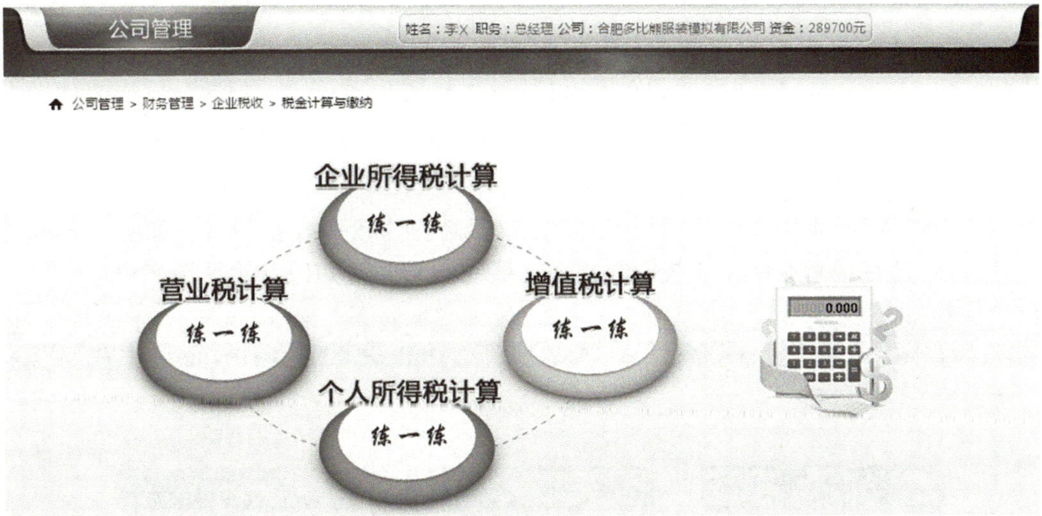

图 1-5-42

点击“营业税计算”按钮，跳转至“营业税计算”页面，如图 1-5-43 所示，阅读题干并在文本框中撰写答案，点击“提交”按钮，可查看计算案例的正确答案。其他税费的操作类似。

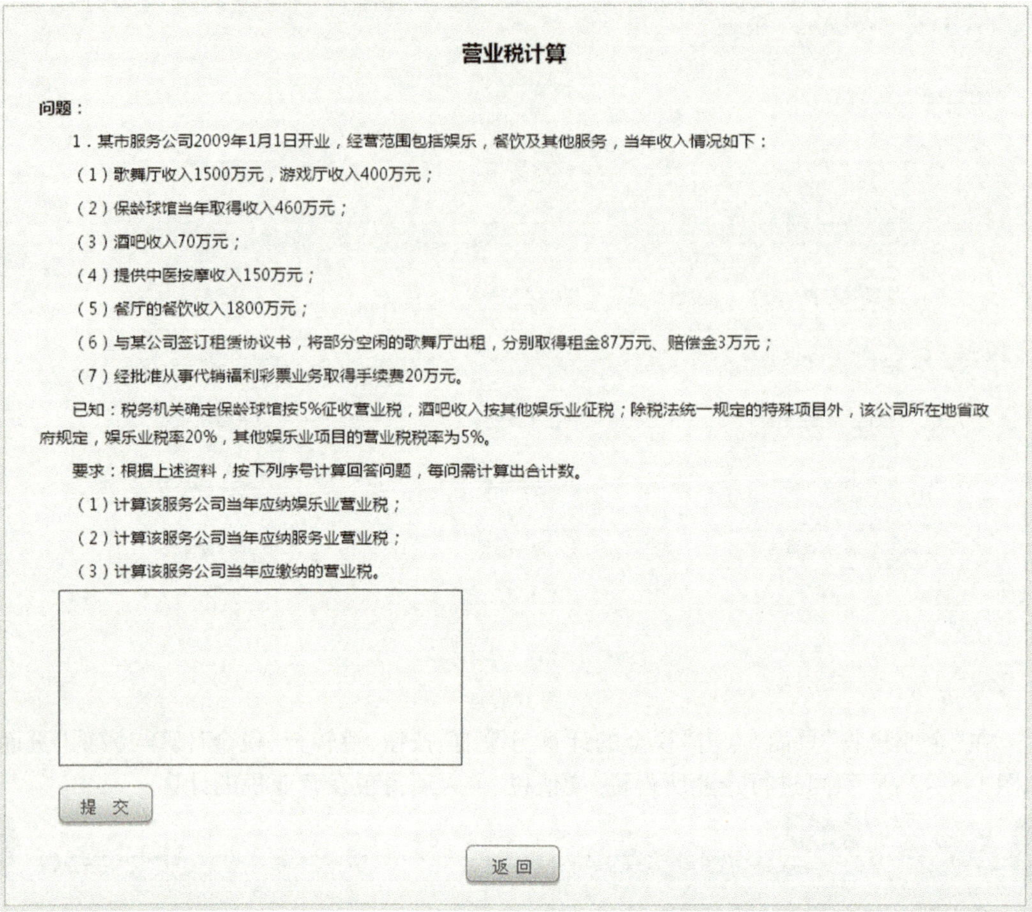

营业税计算

问题：

1．某市服务公司2009年1月1日开业，经营范围包括娱乐，餐饮及其他服务，当年收入情况如下：

（1）歌舞厅收入1500万元，游戏厅收入400万元；

（2）保龄球馆当年取得收入460万元；

（3）酒吧收入70万元；

（4）提供中医按摩收入150万元；

（5）餐厅的餐饮收入1800万元；

（6）与某公司签订租赁协议书，将部分空闲的歌舞厅出租，分别取得租金87万元、赔偿金3万元；

（7）经批准从事代销福利彩票业务取得手续费20万元。

已知：税务机关确定保龄球馆按5%征收营业税，酒吧收入按其他娱乐业征税；除税法统一规定的特殊项目外，该公司所在地省政府规定，娱乐业税率20%，其他娱乐业项目的营业税税率为5%。

要求：根据上述资料，按下列序号计算回答问题，每问需计算出合计数。

（1）计算该服务公司当年应纳娱乐业营业税；

（2）计算该服务公司当年应纳服务业营业税；

（3）计算该服务公司当年应缴纳的营业税。

提 交

返 回

图 1-5-43

（三）投资收益

在“财务管理”页面，点击“投资收益”按钮，跳转至“投资收益”页面，如图 1-5-44 所示，其包括“盈亏平衡点计算”“投资收益率计算”“投资收益知识点学习”三个部分。

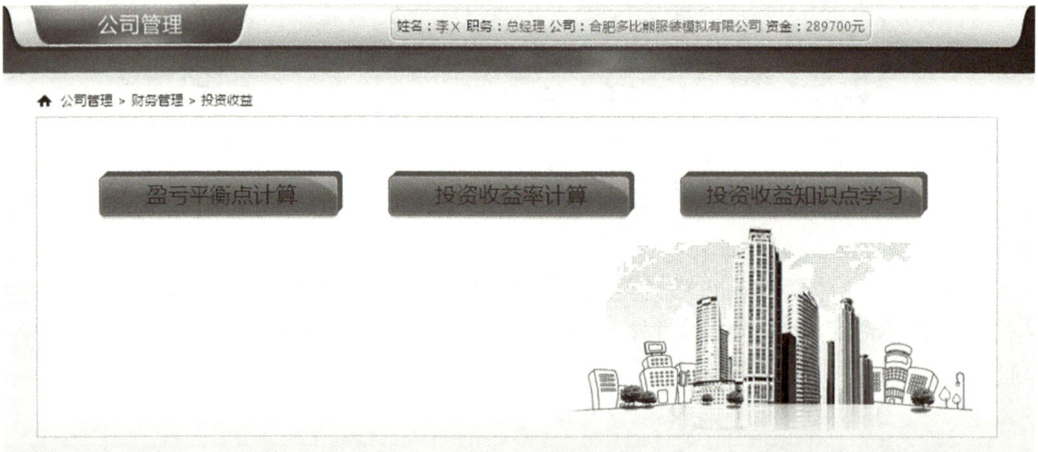

图 1-5-44

点击“盈亏平衡点计算”按钮，跳转至“盈亏平衡点计算”页面，如图 1-5-45 所示，在“答案”处填写正确答案，并点击“确定”按钮，如答案不正确，此步骤无法通过。投资收益率操作类似。

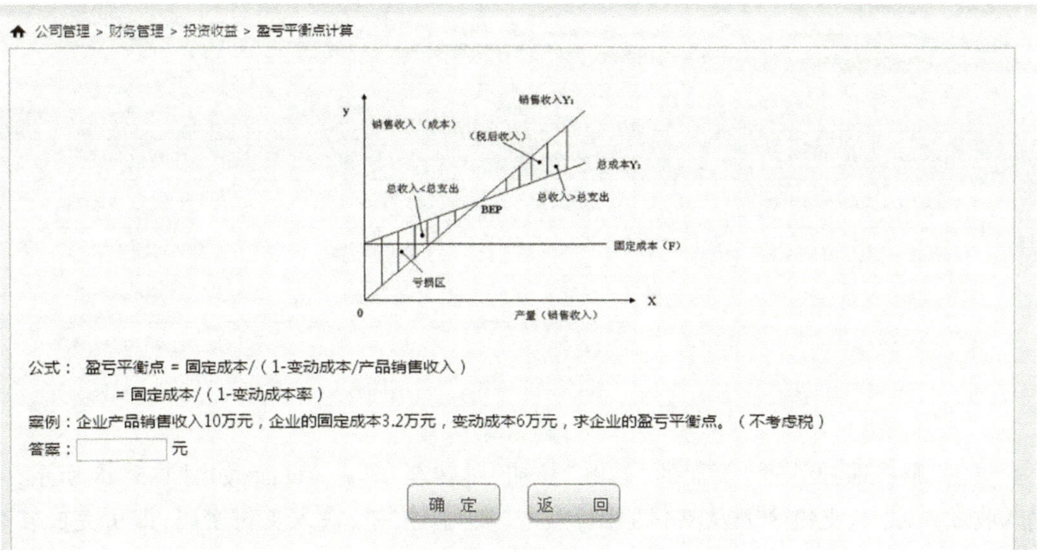

图 1-5-45

（四）财务账户管理

在“财务管理”页面，点击“财务账户管理”按钮，跳转至“财务账户管理”页面，如图 1-5-46 所示。

图 1-5-46

点击“查看公司账户明细”按钮，可查看公司账户的进出账信息，如图 1-5-47 所示，输入搜索日期，可查询该时间段公司账户的进出账信息。

公司管理 > 财务管理 > 财务账户管理

账户名：北京唯一办公用品模拟有限公司

账号：YC_PBK000639

选择时间 至 查询

序号	交易日期	交易金额	账户余额	备注
	2012-9-25 16:47:36	3000000.00		公司创立时筹集资金
1	2013-3-13 15:44:50	500.00	3112336.00	出售三工透明胶带
2	2013-3-13 15:42:34	-55.00	3111836.00	购买3岁宝宝成长宝典
3	2013-3-13 11:16:00	12.00	3111891.00	出售笔记本
4	2013-3-7 22:31:19	560.00	3111879.00	出售信发计算器
5	2013-3-7 22:30:47	540.00	3111319.00	出售信发计算器

图 1-5-47

点击“财务账户管理”页面的“转账”按钮，跳转至“转账”页面，如图 1-5-48 所示，需输入收款人账户、支付金额及支付原因，点击“支付”按钮，输入支付密码，即可完成转账支付。

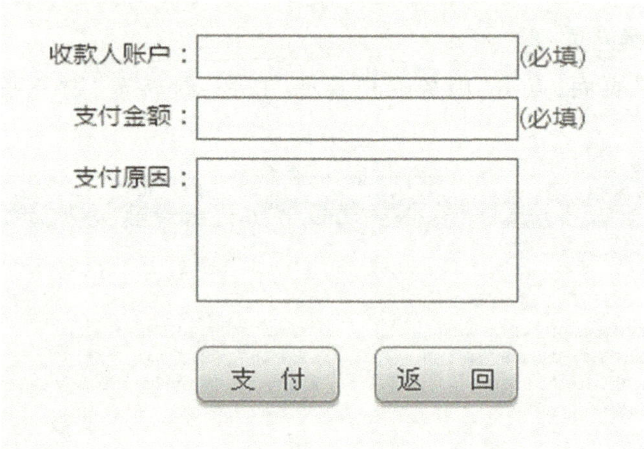

图 1-5-48

（五）贷款管理

在“财务管理”页面，点击“贷款管理”按钮，跳转至“贷款管理”页面，如图 1-5-49 所示。点击“贷款相关知识点学习”按钮，可进行相关知识点的学习；点击“马上去银行贷款”按钮，可去银行贷款；如完成银行贷款，则可点击“查看贷款信息”按钮，查看贷款的相关信息。

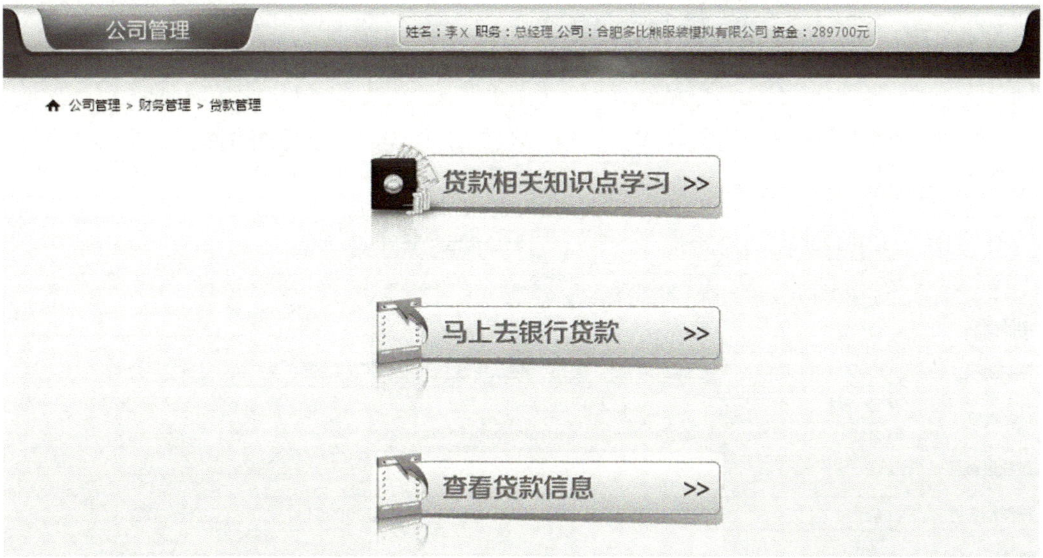

图 1-5-49

其中，点击“马上去银行贷款”按钮，跳转至“提交资格文件”页面，如图 1-5-50 所示。去银行贷款需要提供组织机构代码、税务登记证和营业执照，勾选图 1-5-50 中所示资料，点击“下一步”按钮，至“填写资料”这一步。

图 1-5-50

贷款需填写贷款金额、贷款用途、贷款期限、抵押物描述及抵押物金额等信息，注意抵押物金额要大于贷款金额的 1.5 倍才可以成功贷款。信息填写完整后，点击“下一步”按钮（图 1-5-51），经审核后，跳转至审核成功页面。

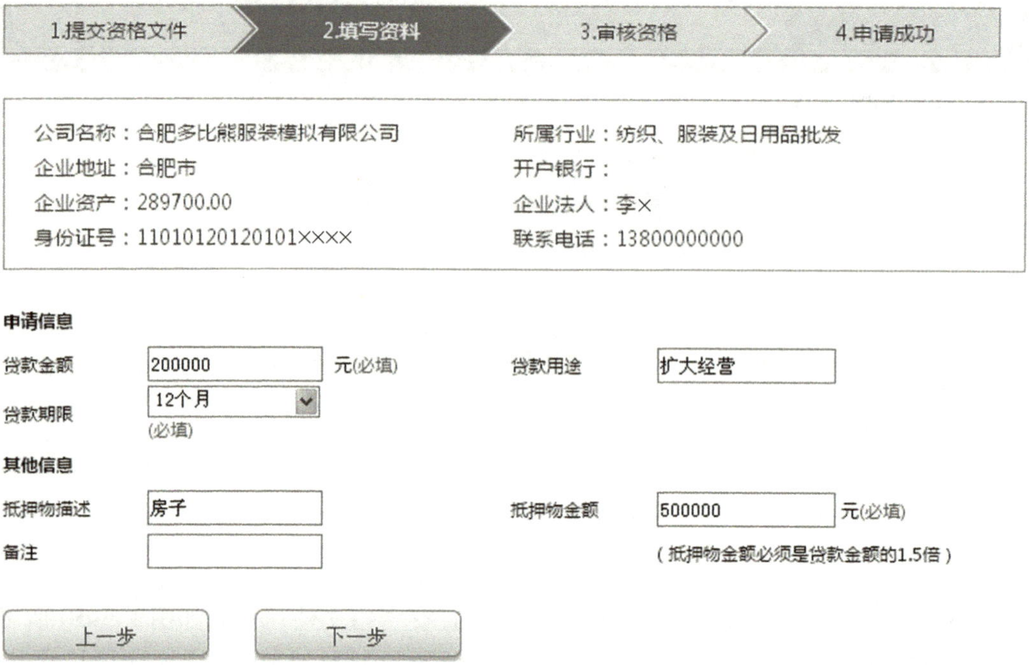

图 1-5-51

审核成功后，点击“查看贷款信息”按钮（图 1-5-52），可查看相应信息。

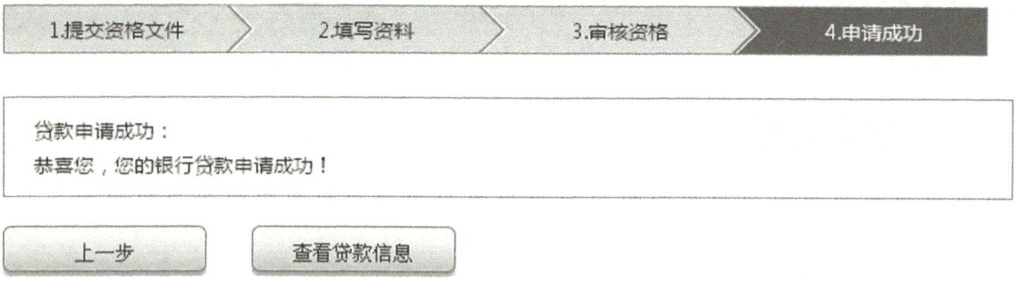

图 1-5-52

贷款信息页如图 1-5-53 所示。点击“查看每月还款计划”按钮，可查看每个月应还款的数额（图 1-5-54）；点击“提前还款”按钮，可填写提前还款信息并完成提前还款（图 1-5-55）。

贷款资格文件

组织机构代码　　税务登记证　　工商营业执照

贷款申请表

企业贷款信息			
企业名称	合肥多比熊服装模拟有限公司	所属行业	纺织、服装及日用品批发
企业地址	合肥市	原开户银行	模拟人民银行
主要股东或实际控股人名称	李×		
贷款银行	模拟人民银行		
贷款金额	¥ 200000.00		
企业贷款信息			
本次申请贷款金额	¥ 200000.00	本次申办银行（预计）	模拟人民银行
抵押物金额（抵押物金额必须大于等于贷款金额的1.5倍）	¥ 500000.00	申请日期	2012-08-30

贷款信息

- **贷款种类**：公司贷款
- **贷款发放日**：2012-08-30
- **贷款金额**：¥ 200000.00
- **还需还款**：¥ 201666.67
- **利率**：0.1
- **贷款期限**：12个月
- **共需还款**：¥ 220000.00
- **每月还款**：¥ 18333.33

查看每月还款计划　　提前还款

图 1-5-53

贷款金额：　5000.00 元

共需还款：　5166.67 元

还需还款：　5166.67 元

应还本金：　1555.56 元

应还利息：　166.67 元

本息合计：　1722.22 元

确　定

图 1-5-54

还需还款：5166.67

账户余额：480757.59

还款金额：

您可以选择一次还清或部分偿还，还清的部分下月不用再交利息。

确　定

图 1-5-55

第六节　公司经营

“公司经营”页面包括“调研中心”“产品中心”“营销中心”“数据中心”四个模块（图 1-6-1），学员可根据创业团队的部门规划安排相应人员负责某个模块。

（1）“调研中心”指运用科学的方法，有目的、有系统地搜集、记录、整理有关市场营销信息和资料，分析市场情况，了解市场的现状及其发展趋势，为市场预测和营销决策提供客观的、正确的资料。

（2）“产品中心”主要完成公司经营产品或服务从无到有整个过程，涉及从产品原型设计到原材料采购、产品生产到入库期间的所有环节。

（3）“营销中心”完成产品的定价、上架/下架、渠道、促销、广告及服务等营销策略的制定，为交易大厅产品销售奠定基础。

（4）“数据中心”页面提供调研中心、产品中心及营销中心的所有数据信息，它是营销中心的数据汇总点。

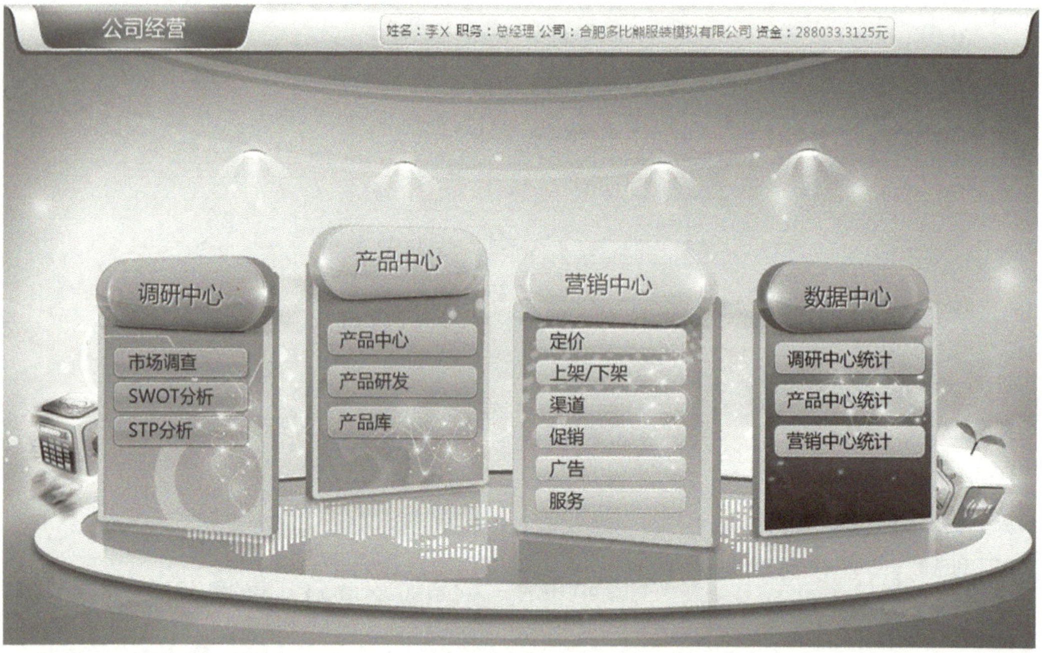

图 1-6-1

公司经营功能架构图如图 1-6-2 所示。

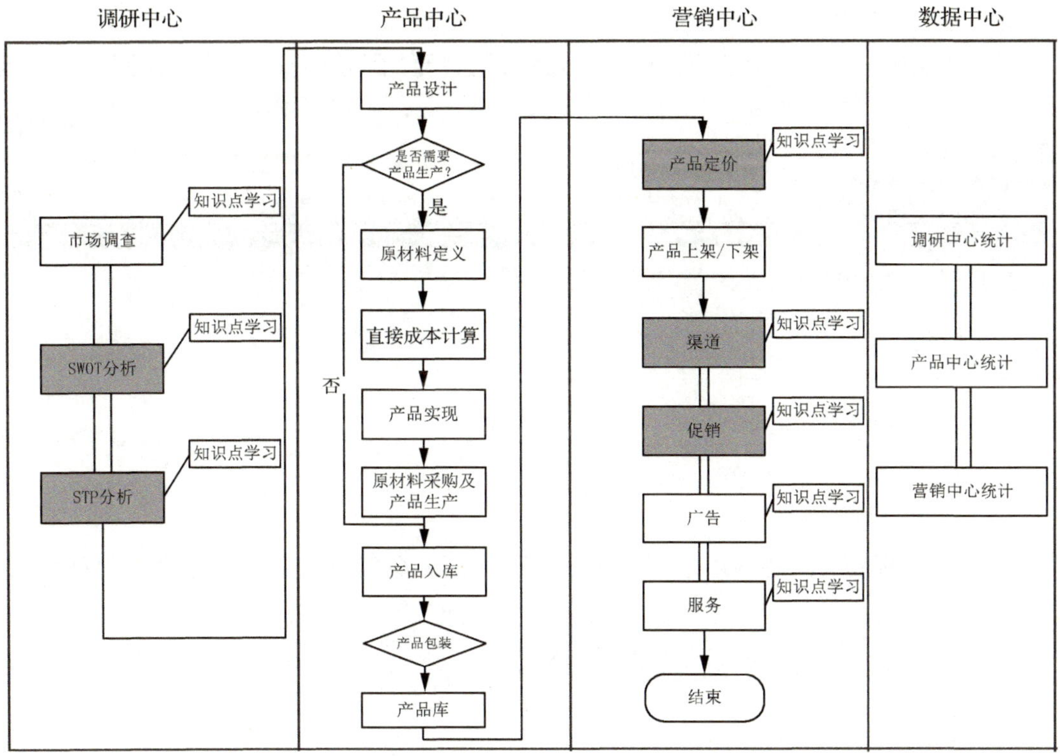

图 1-6-2

一、调研中心

点击“公司经营”页面的“调研中心”按钮，跳转至“调研中心”页面，如图 1-6-3 所示。“调研中心”页面包括“市场调查”“SWOT 分析”“STP 分析”三个部分内容。

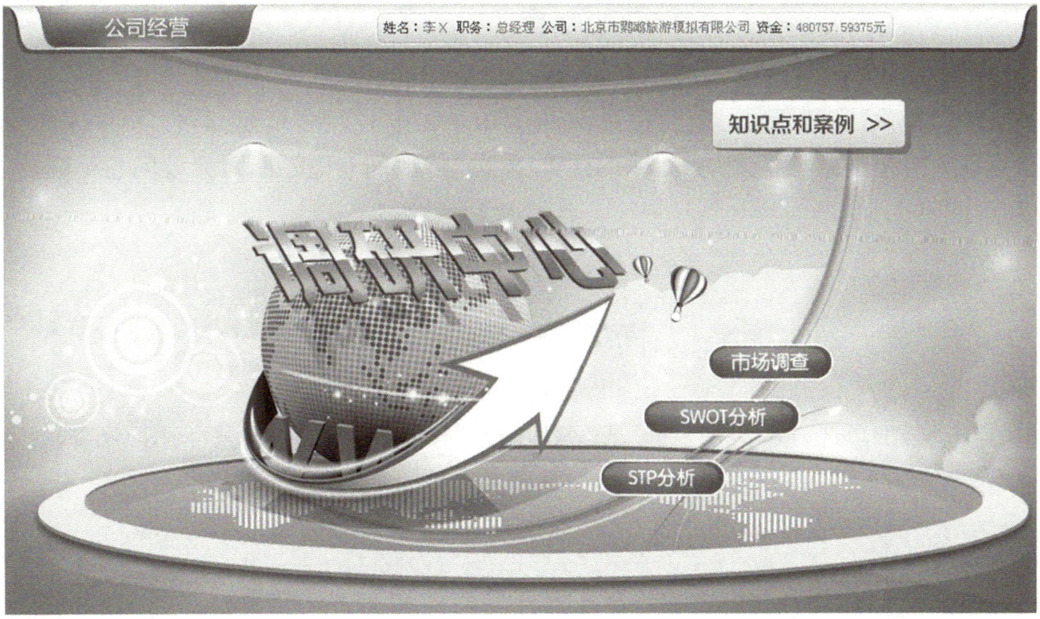

图 1-6-3

（一）市场调查

点击“调研中心”页面的“市场调查”按钮，跳转至“问卷调查”页面。如图 1-6-4 所示，点击“知识点学习”按钮，可进行相关知识点的学习；点击“新增问卷”按钮，跳转至“新增问卷”页面。

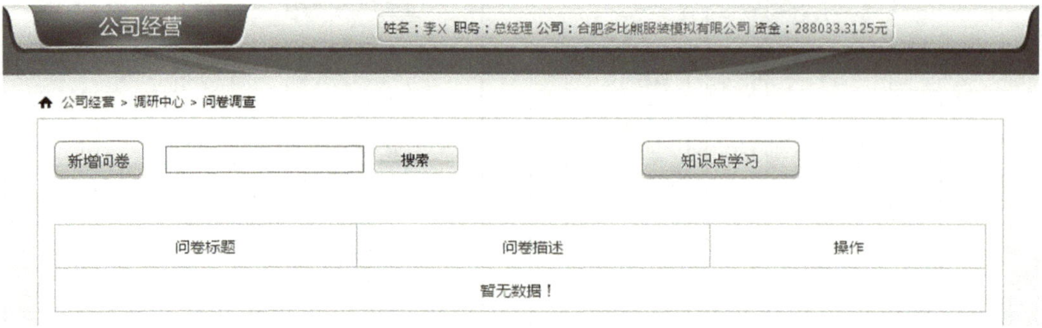

图 1-6-4

填写问卷标题与问卷描述，点击“保存”按钮(图 1-6-5)，跳转至“问卷列表”页面。

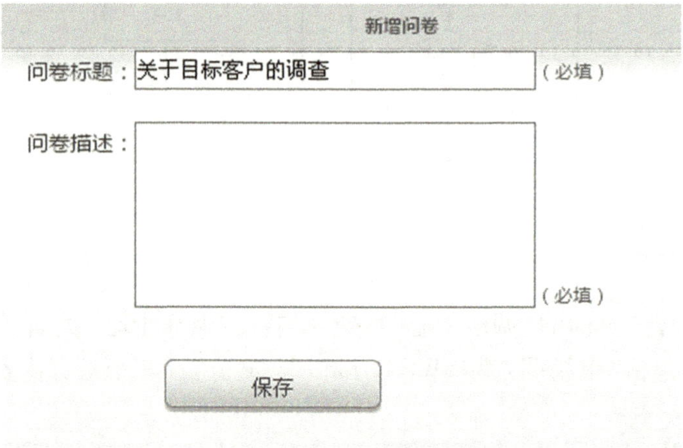

图 1-6-5

点击“操作”下的“添加题目”按钮，跳转至“问卷题目添加”页面；点击“预览评价”按钮，可预览问卷及实训师在后台给予的评价；点击“修改问卷”按钮，可修改问卷标题及描述(图 1-6-6)。

问卷标题	问卷描述	操作
关于目标客户的调查	深度挖掘目标客户特征	修改问卷 添加题目 预览评价 删除

图 1-6-6

点击“添加单选”或“添加多选”或“添加问答”按钮，可添加问卷题目(图 1-6-7)。

图 1-6-7

以"添加单选"为例,添加调查题干及选项,如需增删选项,可点击"添加选项"或"删除选项"按钮(图 1-6-8),完成相应操作,选项数量最多为 8 个。

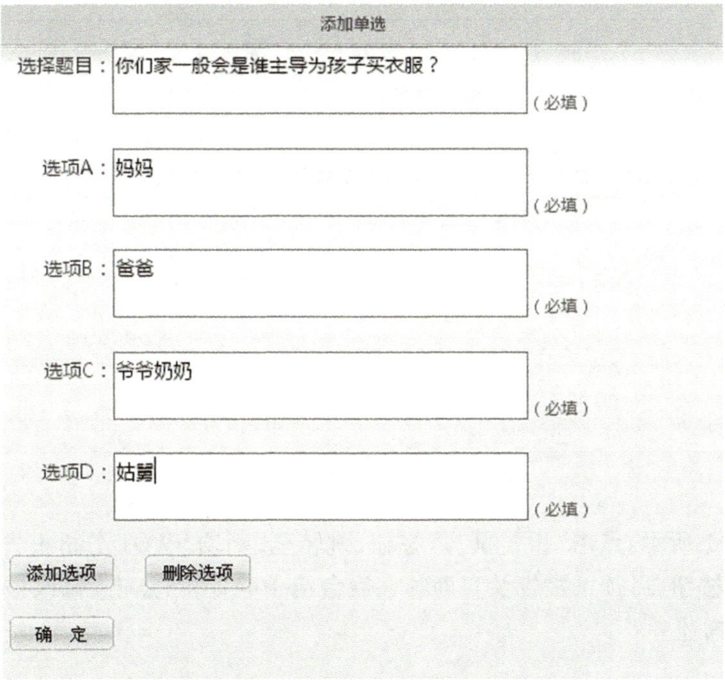

图 1-6-8

(二) SWOT 分析

点击"调研中心"页面的"SWOT 分析"按钮,跳转至"SWOT 分析报告"页面(图 1-6-9)。点击"知识点学习"按钮,可进行相关知识点的学习;点击"新增 SWOT 分析报告"按钮,跳转至"新增 SWOT 分析报告"页面。

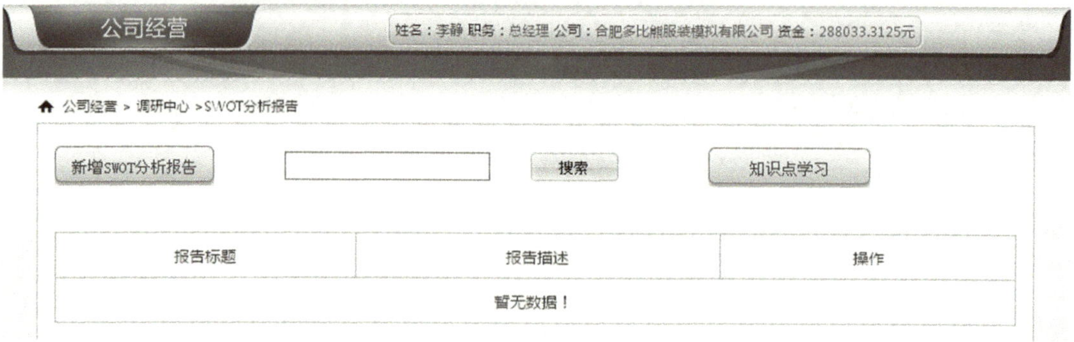

图 1-6-9

填写报告标题、报告描述，点击“保存”按钮（图 1-6-10），跳转至“SWOT 分析报告”页面。

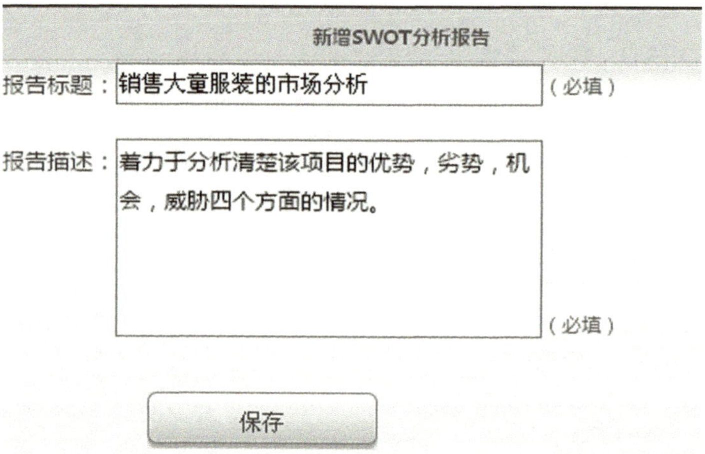

图 1-6-10

如图 1-6-11 所示，点击“报告撰写”按钮，跳转至“新增 SWOT 分析报告撰写”页面；点击“预览评价”按钮，可预览报告及实训师在后台给予的评价；点击“修改报告”按钮，可修改报告标题及描述。

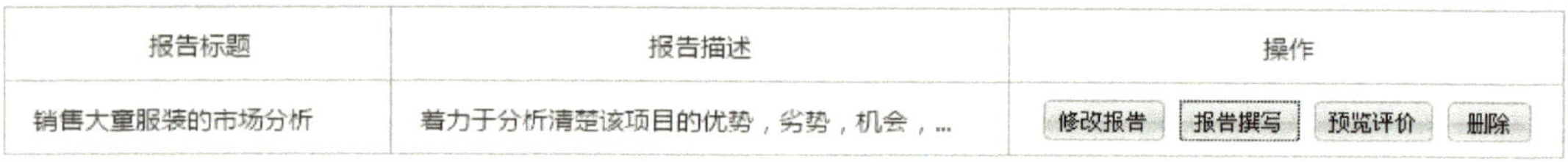

图 1-6-11

撰写 SWOT 分析报告，如图 1-6-12 所示，分别撰写优势、劣势、威胁、机会的相关分析内容，点击“保存”按钮，即完成 SWOT 分析报告的撰写。

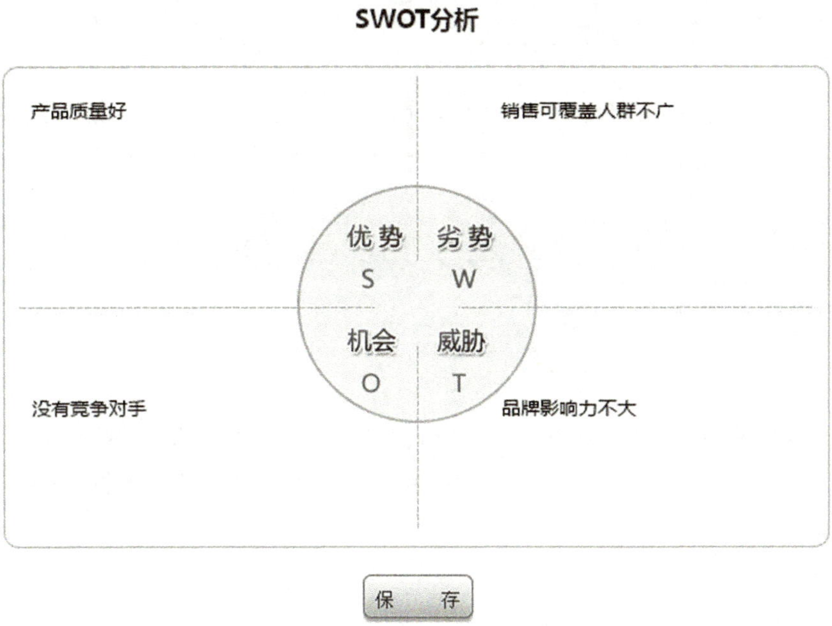

图 1-6-12

（三）STP 分析

点击“调研中心”页面的“STP 分析”按钮，跳转至“STP 分析报告”页面。如图 1-6-13 所示，点击“知识点学习”按钮，可进行相关知识点的学习；点击“新增 STP 分析报告”按钮，跳转至“新增 STP 分析报告撰写”页面。

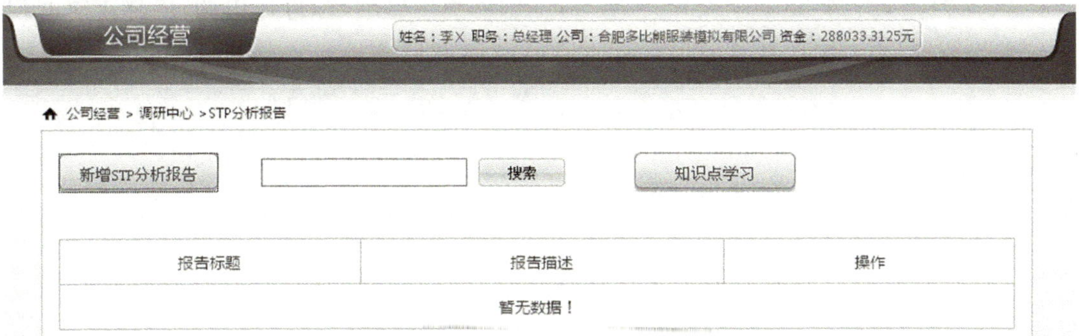

图 1-6-13

填写报告标题、报告描述，点击“保存”按钮（图 1-6-14），跳转至“STP 分析报告”页面。

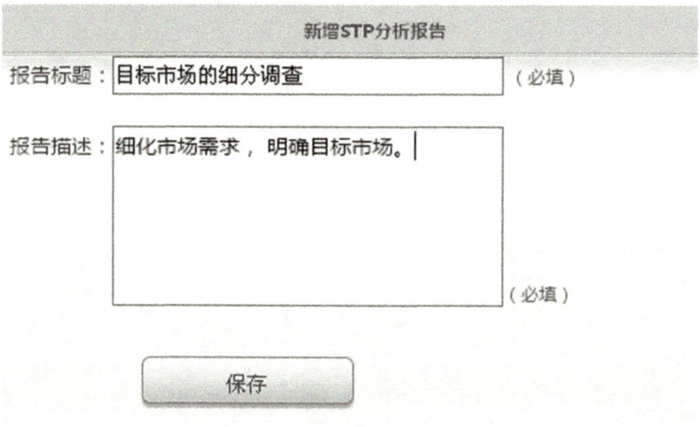

图 1-6-14

如图 1-6-15 所示，点击“报告撰写”按钮，跳转至“STP 分析报告撰写”页面；点击“预览评价”按钮，可预览报告及实训师在后台给予的评价；点击“修改报告”按钮，可修改报告标题及描述。

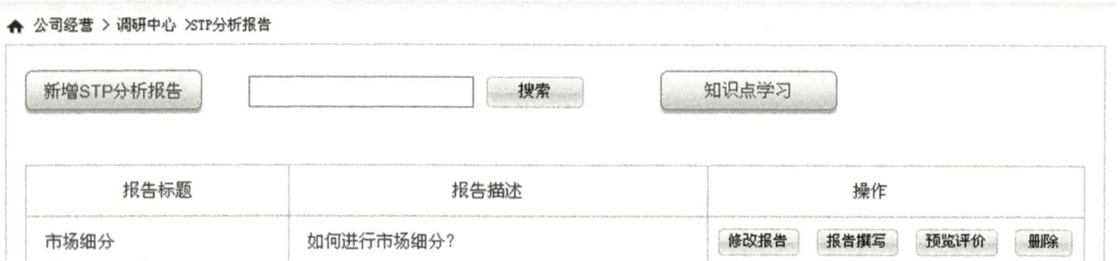

图 1-6-15

撰写 STP 分析报告，如图 1-6-16 所示，分别撰写市场细分、目标市场、市场定位的相关分析内容，点击“保存”按钮，即完成 STP 分析报告的撰写。

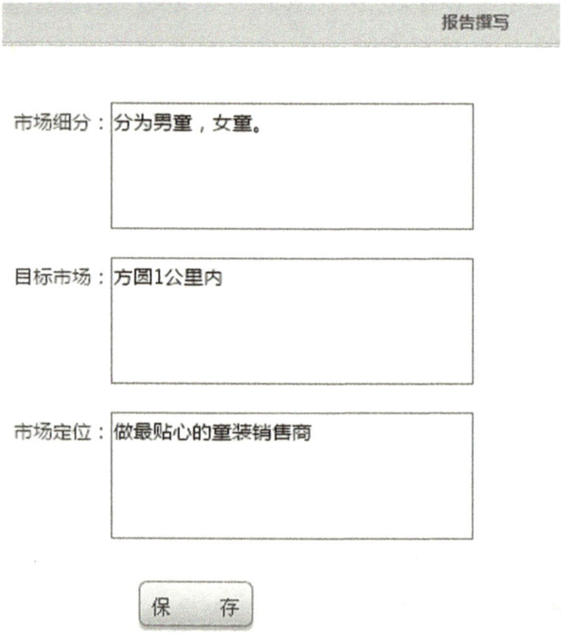

图 1-6-16

二、产品中心

点击“公司经营”页面的“产品中心”按钮，跳转至“产品中心”页面，如图 1-6-17 所示。“产品中心”页面涵盖“产品设计”“产品研发”“产品库”三个部分内容。

图 1-6-17

（一）产品设计

点击“产品中心”页面的“产品设计”按钮，跳转至“产品设计”页面，如图 1-6-18 所示。

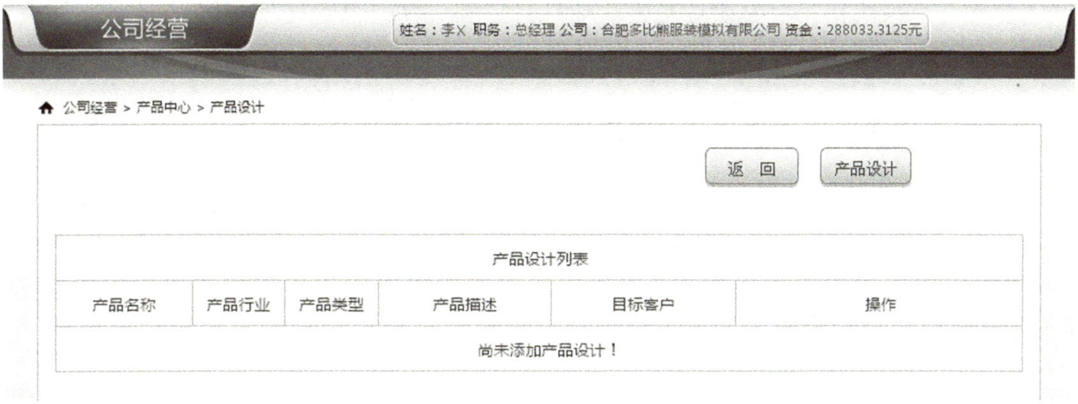

图 1-6-18

点击“产品设计”按钮，弹出“产品设计”页面，填写产品名称、产品行业、产品类型、产品描述、目标客户、售后服务等信息，填写完毕后需根据产品的性质，点选是否需要走原材料采购和产品生产流程，如图 1-6-19 所示。

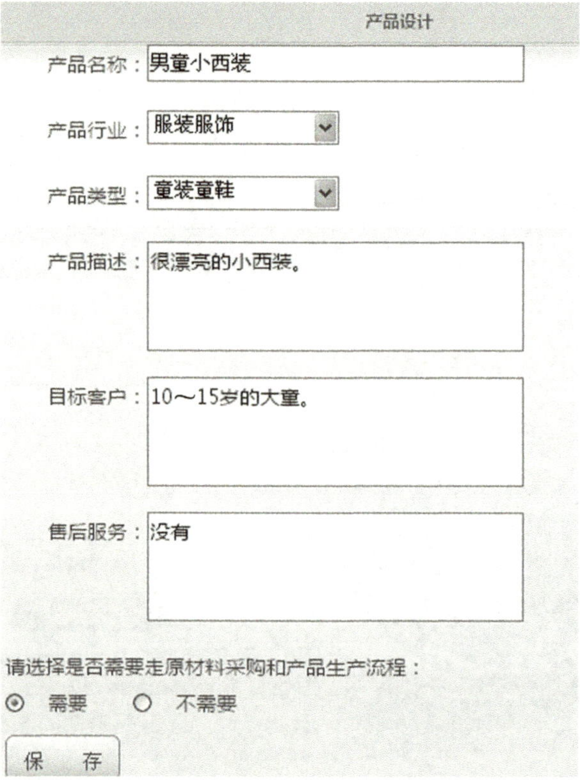

图 1-6-19

如需要走原材料采购和产品生产流程，点击“需要”单选按钮，点击“保存”按钮，则弹出“原材料定义”页面，如图 1-6-20 所示。点击“原材料定义实例”按钮，可查看如何进行原材料定义；点击“添加一行原材料”按钮，可完成原材料输入框的添加。添加原材料名称、单位产品所需数量、单价（注意此处单价只可以填写数字，因为产品单位采购成本会取这个数据），产品单位采购成本由系统自动计算得到。待原材料添加完毕后，点击“提交”按钮，弹出“直接成本计算”页面。

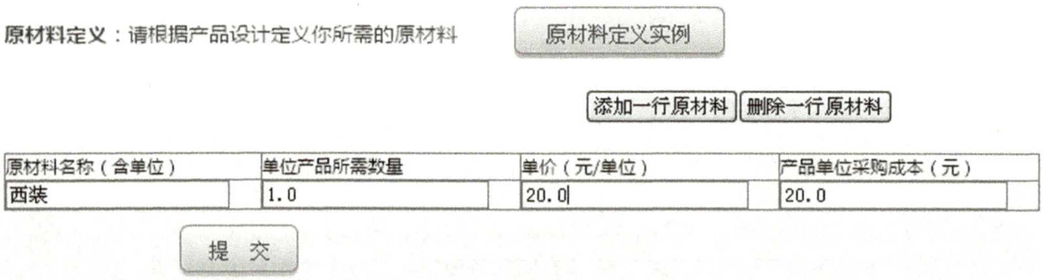

图 1-6-20

对单位采购成本，系统默认取原材料定义的数据，需填写单位生产成本及其他生产成本，点击“确定”按钮（图 1-6-21），系统自动汇总直接成本。

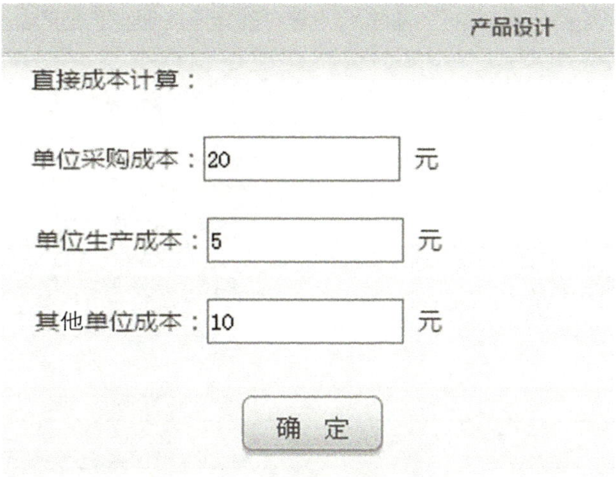

图 1-6-21

如产品设计时选择不需要走原材料采购及产品生产流程，点击“不需要”单选按钮，则直接弹出“直接成本计算”页面，需填写“单位直接成本”数额，点击“确定”按钮，跳转至“产品设计”页面（图 1-6-22）。

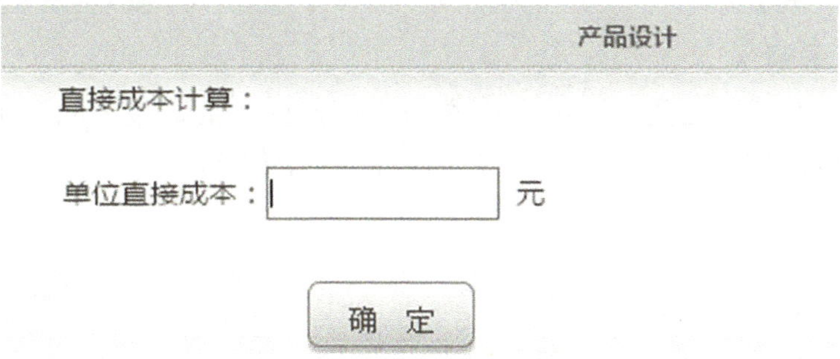

图 1-6-22

点击“产品设计”页面“操作”下的“生产”按钮（图 1-6-23），弹出“产品实现”页面，该处生产并不是真正意义上的生产，而是计划生产的概念。

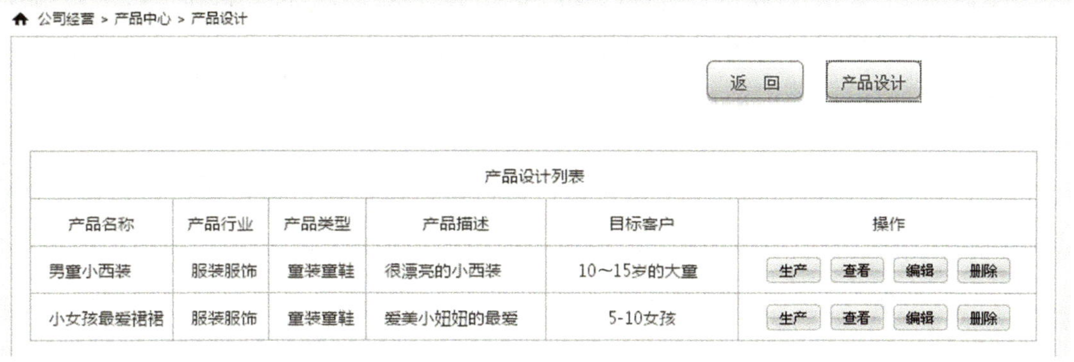

产品名称	产品行业	产品类型	产品描述	目标客户	操作
男童小西装	服装服饰	童装童鞋	很漂亮的小西装	10～15岁的大童	生产 查看 编辑 删除
小女孩最爱裙裙	服装服饰	童装童鞋	爱美小妞妞的最爱	5-10女孩	生产 查看 编辑 删除

图 1-6-23

在“产品实现”页面，需明确计划生产的产品数量，如图 1-6-24、图 1-6-25 所示（含需要采购、生产以及不需要采购、生产两种），点击“确定”按钮，完成产品设计。

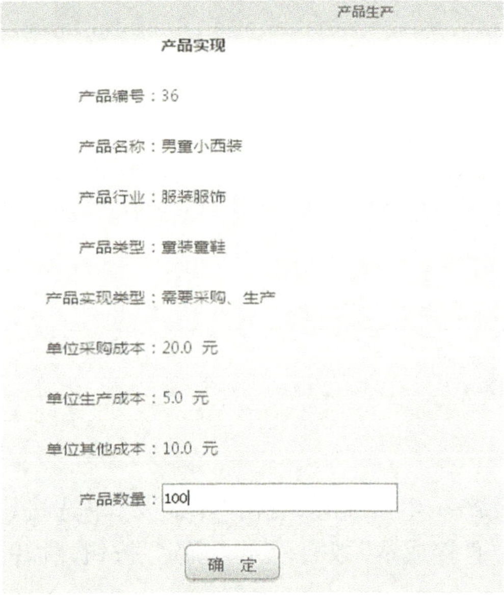

图 1-6-24

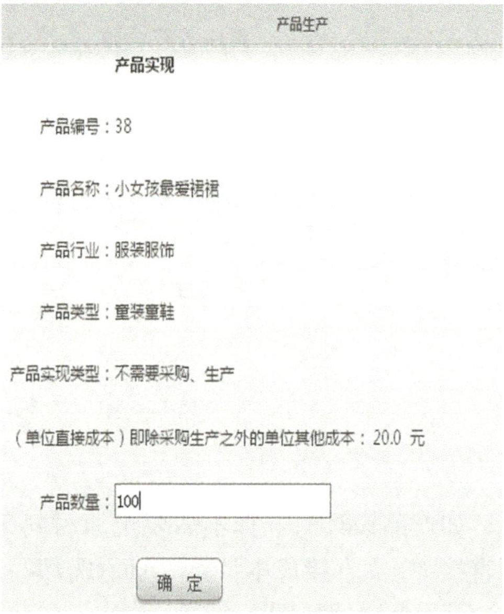

图 1-6-25

（二） 产品研发

点击“产品中心”页面的“产品研发”按钮，跳转至“产品研发”页面，如图 1-6-26 所示。产品研发包括“采购”“产品生产”“产品包装”三个部分内容。

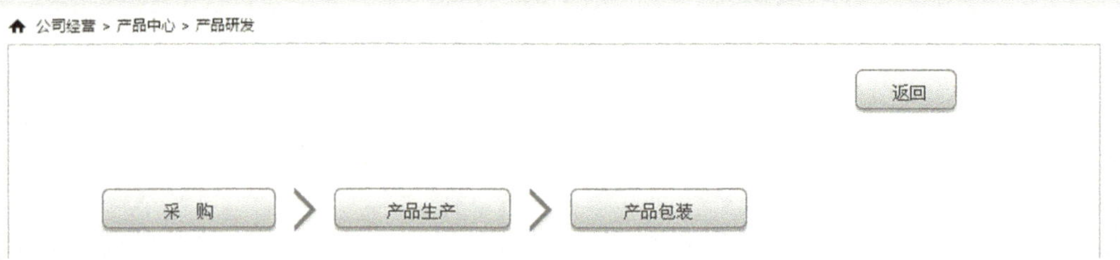

图 1-6-26

点击“采购”按钮，跳转至“原材料采购”页面（图 1-6-27）；点击“操作”下的“材料采购”按钮，跳转至如图 1-6-28 所示的“原材料采购”页面。

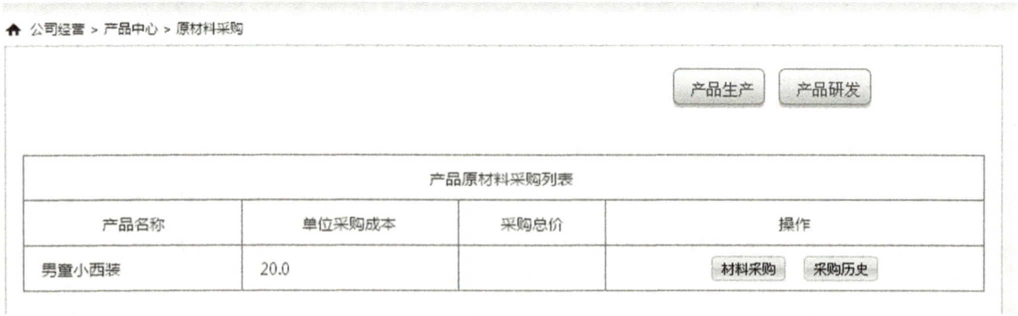

图 1-6-27

完成对原材料采购数量的填写，系统自动计算总价，点击“采购”按钮，可完成原材料采购的操作，跳转至如图 1-6-27 所示的“原材料采购”页面。

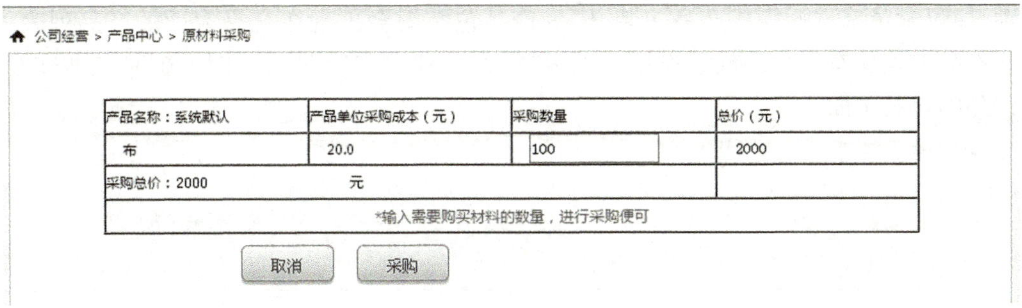

图 1-6-28

点击“操作”下的“采购历史”按钮，可查看原材料采购的历史数据。点击“材料采购”按钮，可继续采购原材料。

点击图 1-6-27 中的“产品生产”按钮，跳转至“产品生产”页面；点击“操作”下的“确认生产”按钮（图 1-6-29），弹出“确认生产”页面（图 1-6-30）。

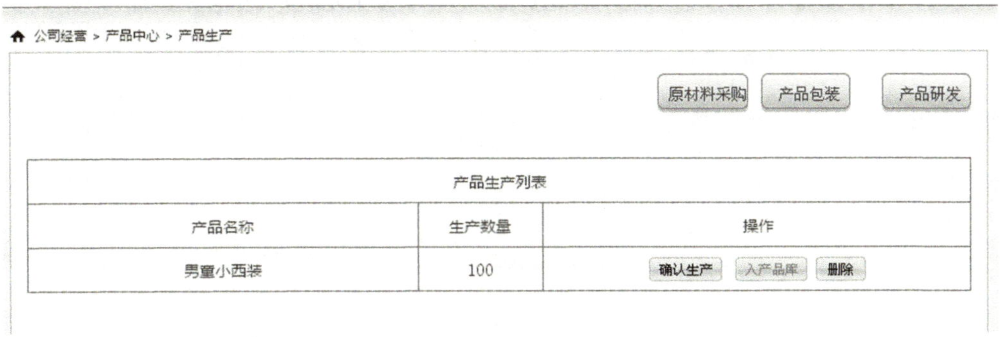

图 1-6-29

点击“确定”按钮，即完成确认生产操作。

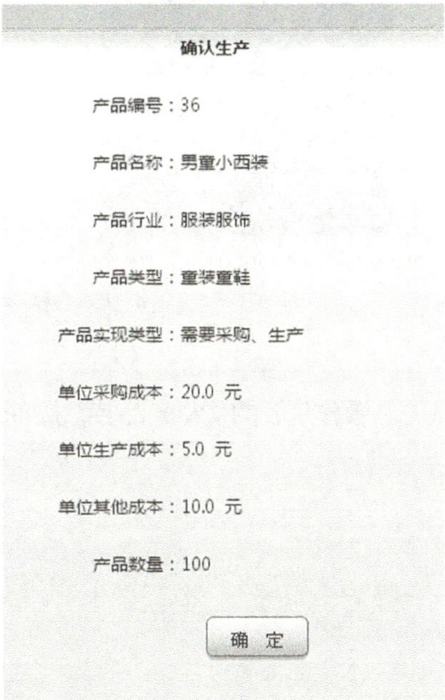

图 1-6-30

点击“产品生产”页面中的“产品包装”按钮，跳转至“产品包装”页面。产品包装为可选项，建议学员都选择完成产品包装，因为产品包装图会出现在交易大厅的产品列表处，对于产品的销售有很大的辅助作用。点击“操作”下的“包装”按钮(图 1-6-31)，跳转至某一产品的包装页面。

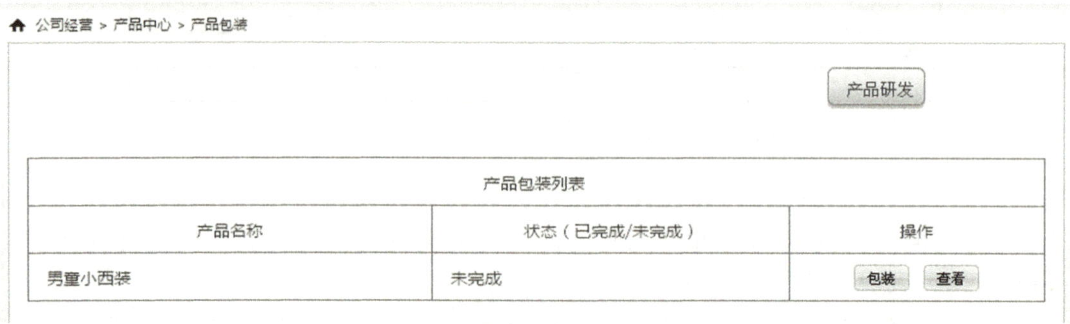

图 1-6-31

上传产品包装图片，点击“保存”按钮(图 1-6-32)，即完成产品包装操作。

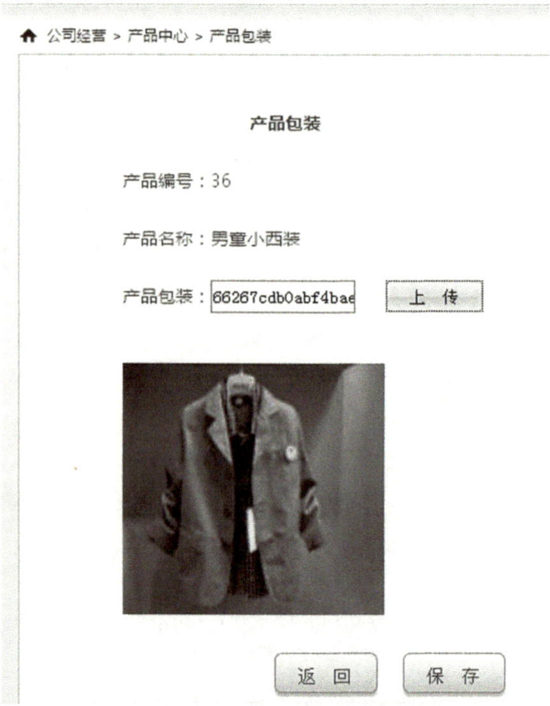

图 1-6-32

返回“产品生产”页面，点击“操作”下的“入产品库”按钮(图 1-6-33)，即完成产品入库操作。

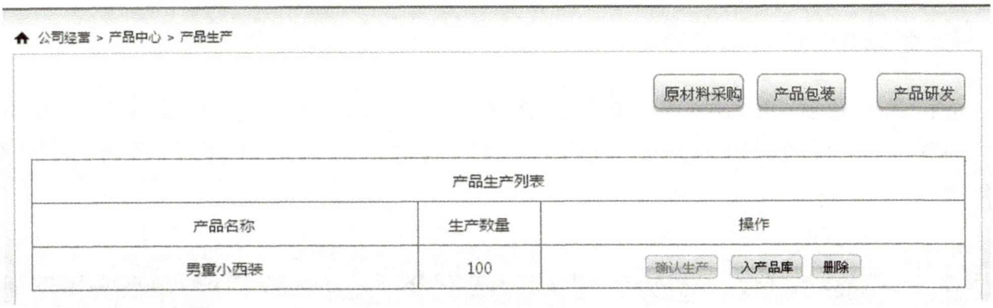

图 1-6-33

（三）产品库

点击“产品中心”页面的“产品库”按钮，跳转至“产品库”页面，如图 1-6-34 所示，点击产品列表“操作”下的“查看”按钮，跳转至“产品单页”页面。

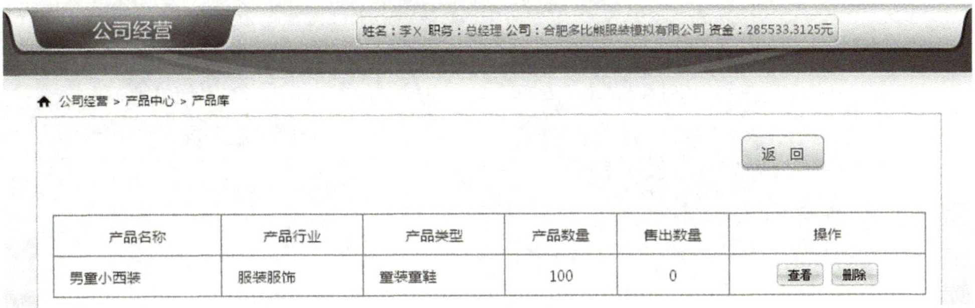

图 1-6-34

“产品单页”页面包括“产品设计”“产品采购”“产品生产”“产品包装”等相关信息，在“产品单页”页面中可以一并看到产品中心所有的数据信息（图 1-6-35）。

图 1-6-35

三、营销中心

点击“公司经营”页面的“营销中心”按钮，跳转至“营销中心”页面，如图1-6-36所示。“营销中心”页面涵盖“定价”“上架/下架”“渠道”“促销”“广告”“服务”六个部分内容。

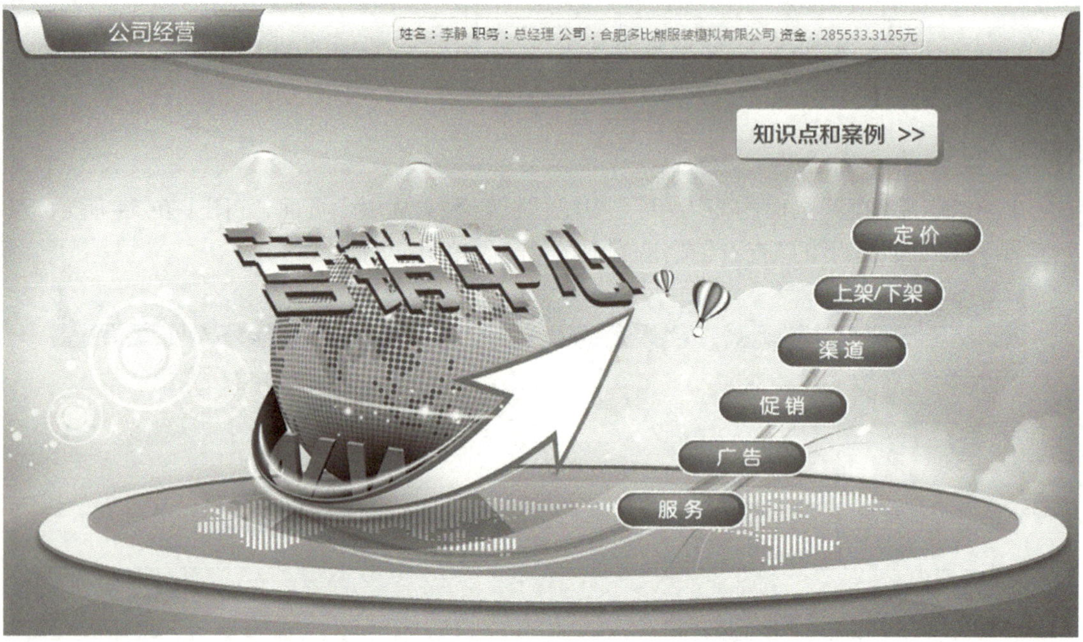

图1-6-36

（一）定价

点击“营销中心”页面的“定价”按钮，跳转至产品定价列表（图1-6-37）。点击“知识点和案例”按钮，可学习相关知识；点击“定价示例”按钮，可查看定价相关示例。点击定价列表“操作”下的“定价”按钮，弹出产品“定价”框（图1-6-38）。

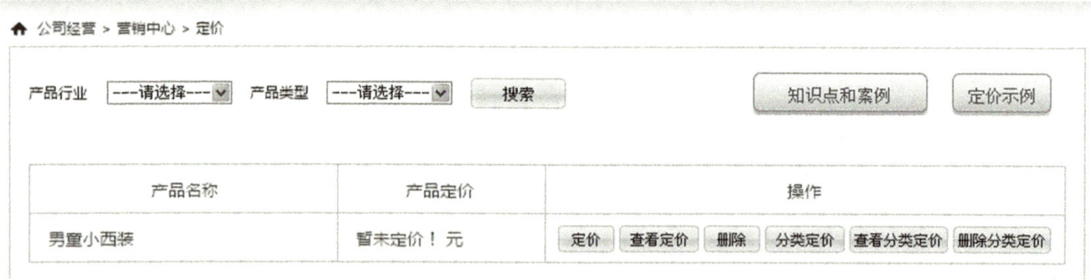

图1-6-37

定价参考1为系统默认的单位直接成本；定价参考2需学员线下调研客户购买力，给出区间范围；定价参考3需线下调研竞争对手的产品定价，给出区间范围。参考这三类价格，可确定一个产品定价，该价格作为系统唯一的产品价格标识存在。另外，还可以定义产品的促销价格，为交易时修改价格提供参考（图1-6-38）。

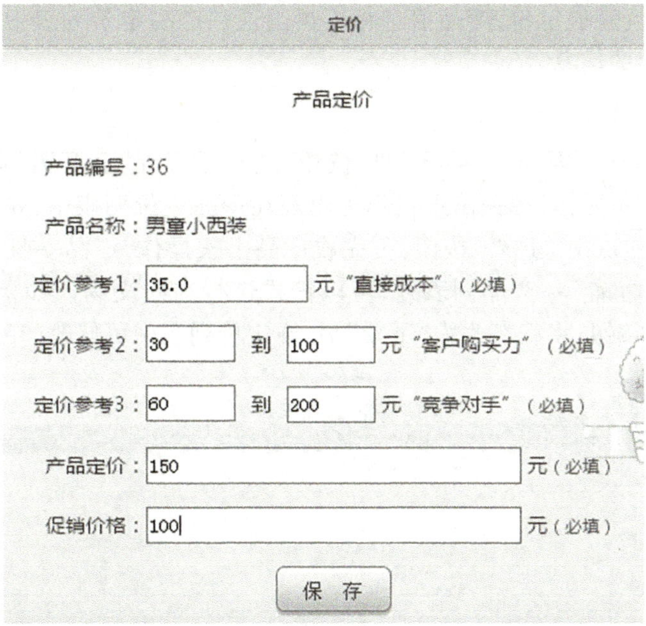

图 1-6-38

点击定价列表"操作"下的"分类定价"按钮，弹出"分类定价"框，如图 1-6-39 所示，需填写分类定价产品名称、定价及理由，点击"保存"按钮，即完成分类定价。此定价只作为知识点学习，并不在后期交易中产生实际影响。学员可根据需要进行配置，为交易时与大客户商务谈判等需求设定参考价格。

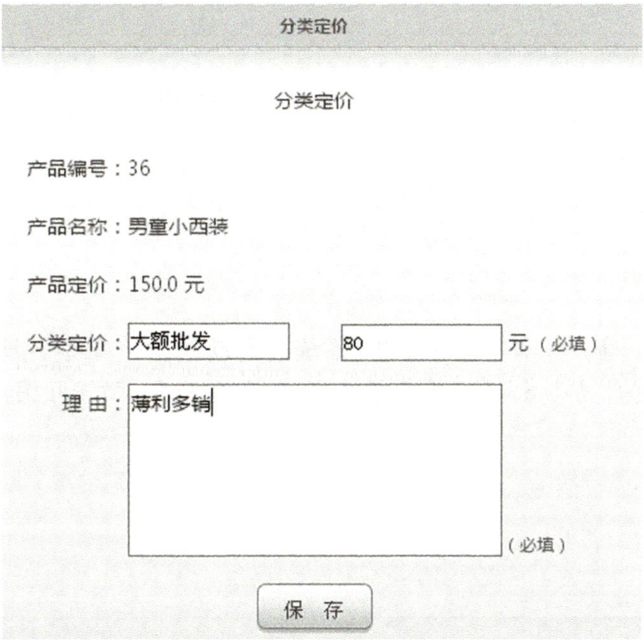

图 1-6-39

另外，产品一旦完成定价，产品信息将不再出现在产品定价列表中，定价列表中只显示需要定价的产品的信息。

（二）上架/下架

点击“营销中心”页面的“上架/下架”按钮，跳转至“产品上下架”页面（图 1-6-40），如产品已经完成定价操作，相关信息将不再出现在产品定价列表中，要查询产品价格，需在上/下架中查看。点击“上架”按钮，可完成产品上架操作，产品一旦上架，就会出现在交易大厅的“我的店铺”→产品列表处，可以正式进行在线交易。如果需要修改产品价格，则点击“上架”按钮，将状态改为“下架”后，在定价列表中可修改产品定价。

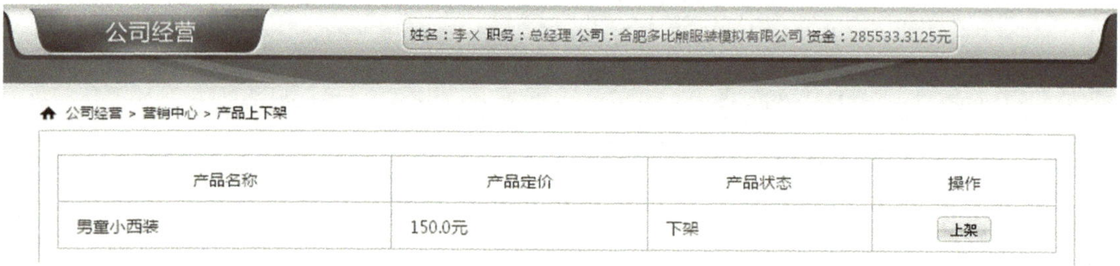

图 1-6-40

（三）渠道

点击“营销中心”页面的“渠道”按钮，跳转至“渠道”列表页面（图 1-6-41）。点击“知识点和案例”按钮，可进行相关知识点的学习；点击“添加渠道”按钮，弹出“添加渠道”框。

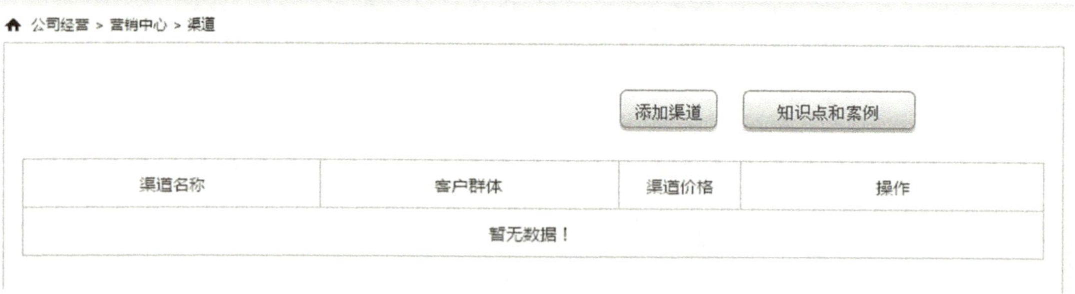

图 1-6-41

填写渠道名称、客户群体、渠道价格（系统会自动扣除）、渠道说明及作用产品等信息，点击“保存”按钮（图 1-6-42），即可完成渠道的添加操作，跳转回渠道列表页面。

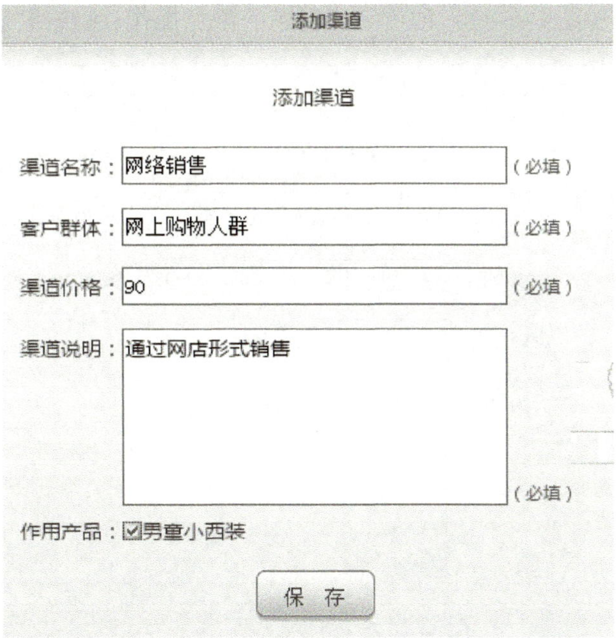

图 1-6-42

点击“操作”下的“编辑”按钮，可编辑渠道；点击“详情”按钮，可查看渠道详情；点击“删除”按钮，可删除渠道（图 1-6-43）。但所扣渠道费用不会返还到公司账户。

图 1-6-43

（四） 促销

点击“营销中心”页面的“促销”按钮，跳转至“促销”页面（图 1-6-44）。点击“知识点和案例”按钮，可进行相关知识点的学习；点击“添加促销”按钮，弹出“添加促销”框。

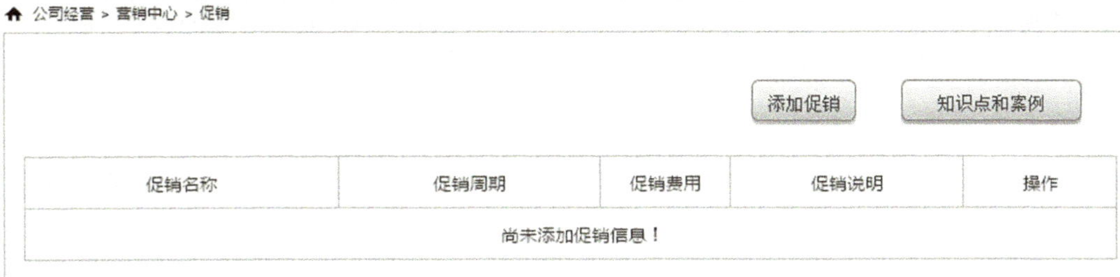

图 1-6-44

填写促销名称、促销周期、促销费用（系统会自动扣除）、促销说明及作用产品等信息，点击“保存”按钮（图 1-6-45），即可完成促销的添加操作，跳转回“促销”页面。

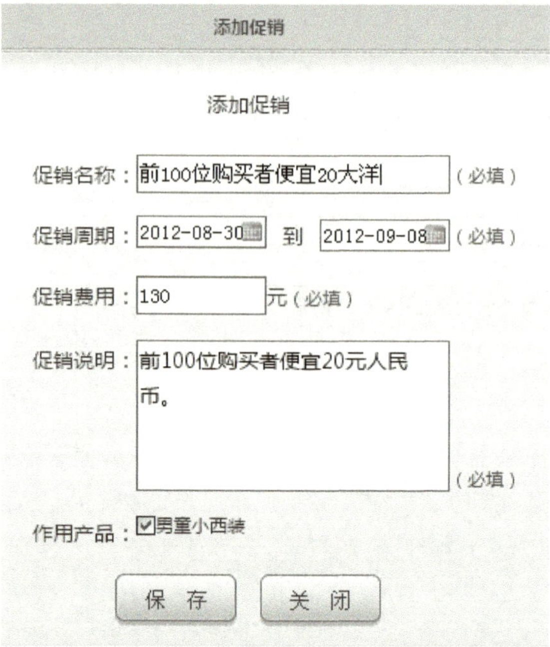

图 1-6-45

点击“操作”下的“编辑”按钮，可编辑促销；点击“删除”按钮，可删除促销（图 1-6-46）。但所扣促销费用不会返还到公司账户。

图 1-6-46

（五）广告

点击“营销中心”页面的“广告”按钮，跳转至“广告”页面（图 1-6-47）。点击“知识点和案例”按钮，可进行相关知识点的学习；点击“添加广告”按钮，弹出“添加广告”框。

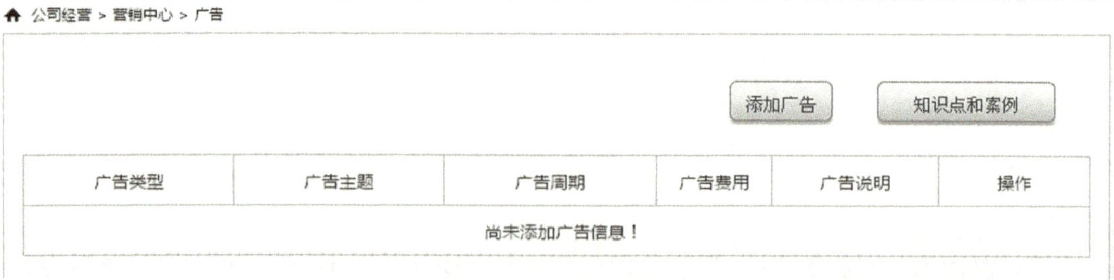

图 1-6-47

填写广告类型、广告主题、广告周期、广告费用(系统会自动扣除)、广告说明及作用产品等信息,点击“保存”按钮(图1-6-48),即可完成广告的添加操作,跳转回广告列表。

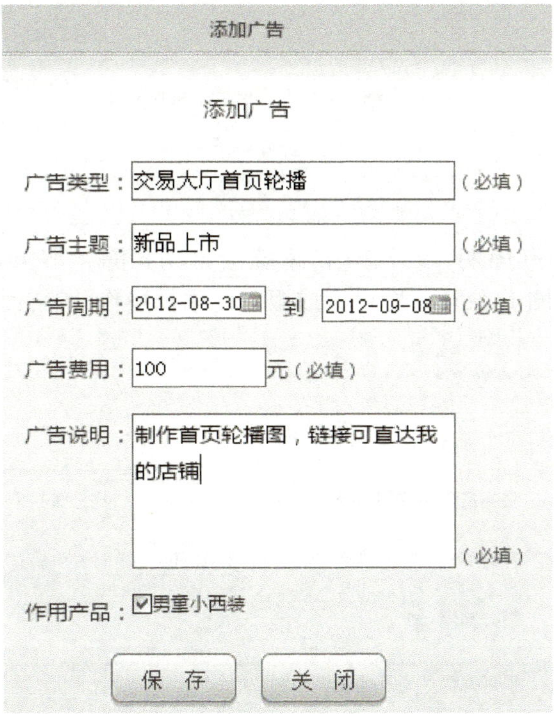

图1-6-48

点击“操作”下的“编辑”按钮,可编辑广告;点击“删除”按钮,可删除广告(图1-6-49)。但所扣广告费用不会返还到公司账户。

图1-6-49

(六) 服务

点击“营销中心”页面的“服务”按钮,跳转至“服务”页面(图1-6-50)。点击“知识点和案例”按钮,可进行相关知识点的学习;点击“添加服务”按钮,弹出“添加服务”框。

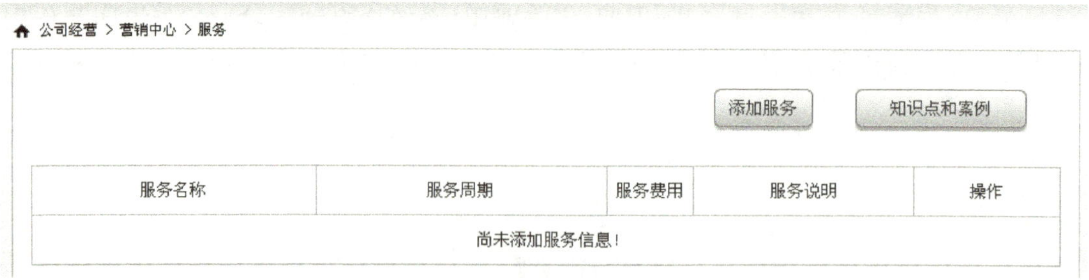

图 1-6-50

填写服务名称、服务周期、服务费用（系统会自动扣除）、服务说明及作用产品等信息，点击“保存”按钮（图 1-6-51），即可完成服务的添加操作，跳转回服务列表。

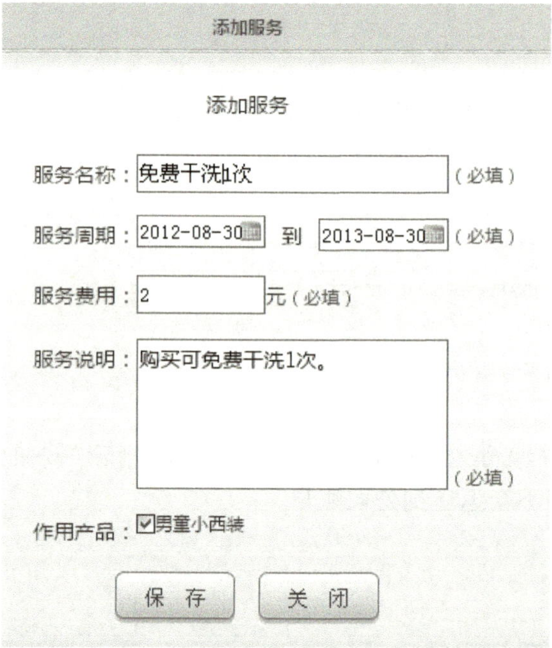

图 1-6-51

点击“操作”下的“编辑”按钮，可编辑服务；点击“删除”按钮，可删除服务（图 1-6-52）。但所扣服务费用不会返还到公司账户。

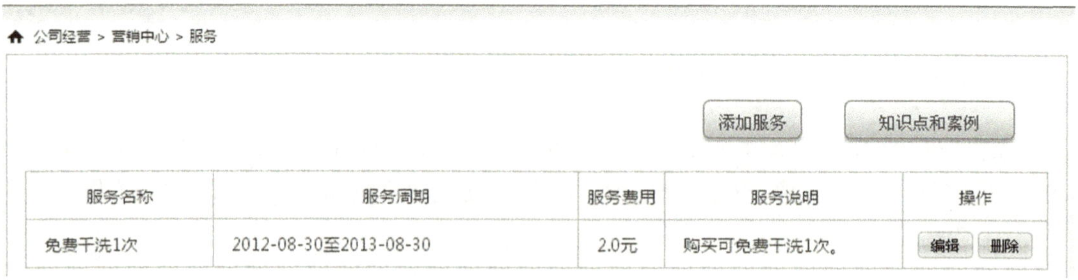

图 1-6-52

四、数据中心

点击“营销中心”页面的“数据中心”按钮，跳转至“数据中心”页面，如图 1-6-53 所示。“数据中心”页面包括“调研中心统计”“产品中心统计”“营销中心统计”三个部分。

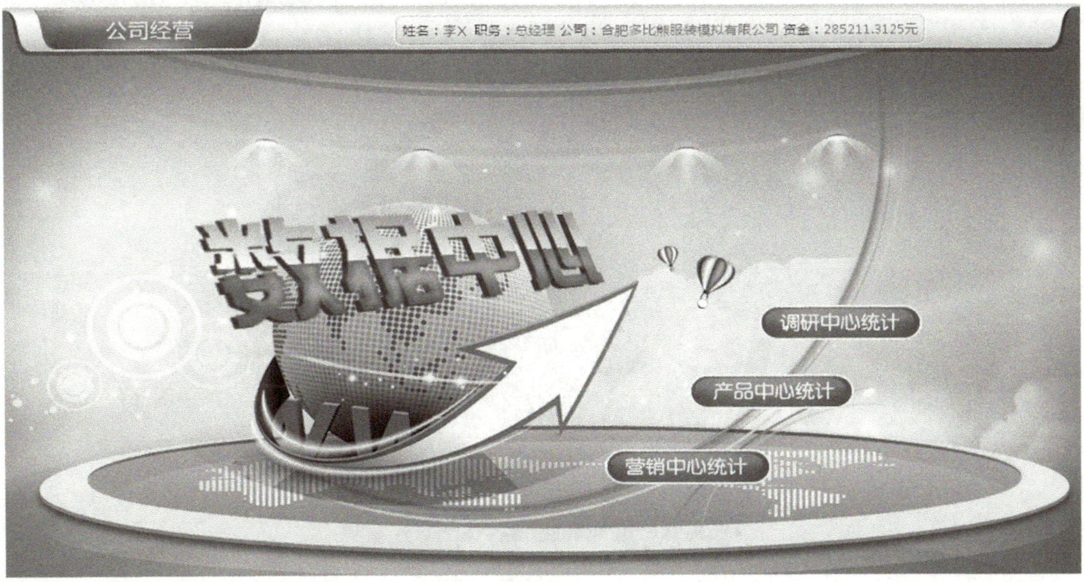

图 1-6-53

点击“调研中心统计”按钮，跳转至“调研中心统计”页面，如图 1-6-54 所示，可查看、编辑和删除市场调查问卷、SWOT 分析报告及 STP 分析报告等相关信息。

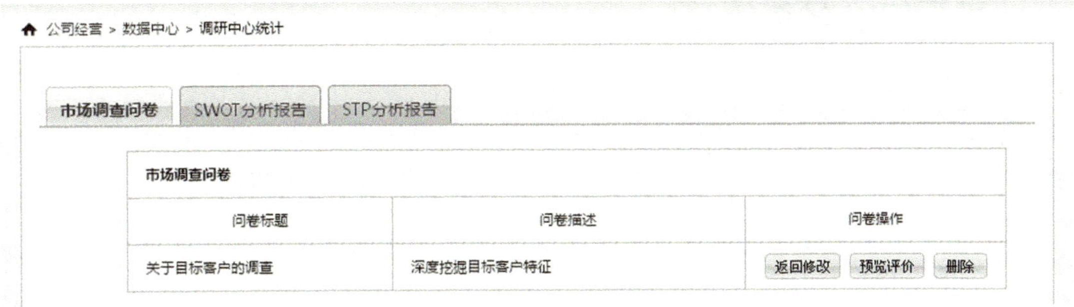

市场调查问卷

问卷标题	问卷描述	问卷操作
关于目标客户的调查	深度挖掘目标客户特征	返回修改 预览评价 删除

图 1-6-54

点击“数据中心”页面的“产品中心统计”按钮，跳转至“产品列表”页面；点击“返回修改”按钮，跳转至产品单页修改相关信息（图 1-6-55）。

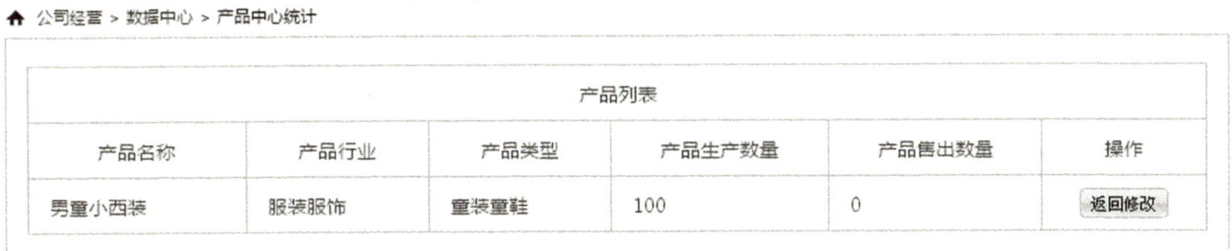

产品列表

产品名称	产品行业	产品类型	产品生产数量	产品售出数量	操作
男童小西装	服装服饰	童装童鞋	100	0	返回修改

图 1-6-55

点击“数据中心”页面的“营销中心统计”按钮，跳转至“营销中心统计”页面，如图 1-6-56 所示。点击“定价”“渠道”“促销”“广告”“服务”，可分别跳转至相应部分首页，从而进行相应的操作。

图 1-6-56

第七节　交易大厅

交易大厅包括“我的店铺”“我要买”“我要卖”三个主体部分。整个交易大厅以“我要卖”为主线，完成线上交易的整个流程，交易大厅首页如图 1-7-1 所示。

图 1-7-1

为了模拟公司的信息安全,交易大厅首页的公司创立、公司交易及促销的滚动信息不能链接至相应店铺首页。学员需通过右上角的搜索功能,搜索买家或卖家,将之添加为客户后,才可以进行在线商务谈判及后续交易。

点击交易大厅首页左上角的广告图,或者点击右下角的促销图,进入做广告的卖家店铺中,如图 1-7-2 所示,可查看卖家的产品信息。学员如需申请首页广告或促销图,可发邮件至 yucaijw@ cdeledu. com,相关负责人会联系您确定后续申请事宜。

图 1-7-2

点击交易大厅的产品行业图标，进入“产品分类”页面，如图 1-7-3 所示。产品的二级分类及区域分类可收起，学员可根据需要进行相关搜索。此处的产品分类与“产品中心”中“产品设计”的分类是一致的。

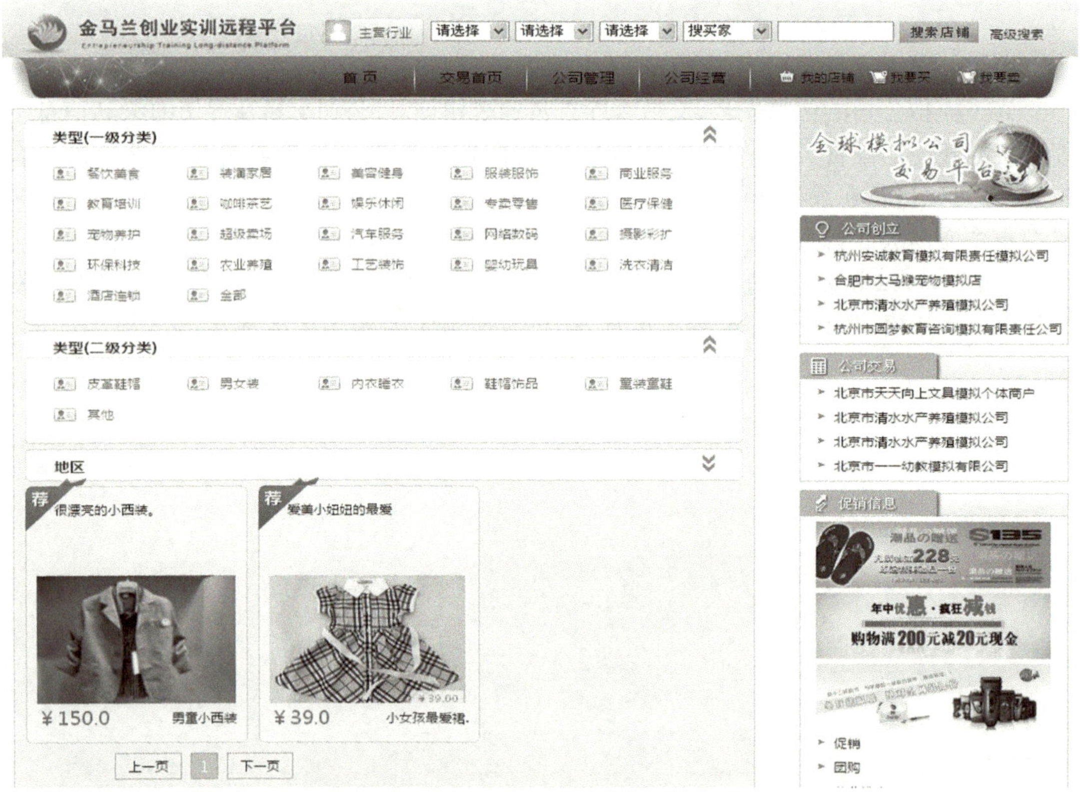

图 1-7-3

一、全球模拟公司交易

点击交易大厅首页中的“全球模拟公司交易平台”，跳转至“全球模拟公司交易流程”页面。全球模拟公司交易流程包括“创建国际平台模拟公司”“寻求交易伙伴”“进行交易”“转账支付”“中心对交易进行处理”“申请 EUROPEN 账号”六个模块，如图 1-7-4 所示。

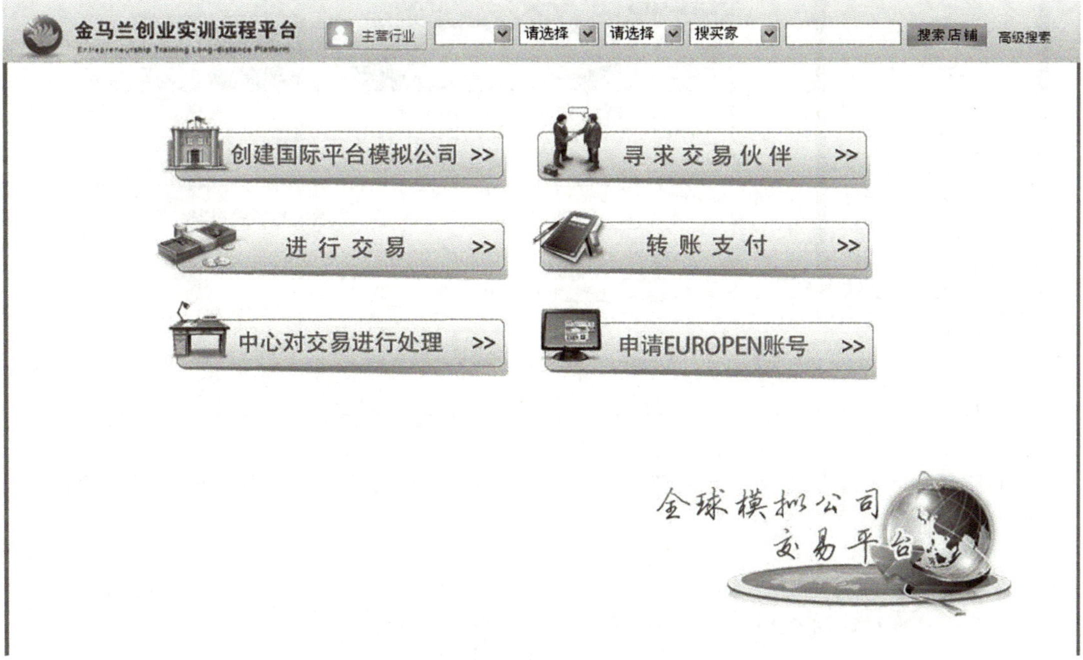

图 1-7-4

点击“创建国际平台模拟公司”按钮，跳转至流程页面（图 1-7-5）。该页面详细展示了如何创建国际平台模拟公司。

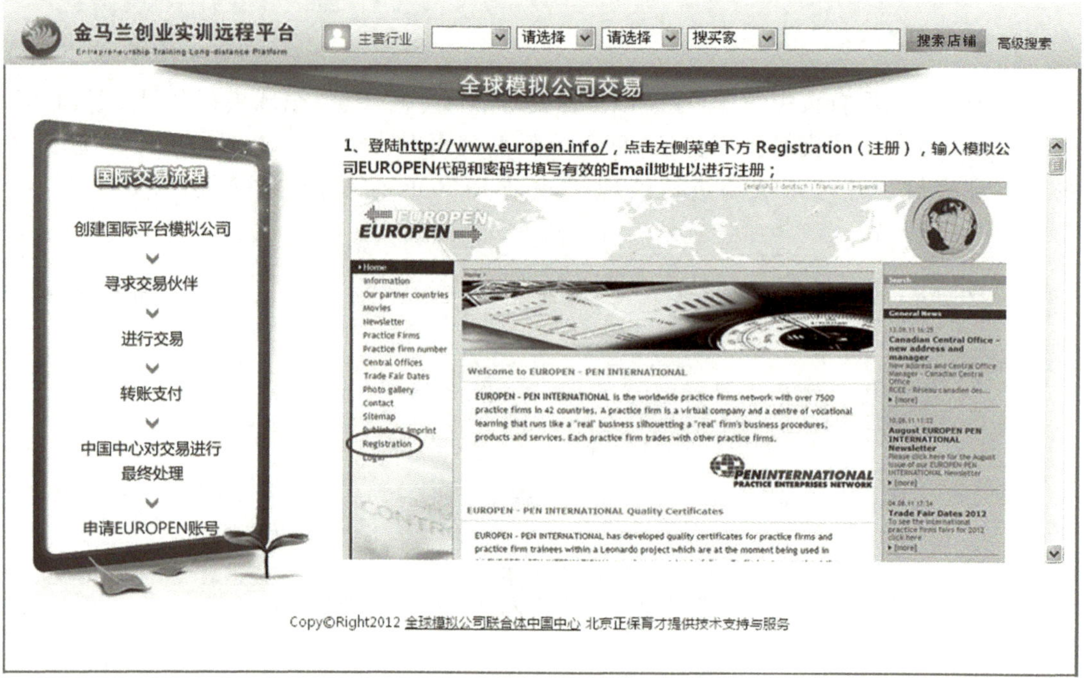

图 1-7-5

点击左侧的“寻求交易伙伴”，跳转至该流程页面（图 1-7-6）。该页面描述了如何在国际平台寻找合适的交易伙伴。

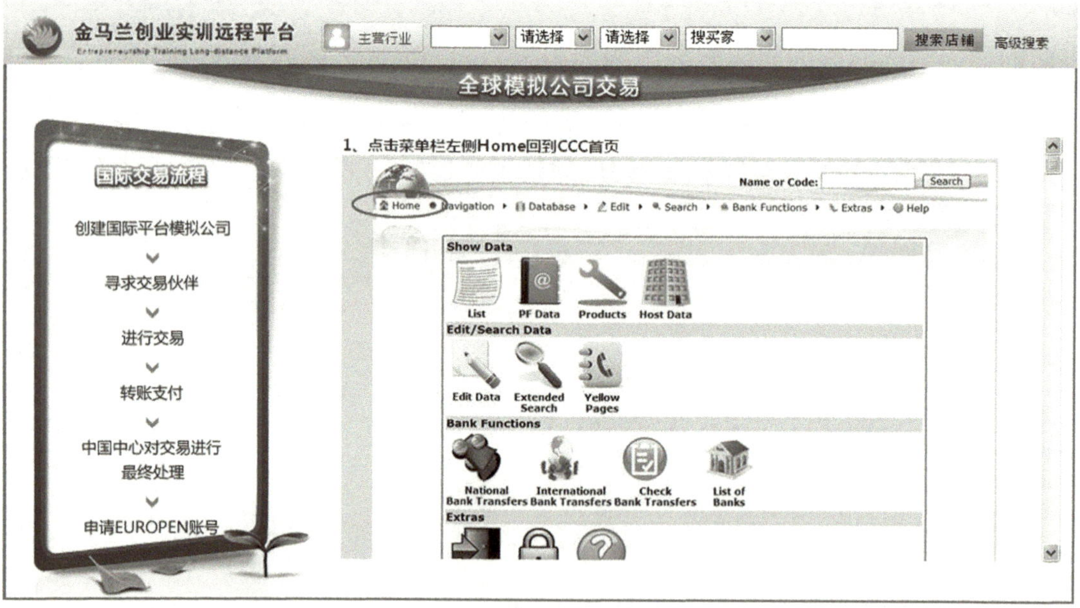

图 1-7-6

点击左侧的“进行交易”，跳转至该流程页面（图 1-7-7）。一般国际平台交易主要通过线下 E-mail 交流相关事宜，根据地区不同，交易流程也会有所不同，学员可以在交易过程中学习。

图 1-7-7

点击左侧的“转账支付”，跳转至该流程页面（图 1-7-8）。该页面主要描述交易谈成后如何进行付费。

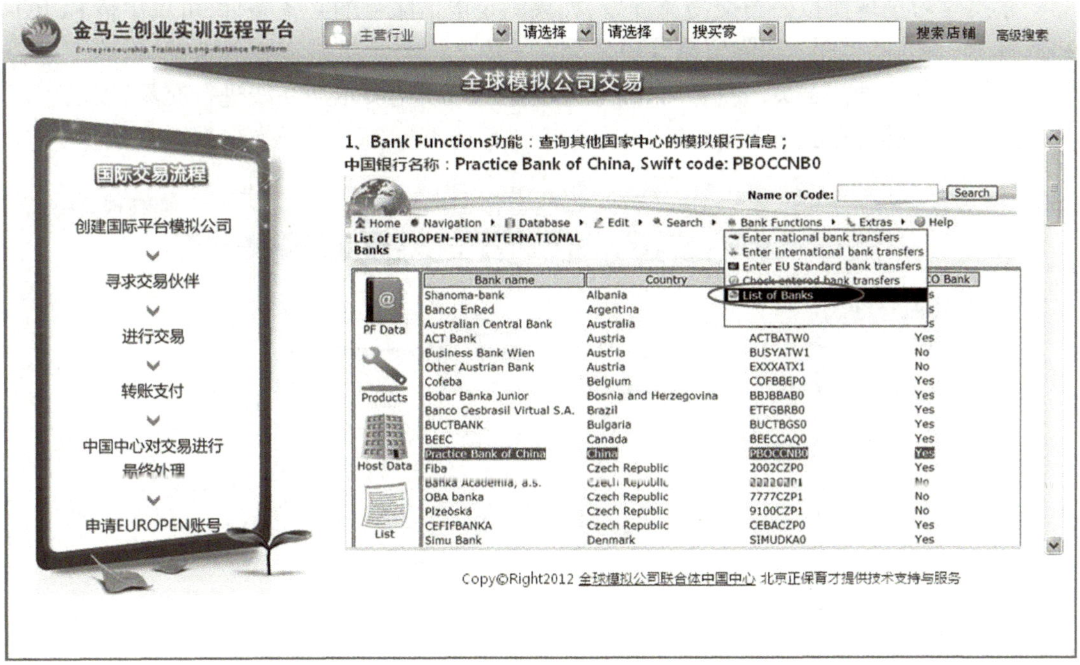

图 1-7-8

点击左侧的“中国中心对交易进行最终处理”，跳转至该流程页面（图 1-7-9）。在交易完成转账支付后，中国中心要进行跨国处理，才可以成功完成这笔国际交易。

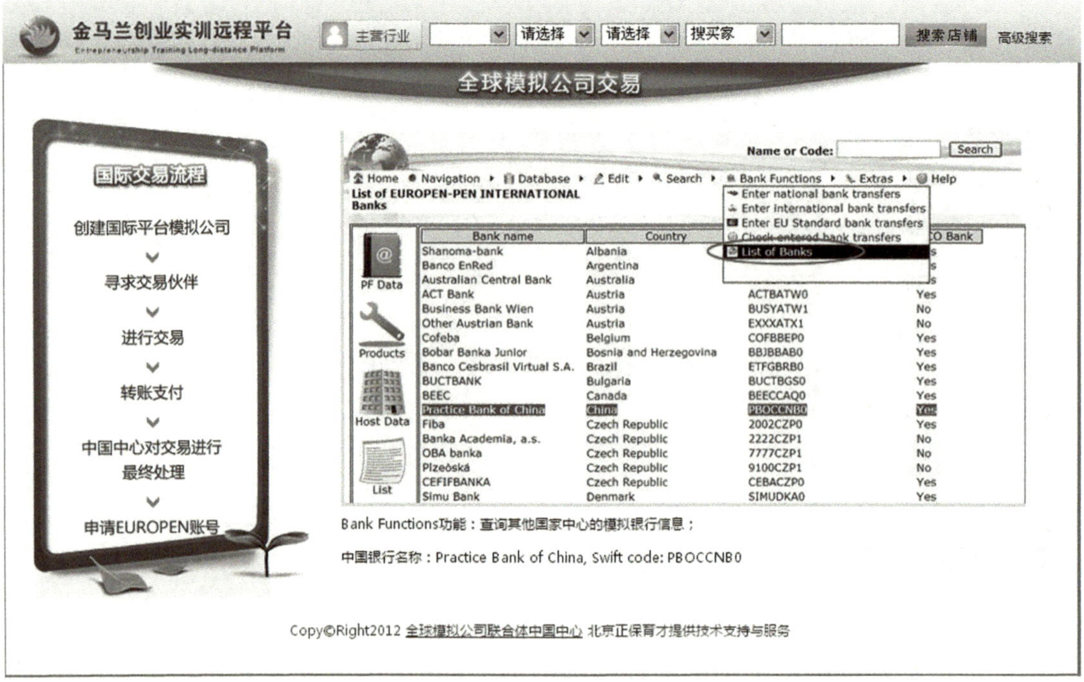

图 1-7-9

学员学习全球模拟公司交易流程后,如果满足申请账号的必备条件,可以申请 EUROPEN 账号(图 1-7-10)。国际贸易管理员会在一周之内与学员核实相关情况,以确定是否开通国际交易账号。学员一旦拥有了国际交易账号,一定要定期在线进行交易,展示中国中心的风采,为国争光。

图 1-7-10

二、我要买

点击交易大厅首页的“我要买”，跳转至“我是买家”页面，如图 1-7-11 所示。“我是买家”页面包括“客户管理”“交易管理”两个模块内容。通过页面右上角搜索栏，可进行搜索。

图 1-7-11

点击右上角的“高级搜索”按钮，弹出“高级搜索”对话框，高级搜索可针对公司创立的三级行业目录、公司规模、公司级别、公司类型、客户类型、公司名称及所在城市进行搜索。并根据搜索结果添加客户，进行后续的交易（图 1-7-12）。

其中公司级别包括小星星、三星、四星、五星，具体规则如下：小星星指完成 0 ～4 笔好评的交易；三星指完成 5 ～14 笔好评的交易；四星指完成 15 ～24 笔好评的交易；五星指完成 25 笔及以上好评的交易。

因本平台以“我要卖”为主线，所以在“我要买”模块不做交易操作说明，“我是买家”的交易操作详见“我要卖”模块。

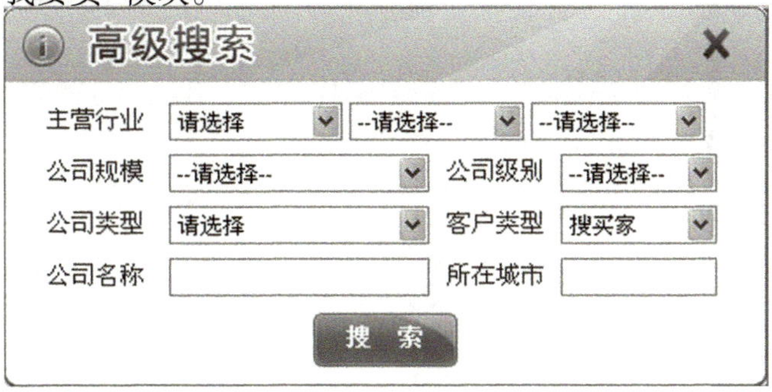

图 1-7-12

三、我要卖

平台交易大厅以“我是卖家”为主线，完成在线交易，交易流程如图 1-7-13 所示。

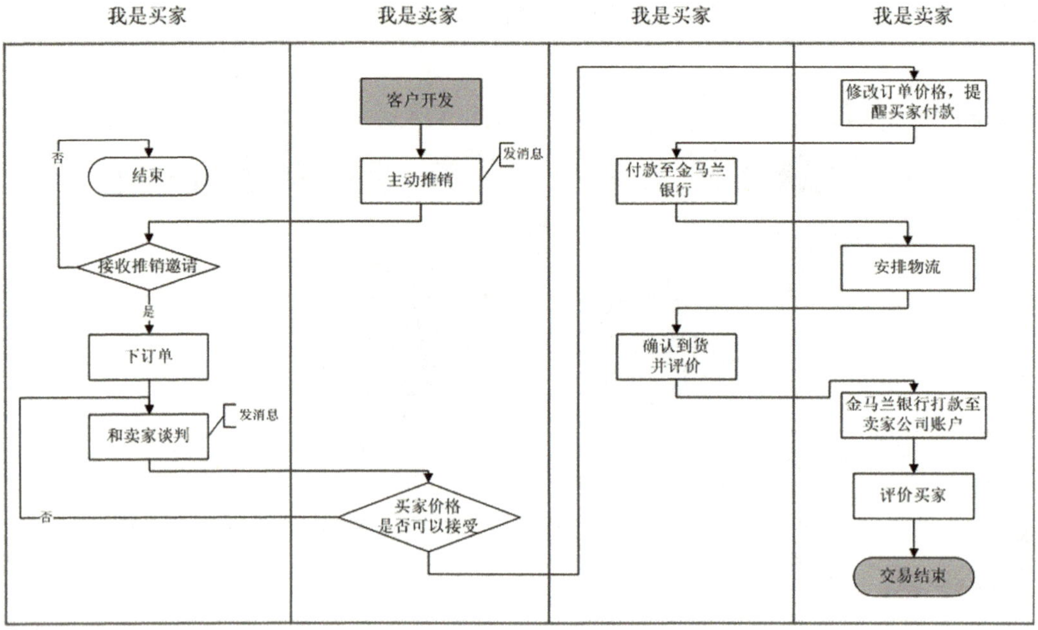

图 1-7-13

（一）客户开发

点击“我要卖”，可搜索买家的信息，选择相关搜索项，并点击“搜索”按钮，系统检索出符合要求的客户列表，如图 1-7-14 所示。

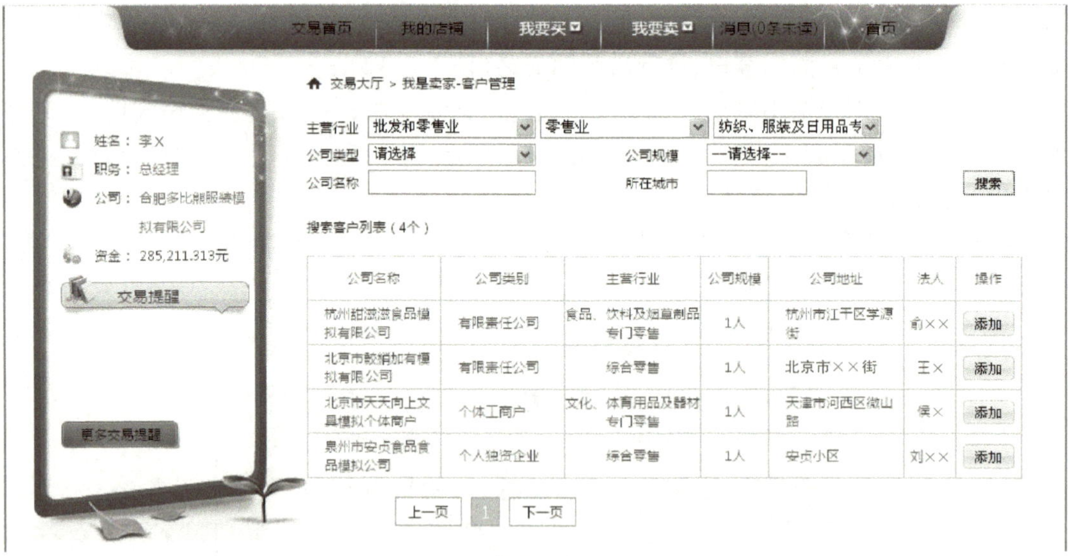

图 1-7-14

点击客户列表“操作”下的“添加”按钮，可将该客户添加至“我要卖”的客户管理列表中，如图 1-7-15 所示。

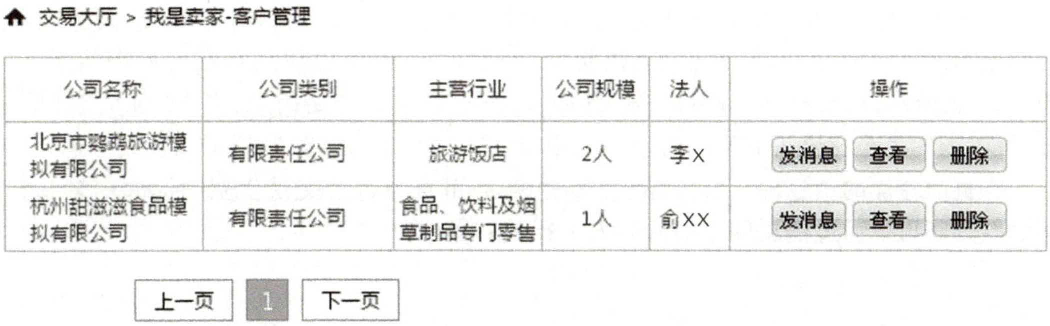

公司名称	公司类别	主营行业	公司规模	法人	操作
北京市鹦鹉旅游模拟有限公司	有限责任公司	旅游饭店	2人	李X	发消息 查看 删除
杭州甜滋滋食品模拟有限公司	有限责任公司	食品、饮料及烟草制品专门零售	1人	俞XX	发消息 查看 删除

图 1-7-15

（二）主动推销

针对已选定的客户，可点击“操作”下的“发消息”按钮，弹出“消息发送”对话框，如图 1-7-16 所示。卖家可以撰写推销信息，点击“回复”按钮，完成消息发送。

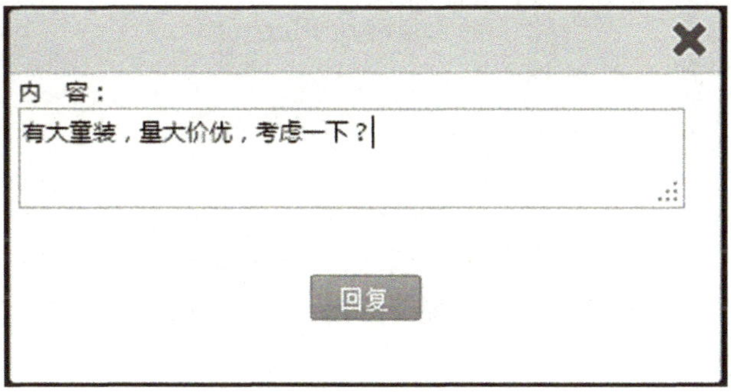

图 1-7-16

点击交易大厅中的“消息”栏，可查看历史消息记录，如图 1-7-17 所示。

图 1-7-17

在线沟通可多次进行，消息栏会及时提醒有无未读消息，卖家在进行多次在线推销后，如买家有意向下单，则进入交易的下一步骤。

（三）在线交易

在买家接受卖家的推销，有意向购买的情况下，买家点击页面右上角的“高级搜索”按钮或“搜索店铺”按钮，或者点击“我要买”搜索客户，都可以找到卖家的列表信息。如图 1-7-18 所示，点击右侧“查看店铺”链接，可查看卖家的产品信息；点击“加为客户”链接，可添加卖家至我要买的客户管理列表中；点击“发消息”链接，同样可以在线沟通。

在页面左侧的信息栏，交易提醒会实时滚动，可查看每个交易步骤的提醒信息，同时买卖双方还可以通过消息即时提醒对方进行相应操作。

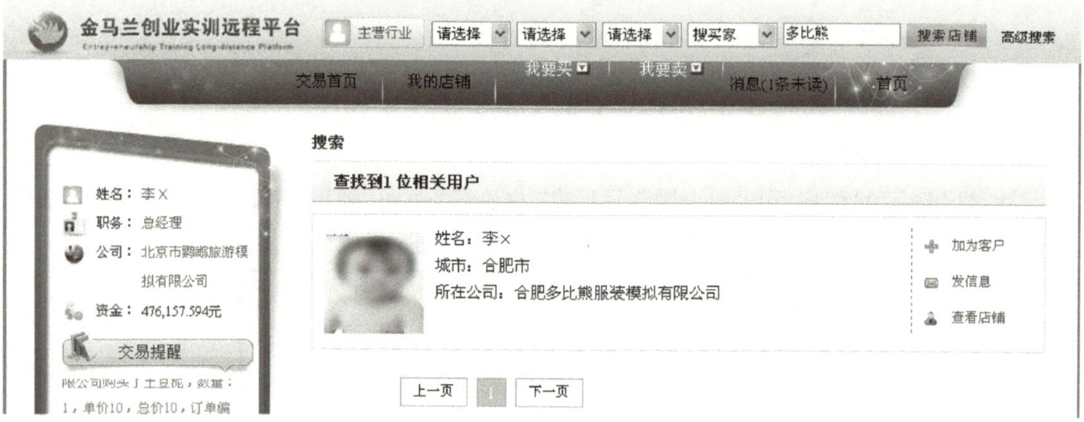

图 1-7-18

加为客户后，可点击“我是买家-客户管理”，查看客户列表（图 1-7-19）。点击“查看”按钮，可查看卖家的店铺详情；点击“删除”按钮，可删除该客户的信息；点击“发消息”按钮，可进行在线沟通。

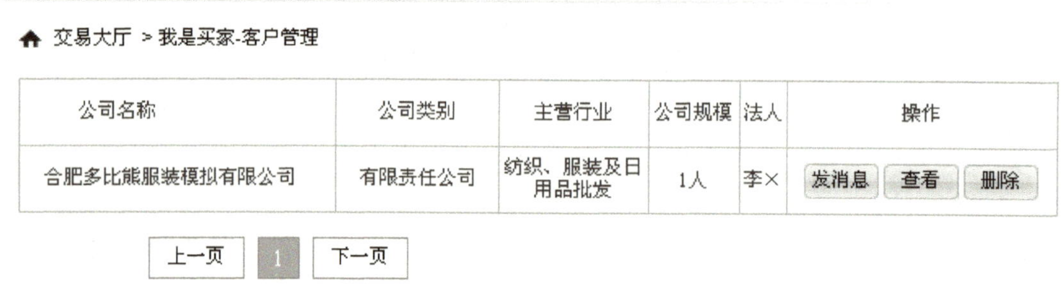

图 1-7-19

点击“查看”按钮，跳转至卖家“店铺详情”页面，如图 1-7-20 所示。

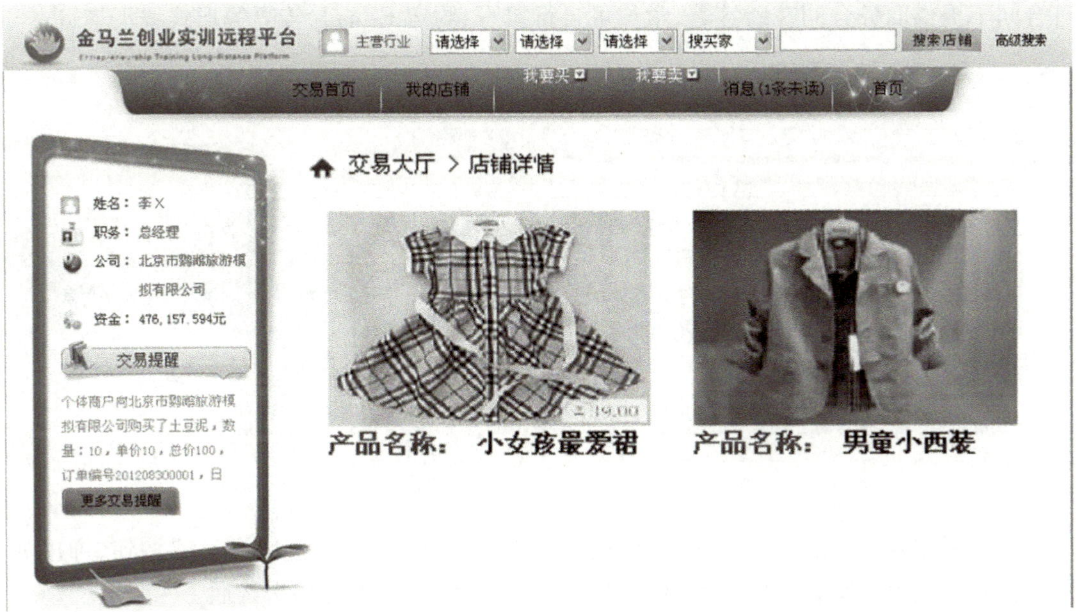

图 1-7-20

买家根据个体需求，点击产品图片，跳转至商品详情页面，如图 1-7-21 所示。买家可查看产品描述、评价详情、成交详情和售后服务。在评估产品信息后，买家在购买数量处填写需购买的数量，购买数量要小于产品库存量，点击“下单”按钮，即完成买家下单操作。

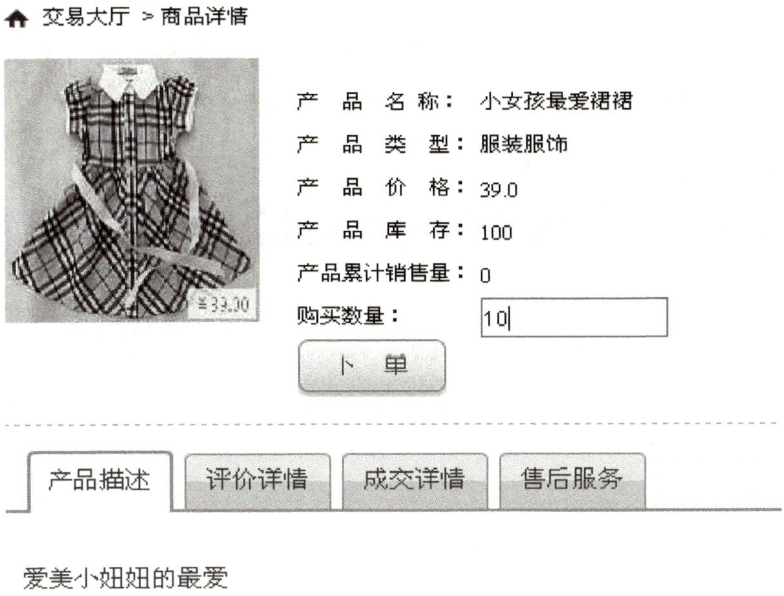

图 1-7-21

点击“我是买家-交易管理”，可查看全部订单，点击“操作”下的“签订合同”“付款”等按钮(图 1-7-22)，可进行相关操作。考虑到本平台不限行业，此处只作为知识点学习，签订合同不提供商务合同在线签署,学员可自行撰写,约定 E-mail、传真等形式线下签订。

交易号码	产品名称	单价	数量	原价	成交价	下单时间	操作
201208310004	小女孩最爱裙裙	39.0	10	390.0	390.0	2012-08-31	签订合同 付款 发送消息
201208310003	男童小西装	150.0	2	300.0	300.0	2012-08-31	签订合同 付款 发送消息
201208130001	.net培训	4800.0	1	4800.0	4800.0	2012-08-13	订单已经完成

图 1-7-22

如果买家对卖家的价格存在异议,点击图 1-7-22 列表中的“发送消息”按钮,弹出如图 1-7-23 所示的“发送消息”对话框,可进行议价。议价可进行多次沟通。

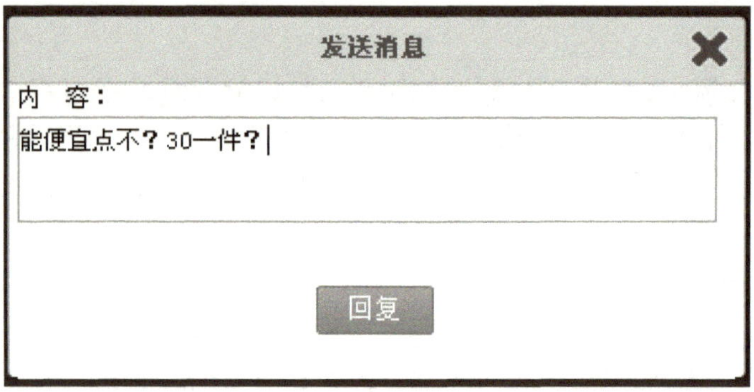

图 1-7-23

卖家和买家议价之后,可点击“操作”下的“修改价格”按钮(图 1-7-24)。

图 1-7-24

弹出“价格修改”对话框，如图 1-7-25 所示，可根据议价结果，修改交易成交价格，点击“修改”按钮，即完成价格修改操作。

图 1-7-25

卖家完成价格修改后，可发送消息通知买家进行付款，如图 1-7-26 所示。

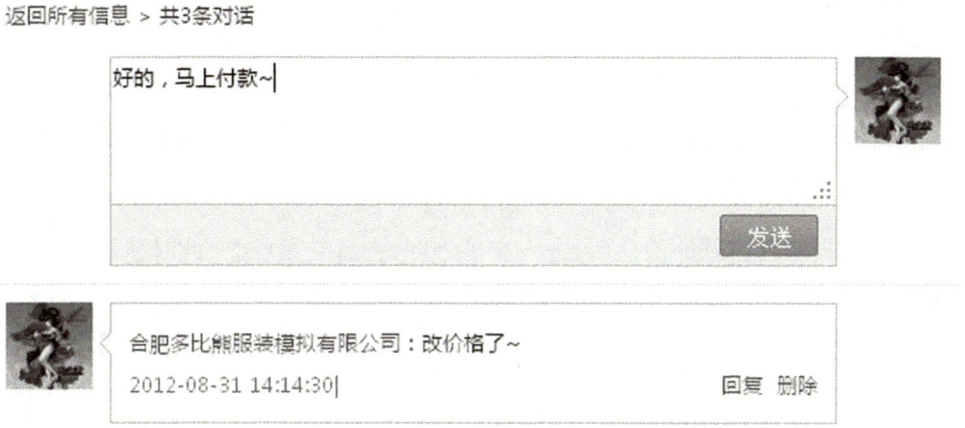

图 1-7-26

买家接收到改价消息后，可以在“我是买家－交易管理”页面查看订单状态，如图 1-7-27 所示，确认成交价格没问题后，买家点击“付款”按钮，可完成将货款打至金马兰银行的操作。

交易大厅 >我是买家-交易管理

1.全部订单 > 2.待付款 > 3.待收货 > 4.待评价

交易号码	产品名称	单价	数量	原价	成交价	下单时间	操作
201208310004	小女孩最爱裙裙	39.0	10	390.0	300.0	2012-08-31	订单已经完成
201208310003	男童小西装	150.0	2	300.0	260.0	2012-08-31	付款 发送消息
201208130001	.net培训	4800.0	1	4800.0	4800.0	2012-08-13	订单已经完成

图 1-7-27

买家付款后,交易管理状态为“等待卖家发货”(图 1-7-28)。买家可以发信息通知卖家已经付款,并要求发货。

交易大厅 >我是买家-交易管理

1.全部订单 > 2.待付款 > 3.待收货 > 4.待评价

交易号码	产品名称	单价	数量	原价	成交价	下单时间	操作
201208310004	小女孩最爱裙裙	39.0	10	390.0	300.0	2012-08-31	等待卖家发货

图 1-7-28

卖家收到买家已付款的消息后,进入交易管理,查看交易状态,此时显示“已支付至金马兰银行”(图 1-7-29),卖家可以进行发货操作。

交易大厅 >我是卖家-交易管理

1.全部订单 > 2.待确认到款 > 3.待发货 > 4.待评价

交易号码	产品名称	单价	数量	成交价	状态
201208310004	小女孩最爱裙裙	39.0	10	300.0	已支付至金马兰银行

图 1-7-29

点击“3. 待发货”,跳转至发货页面,平台目前提供两种物流形式(图 1-7-30):一种是“无需物流”,即不收取任何费用;另一种是“在线下单”,根据大件、小件的不同象征性地收取部分物流费,大件是 40 元/次,小件是 20 元/次。

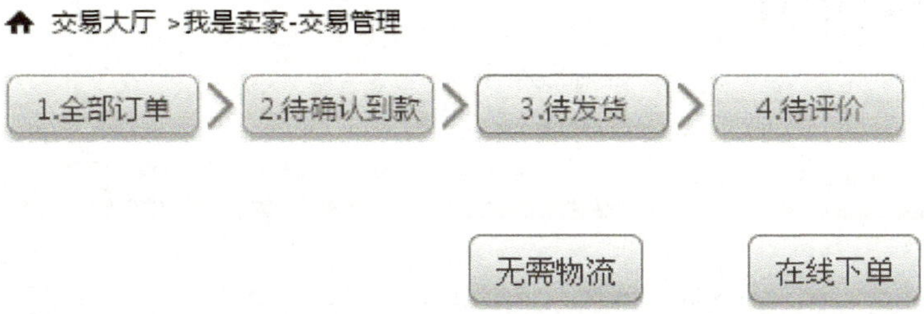

图 1-7-30

点击“在线下单”按钮，跳转至物流列表页面，如图 1-7-31 所示，选中“大件”或“小件”，点击“支付物流费”按钮，完成相应物流费用支付（系统默认物流费用由卖家支付）。点击“确认发货”按钮，即完成发货操作。完成发货后，卖家可发信息告知买家已发货，需确认收货。

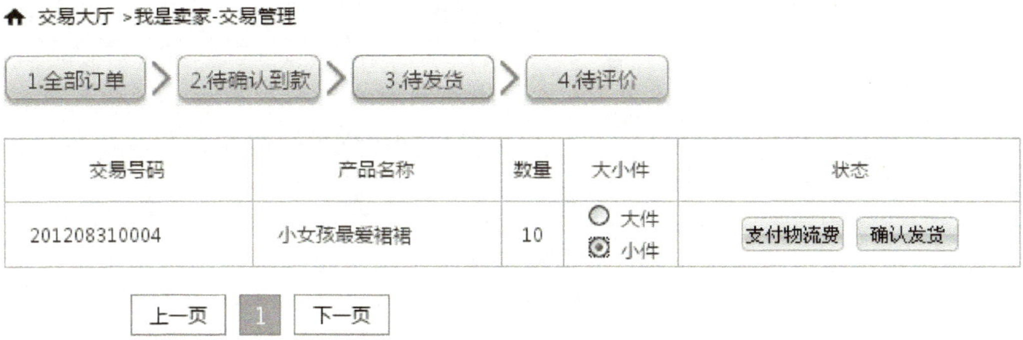

图 1-7-31

买家收到卖家已发货的通知后，在交易管理“3. 待收货”下点击“确认收货”按钮（图 1-7-32），即完成收货操作。买家可发消息告知卖家已完成收货操作。

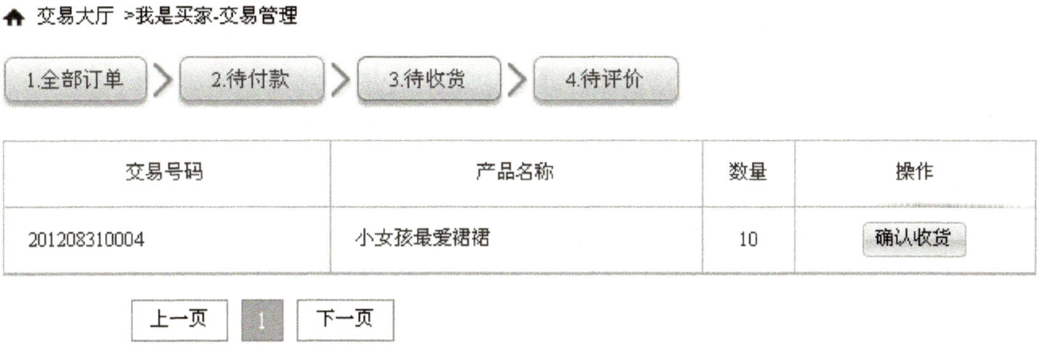

图 1-7-32

买家点击“我是买家-交易管理”页面中的“4. 待评价”，点击“评价”按钮（图 1-7-33）。

交易大厅 >我是买家-交易管理

1.全部订单 > 2.待付款 > 3.待收货 > 4.待评价

交易号码	产品名称	单价	数量	成交价	操作
201208310004	小女孩最爱裙裙	39.0	10	300.0	评价

上一页 1 下一页

图 1-7-33

弹出“评价”对话框，买家填写评价等级及评价内容，点击“提交评论”按钮，即完成评价操作(图 1-7-34)。建议学员尽量都能完成交易的相互评价。

评价

交易号码	201208310004
卖家公司名称	合肥多比熊服装模拟有限公司
评价等级	◉ ○ ○
评价内容	很好，期待再次合作~

提交评论　以后再说

图 1-7-34

卖家在接收到买家已收货的消息后，可点击“开具发票”按钮(图 1-7-35)。

交易大厅 >我是卖家-交易管理

1.全部订单 > 2.待确认到款 > 3.待发货 > 4.待评价

交易号码	产品名称	单价	数量	原价	成交价	下单时间	操作
201208310004	小女孩最爱裙裙	39.0	10	390.0	300.0	2012-08-31	开具发票
201208310003	男童小西装	150.0	2	300.0	300.0	2012-08-31	修改价格　取消订单

图 1-7-35

弹出如图 1-7-36 所示的“开发票”对话框，填写发票抬头及开具发票的数额后，点击“开具发票”按钮，即完成发票开具操作（图 1-7-36）。目前平台只提供开具发票功能，为的是增强学员的纳税意识。考虑到平台应用范围广，涉及行业多，发票的具体样图示例采集有难度，所以买家是无法收到发票的。卖家可以消息通知买家已经开具发票，营造一个合法交易的良好氛围。

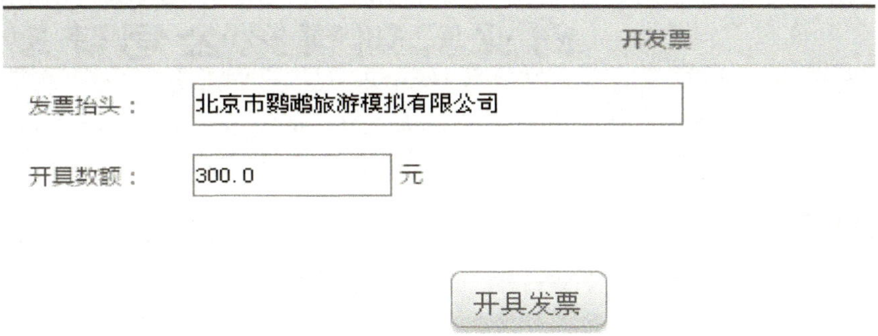

图 1-7-36

卖家完成发票开具后，还需对买家进行评价，操作同买家评价。至此，这笔在线订单即完成了（图 1-7-37）。

交易号码	产品名称	单价	数量	原价	成交价	下单时间	操作
201208310004	小女孩最爱裙裙	39.0	10	390.0	300.0	2012-08-31	订单完成

图 1-7-37

第二章 创业实训模拟公司辅助功能

【教学内容导图】

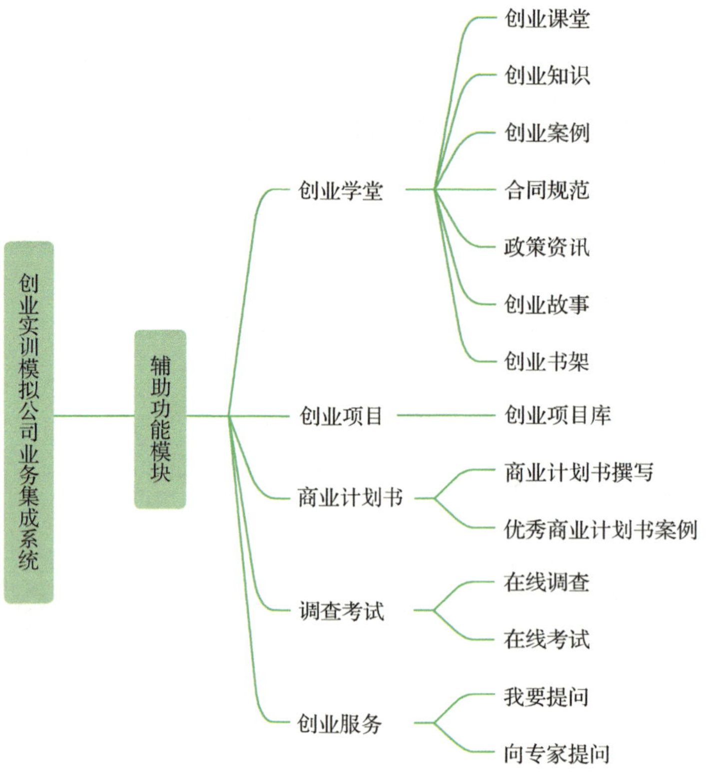

学习目标

- 了解创业相关知识。
- 掌握创业项目的来源，以及创业计划书的结构和撰写要点。
- 学会进行项目路演。
- 引导学生关心民情、社情、国情，树立服务国家、服务社会的志向。

【教学准备】

- PC。
- 创业实训模拟公司业务集成系统。

第一节　创业学堂

“创业学堂”页面包括“创业课堂”“创业知识”“创业案例”“合同规范”“政策资讯”“创业故事”“创业书架”七个模块内容(图2-1-1)。

(1)“创业课堂”由创业专家精心录制高清宽屏课程，为学员提供优质在线视频学习课程。

(2)“创业知识”与线下教学同步，提供丰富的教学资源，保证教学质量，提高教学效率。

(3)“创业案例”为学员提供各行业最新的创业案例，为学员创业提供宝贵经验。

(4)“合同规范”可查看创业过程中会用到的各种合同范文及规范文档。

(5)“政策资讯”提供全国、各省市最新的创业相关政策资讯信息，为学员创业提供政策保证。

(6)“创业故事”展示各类真实、丰富的创业故事，学员可从中了解创业过程中各式各样的困难及解决方案。

(7)“创业书架”为学员提供优质的与创业相关的书籍简介，并提供其他创业人士对此书的简单评价。

图 2-1-1

点击“创业学堂”→“创业课堂”，跳转至“创业课堂”页面，如图 2-1-2 所示。点击“操作”下的“开始听课”按钮，跳转至听课选择页面，可按高清、普清等不同规格在线观看课程。学员可在课后对授课专家进行在线评价，为后期改进在线教学提供依据。

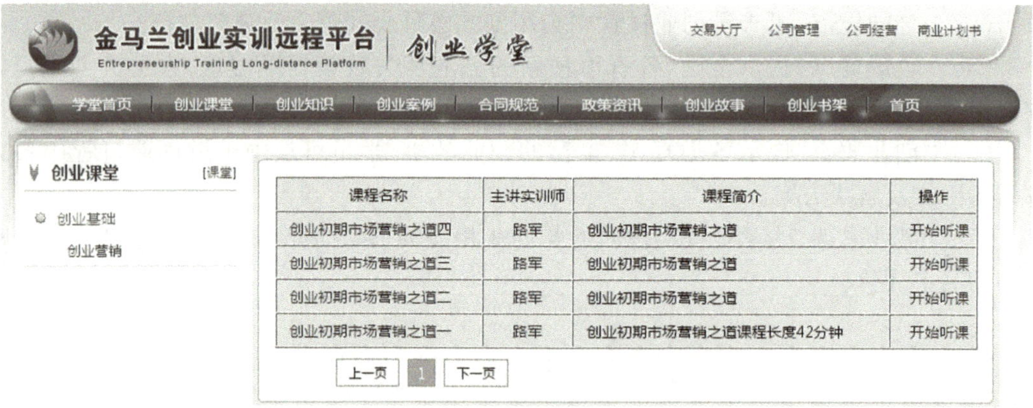

图 2-1-2

“创业知识”“创业案例”“合同规范”“政策资讯”“创业故事”五类创业学堂知识皆以在线阅读的形式提供，以“政策资讯”为例，点击之，跳转至如图 2-1-3 所示页面。每个模块都进行了二级分类，学员可更有针对性地进行在线学习。

金马兰创业实训远程平台
Entrepreneurship Training Long-distance Platform
创业学堂
交易大厅
公司管理
公司经营
商业计划书
学堂首页
创业课堂
创业知识
创业案例
合同规范
政策资讯
创业故事
创业书架
首页
政策资讯
行业资讯
广东创业政策
江苏创业政策
天津创业政策
浙江创业政策
安徽创业政策
辽宁创业政策
国家创业政策
北京创业政策
关于进一步加强创业培训工作有关问题的通知
杭州 [详细]
[北京创业政策] 2012-08-10
关于印发《泰州市市级就业专项资金管理办法》的通知
泰州 [详细]
[江苏创业政策] 2012-08-21
关于印发《2012年苏州市高校就业创业指导站工作要点》的通知
苏州 [详细]
[江苏创业政策] 2012-08-21

图 2-1-3

点击图 2-1-3 中任意政策标题，跳转至该政策的详情页面，如图 2-1-4 所示，学员可通览全文，收获丰富的创业知识。

金马兰创业实训远程平台
Entrepreneurship Training Long-distance Platform
创业学堂
交易大厅
公司管理
公司经营
商业计划书
学堂首页
创业课堂
创业知识
创业案例
合同规范
政策资讯
创业故事
创业书架
首页
创业学堂 > 政策资讯
关于进一步加强创业培训工作有关问题的通知
来源：杭州 2012-08-10
各区、县（市）、杭州市经济技术开发区、西湖风景名胜区（人事）劳动保障局、财政局，有关培训机构：
为贯彻落实《关于进一步完善促进就业长效机制的意见》（市委[2009]10号）、《关于创建覆盖城乡全民共享的充分就业城市的若干意见》（市委[2010]12号）和《关于进一步推进杭州市区小额担保贷款工作的实施意见》（杭政[2010]2号）等文件精神，进一步加强创业培训工作，不断完善创业培训服务体系，促进创业带动就业，现就进一步加强创业培训工作有关问题通知如下：
一、扩大创业培训补贴对象
增加的创业培训补贴对象为：
1. 杭州市区（萧山、余杭区除外，下同）城镇复员转业退役军人、农村求职登记人员；
2．“新杭州人”（即在杭州市区稳定就业半年以上并缴纳社会保险费的外来人员）中的求职登记人员。
2008年1月1日后领取营业执照、领照时属于现在的补贴范围的创业者，也可享受创业培训补贴。
要求参加创业培训者，在其户籍所在地（“新杭州人”为暂住地）社区（村）劳动保障服务室报名。

图 2-1-4

点击“创业书架”，跳转至“创业书架”页面，如图 2-1-5 所示。学员可根据左侧目录索引，选择感兴趣的书籍分类，查看每本书的作者、简介等信息，同时可了解其他创业学员对于某本创业书籍的“想读”“在读”“读过”的选择情况。

金马兰创业实训远程平台
Entrepreneurship Training Long-distance Platform
创业学堂
交易大厅
公司管理
公司经营
商业计划书
学堂首页
创业课堂
创业知识
创业案例
合同规范
政策资讯
创业故事
创业书架
首页
创业书架
[课堂]
全球创业
创业规则
创业者
创业的国度
丹 塞诺 著 | 互联网
想读 22 人
在读 15 人
读过 7 人
本书深入分析了移民政策、研发计划、兵役制度等几个重要层面。这些因素正是以色列今日经济奇迹背后的原因。随着世界各国的经济逐渐复苏，各大企业都尝试重新注入活力，我们可以从以色列这个富有韧性的小国获得许多借鉴。
创业的国度
START-UP NATION
创业36条军规
孙陶然 著 | 互联网
想读 4 人
在读 3 人
读过 7 人
《创业36军规》的作者孙陶然是一位数次成功创业的创业者，书中的内容有关创业的方方面面，从创业目的到股东选择，从经营到管理，从找方向到项目细节不一而足，写给每位心怀创业理想或正在创业路上的读者。
创业36条军规
你拿什么吸引我
卢爱芳 雷中辉 著 | 互联网
想读 20 人
在读 1 人
读过 0 人
二十二位资深风投人袒露心声，分环节详细解析风投全程。如同专家贴身咨询，教你应对投资每个阶段。商场如战场，“用兵之道，攻心为上”，想要在资本市场中吸引优质投资，就必须研究风投商偏好。
你拿什么吸引我
上一页
1
2
3
下一页

图 2-1-5

第二节　创业项目

创业项目的选择对于创业者来说非常关键，平台提供了各地创业项目库查询、对比及选项指导的功能。

点击图 2-2-1 中的某个项目图标，跳转至该项目详情页面，可查看项目的基本信息、评价信息、推荐信息、项目介绍、经营产品、投资分析等相关信息（图 2-2-2）。也可以完成对某项目的评价及推荐操作。

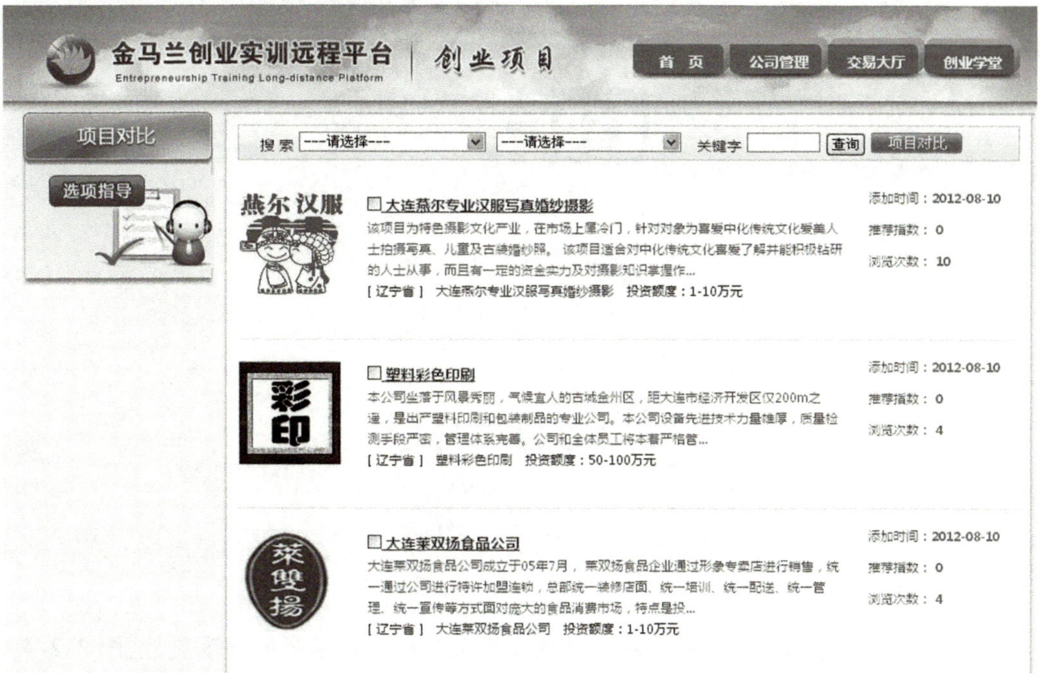
金马兰创业实训远程平台
Entrepreneurship Training Long-distance Platform
创业项目
首 页
公司管理
交易大厅
创业学堂
项目对比
选项指导
搜 索 ---请选择--- ---请选择--- 关键字 查询 项目对比
燕尔汉服
大连燕尔专业汉服写真婚纱摄影
该项目为特色摄影文化产业，在市场上属冷门，针对对象为喜爱中化传统文化爱美人士拍摄写真、儿童及古装婚纱照。该项目适合对中化传统文化喜爱了解并能积极钻研的人士从事，而且有一定的资金实力及对摄影知识掌握作...
[辽宁省] 大连燕尔专业汉服写真婚纱摄影 投资额度：1-10万元
添加时间：2012-08-10
推荐指数：0
浏览次数：10
彩印
塑料彩色印刷
本公司坐落于风景秀丽，气候宜人的古城金州区，距大连市经济开发区仅200m之遥，是出产塑料印刷和包装制品的专业公司。本公司设备先进技术力量雄厚，质量检测手段严密，管理体系完善。公司和全体员工将本着严格管...
[辽宁省] 塑料彩色印刷 投资额度：50-100万元
添加时间：2012-08-10
推荐指数：0
浏览次数：4
萊雙揚
大连莱双扬食品公司
大连莱双扬食品公司成立于05年7月，莱双扬食品企业通过形象专卖店进行销售，统一通过公司进行特许加盟连锁，总部统一装修店面、统一培训、统一配送、统一管理、统一宣传等方式面对庞大的食品消费市场，特点是投...
[辽宁省] 大连莱双扬食品公司 投资额度：1-10万元
添加时间：2012-08-10
推荐指数：0
浏览次数：4

图 2-2-1

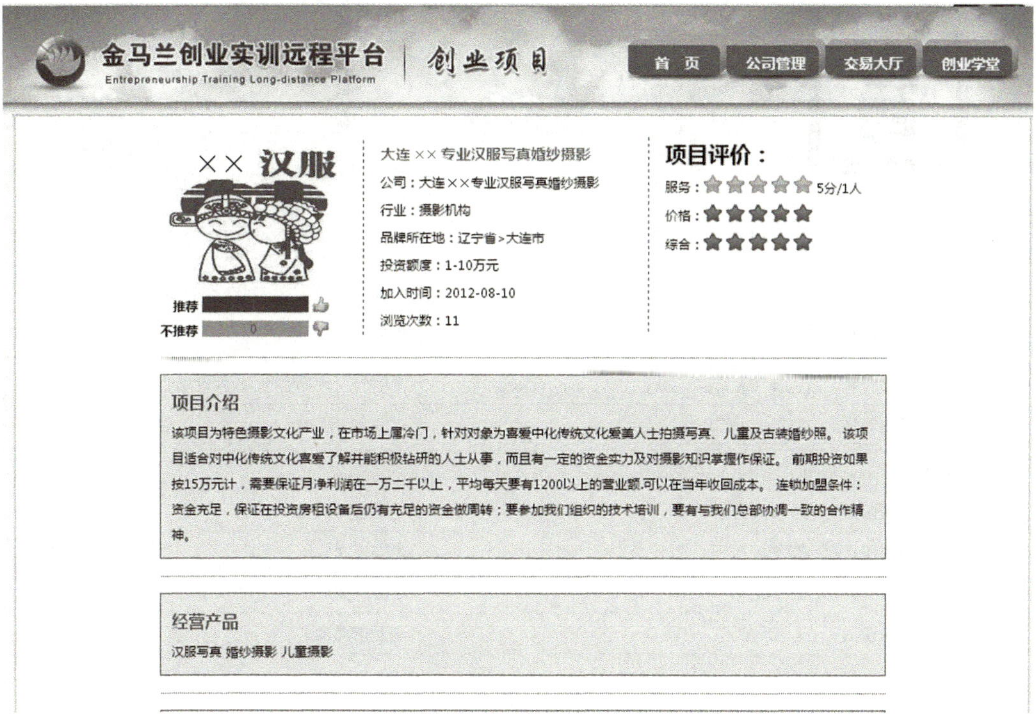
金马兰创业实训远程平台
Entrepreneurship Training Long-distance Platform
创业项目
首 页
公司管理
交易大厅
创业学堂
××汉服
推荐
不推荐 0
大连××专业汉服写真婚纱摄影
公司：大连××专业汉服写真婚纱摄影
行业：摄影机构
品牌所在地：辽宁省>大连市
投资额度：1-10万元
加入时间：2012-08-10
浏览次数：11
项目评价：
服务： 5分/1人
价格：
综合：
项目介绍
该项目为特色摄影文化产业，在市场上属冷门，针对对象为喜爱中化传统文化爱美人士拍摄写真、儿童及古装婚纱照。该项目适合对中化传统文化喜爱了解并能积极钻研的人士从事，而且有一定的资金实力及对摄影知识掌握作保证。前期投资如果按15万元计，需要保证月净利润在一万二千以上，平均每天要有1200以上的营业额.可以在当年收回成本。连锁加盟条件：资金充足，保证在投资房租设备后仍有充足的资金做周转；要参加我们组织的技术培训，要有与我们总部协调一致的合作精神。
经营产品
汉服写真 婚纱摄影 儿童摄影

图 2-2-2

左侧“项目对比”栏会展示最新浏览的项目信息，可勾选感兴趣的项目，点击图 2-2-1 中的“项目对比”按钮，跳转至“项目对比”页面（图 2-2-3）。

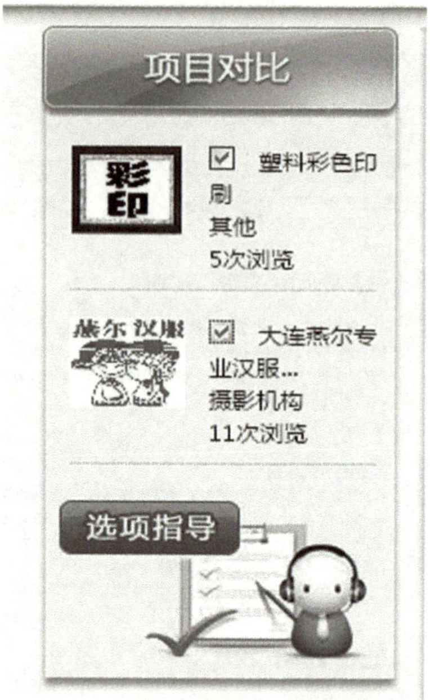

图 2-2-3

在“项目对比”页面中，可查看基本信息及投资分析对比信息的各项属性，图 2-2-4 中的柱状票数即推荐条数对比。

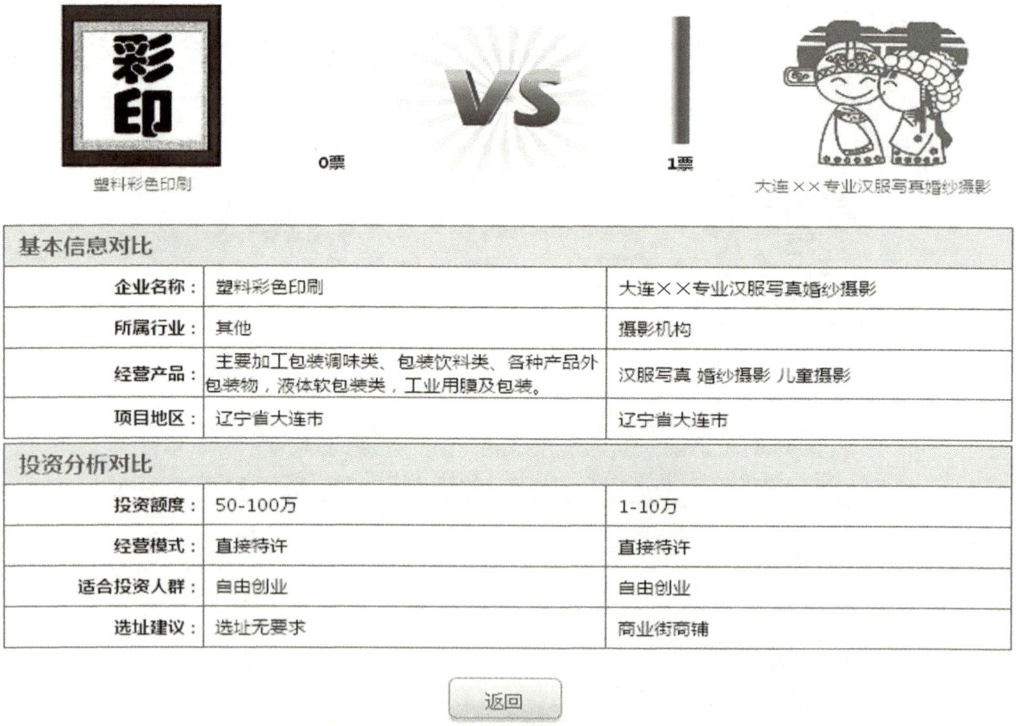

基本信息对比		
企业名称：	塑料彩色印刷	大连××专业汉服写真婚纱摄影
所属行业：	其他	摄影机构
经营产品：	主要加工包装调味类、包装饮料类、各种产品外包装物，液体软包装类，工业用膜及包装。	汉服写真 婚纱摄影 儿童摄影
项目地区：	辽宁省大连市	辽宁省大连市
投资分析对比		
投资额度：	50-100万	1-10万
经营模式：	直接特许	直接特许
适合投资人群：	自由创业	自由创业
选址建议：	选址无要求	商业街商铺

图 2-2-4

点击“创业项目”首页左上角的“选项指导”按钮，可学习“选项指导”相关的知识点，如图 2-2-5 所示。

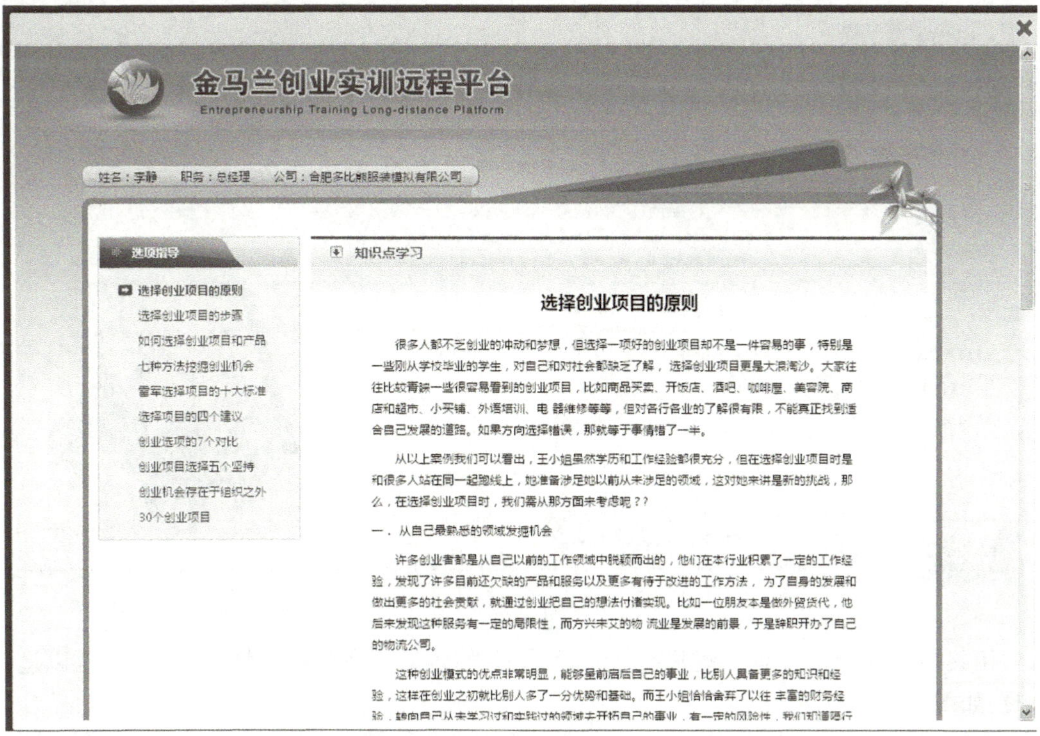
金马兰创业实训远程平台
Entrepreneurship Training Long-distance Platform
姓名：李静　职务：总经理　公司：合肥多比熊服装模拟有限公司
选项指导
选择创业项目的原则
选择创业项目的步骤
如何选择创业项目和产品
七种方法挖掘创业机会
雷军选择项目的十大标准
选择项目的四个建议
创业选项的7个对比
创业项目选择五个坚持
创业机会存在于组织之外
30个创业项目
知识点学习
选择创业项目的原则
很多人都不乏创业的冲动和梦想，但选择一项好的创业项目却不是一件容易的事，特别是一些刚从学校毕业的学生，对自己和对社会都缺乏了解，选择创业项目更是大浪淘沙。大家往往比较青睐一些很容易看到的创业项目，比如商品买卖、开饭店、酒吧、咖啡屋、美容院、商店和超市、小买铺、外语培训、电 器维修等等，但对各行各业的了解很有限，不能真正找到适合自己发展的道路。如果方向选择错误，那就等于事情错了一半。
从以上案例我们可以看出，王小姐虽然学历和工作经验都很充分，但在选择创业项目时是和很多人站在同一起跑线上，她准备涉足她以前从未涉足的领域，这对她来讲是新的挑战，那么，在选择创业项目时，我们需从那方面来考虑呢？？
一．从自己最熟悉的领域发掘机会
许多创业者都是从自己以前的工作领域中脱颖而出的，他们在本行业积累了一定的工作经验，发现了许多目前还欠缺的产品和服务以及更多有待于改进的工作方法， 为了自身的发展和做出更多的社会贡献，就通过创业把自己的想法付诸实现。比如一位朋友本是做外贸货代，他后来发现这种服务有一定的局限性，而方兴未艾的物 流业是发展的前景，于是辞职开办了自己的物流公司。
这种创业模式的优点非常明显，能够垦前启后自己的事业，比别人具备更多的知识和经验，这样在创业之初就比别人多了一分优势和基础。而王小姐恰恰舍弃了以往 丰富的财务经验

图 2-2-5

选择项目有一定的风险，本平台只提供与项目相关的信息及创业学员的推荐评价信息，是否选择该项目，希望创业学员要慎重。

第三节　商业计划书

商业计划书主要包括执行摘要、市场分析、营销策略、人员与组织结构、财务分析报告、月利润预测、风险分析与对策、企业愿景等内容，学员可在线完成。与商业计划书相关联的五大功能模块数据，系统会自动放到商业计划书对应位置。

点击图 2-3-1 左上角的“优秀商业计划书模板”按钮，可查看已经填写完毕的商业计划书，点击左下角的“下载商业计划书”按钮，可下载已完成的商业计划书及附录报表。点击“开始商业计划书编制”按钮，可开始撰写商业计划书。

金马兰创业实训远程平台
Entrepreneurship Training Long-distance Platform
商业计划书
创业学堂
交易大厅
公司管理
首 页
优秀商业计划书模板
编制商业计划书
1.商业计划书封面
2.保密须知与目录
3.执行摘要
4.市场分析
5.营销策略
6.人员与组织结构
7.财务分析报告
8.月利润预测
9.风险分析与对策
10.企业的愿景
11.附录
下载商业计划书
商业计划书
编写商业计划书的主要目的
编写商业计划书的直接目的是为了寻找战略合作伙伴或者风险投资资金，其篇幅既不能过于繁琐，也不能过于简单。一般而言，项目规模越庞大，商业计划书的篇幅也就越长；如果企业的业务单一，则可简洁一些。一份好的商业计划书的特点是：关注产品、敢于竞争、充分市场调研，有力资料说明、表明行动的方针、展示优秀团队、良好的财务预计、出色的计划概要等几点。
拥有商业计划书的企业平均比没有商业计划书的企业融资成功率高出100%。
一个好的商业计划书是获得贷款和投资的关键。如何吸引投资者、特别是风险投资家参与创业者的投资项目，这时一份高品质且内容丰富的商业计划书，将会使投资者更快、更好地了解投资项目，将会使投资者对项目有信心，有热情，动员促成投资者参与该项目，最终达到为项目筹集资金的作用。
商业计划书是争取风险投资的敲门砖。投资者每天会接收到很多商业计划书，商业计划书的质量和专业性就成为了企业需求投资的关键点。企业家在争取获得风险投资之初，首先应该将商业计划书的制作列为头等大事。
开始商业计划书编制

图 2-3-1

相关模块部分已经有一些基本信息，系统会默认显示在商业计划书中，学员可以进行修改，如图 2-3-2 所示。

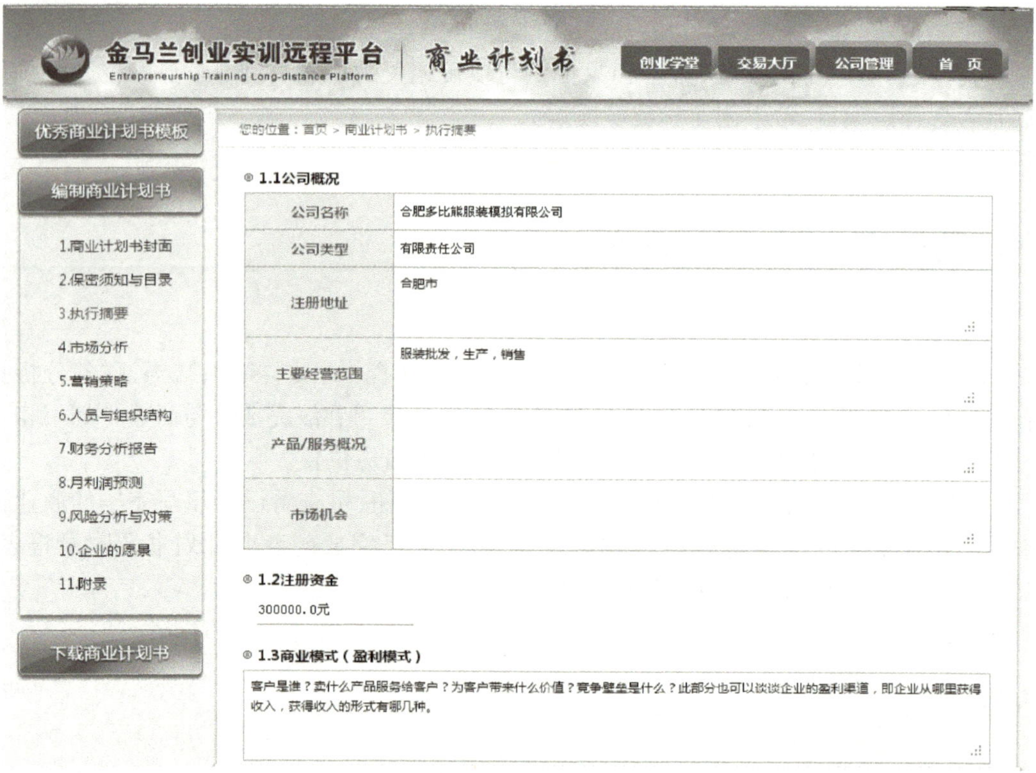

金马兰创业实训远程平台
Entrepreneurship Training Long-distance Platform
商业计划书
创业学堂
交易大厅
公司管理
首 页
优秀商业计划书模板
编制商业计划书
1.商业计划书封面
2.保密须知与目录
3.执行摘要
4.市场分析
5.营销策略
6.人员与组织结构
7.财务分析报告
8.月利润预测
9.风险分析与对策
10.企业的愿景
11.附录
下载商业计划书
您的位置：首页 > 商业计划书 > 执行摘要
1.1公司概况
公司名称
合肥多比熊服装模拟有限公司
公司类型
有限责任公司
注册地址
合肥市
主要经营范围
服装批发，生产，销售
产品/服务概况
市场机会
1.2注册资金
300000.0元
1.3商业模式（盈利模式）
客户是谁？卖什么产品服务给客户？为客户带来什么价值？竞争壁垒是什么？此部分也可以谈谈企业的盈利渠道，即企业从哪里获得收入，获得收入的形式有哪几种。

图 2-3-2

对于商业计划书内部有数据关联的部分，系统默认显示灰色，即不可修改状态，如需修改，需跳转至商业计划书第一次填写该数据的模块进行修改，灰色数据会根据修改而变动，如图 2-3-3 所示。

◎ 5.4启动及资金需求

类别/项目		金额	备注
固定资产购置合计		25.00	
开办费	工商注册、税务登记费	5.0	
	市场调查费、差旅费、咨询费	5.0	
	各种许可证审批费用	5.0	
	支付连锁加盟费用	5.0	
	其他费用	5.0	
	合计	25.00	
流动资金	原材料/商品采购	5.0	
	场地租金	1500.0	
	员工薪酬	5.0	
	办公用品及耗材	5.0	
	水、电、交通差旅费	5.0	
	其它	5.0	
	合计	1525.00	
启动资金总计		1550.00	

图 2-3-3

对于附录部分，可点击图 2-3-4 中的“生成利润表”或“生成现金流量表”按钮，跳转至财务报表修改页面，进行相应调整；点击“下载利润表”或“下载现金流量表”按钮，可直接下载财务报表的 Word 文档；点击“完成编制商业计划书”按钮，跳转至商业计划书撰写首页。

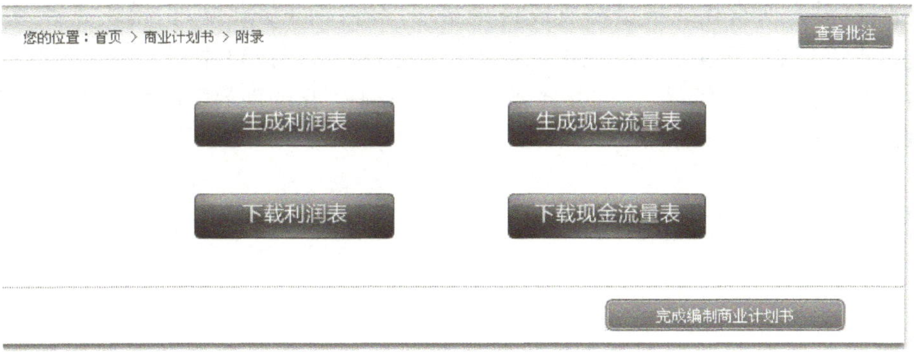

图 2-3-4

点击“商业计划书撰写”首页的“下载商业计划书”按钮，可将已经在线完成的商业计划书下载为 Word 文本格式。具体商业计划书中数据关联详见“商业计划书数据说明”文档。

第四节　调查考试

调查考试由系统管理员后台配置，只有在需要做调查或者考试时，才会显示相应的调查问卷或者考试的试卷。在无需做调查考试时是不会显示内容的，如图 2-4-1 所示。

图 2-4-1

第五节　创业服务

“创业服务”模块涵盖两个子模块：“我要提问”及“向专家提问”。“我要提问”模块提供开放性问题，所有在线学员都可以讨论给予解答；“向专家提问”模块是针对某位专家提出的特定问题，只有专家本人可以回答，其他学员可以浏览学习。图 2-5-1 中“问题列表”右侧有“向专家提问”“已回复问题”“我的问题”“我的回答”等项，学员可根据需要点击查看不同内容。

图 2-5-1

点击图2-5-1中的“我要提问”按钮，跳转至提问页面，如图2-5-2所示，可填写问题标题、内容及问题类别，正确输入验证码后点击“保存发布”按钮，即可完成问题提问。

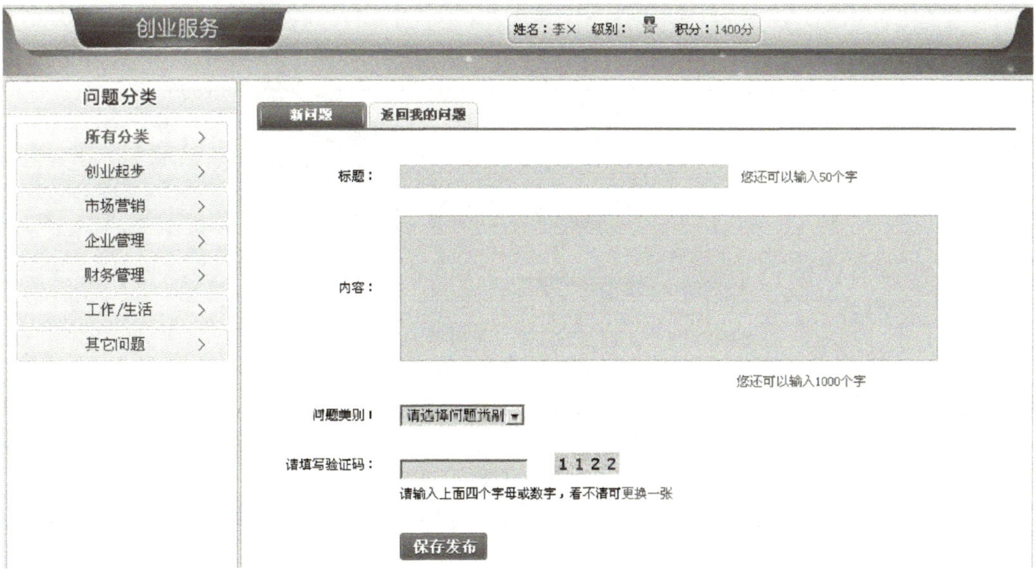

图 2-5-2

点击“向专家提问”按钮，跳转至专家列表页，如图2-5-3所示，学员可选择自己要提问的专家，点击头像，进入向专家提问页面。

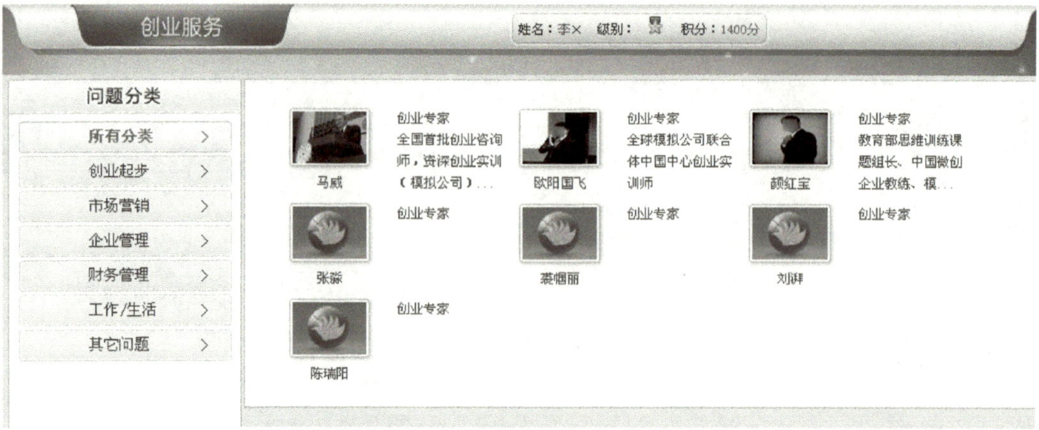

图 2-5-3

在图 2-5-4 中填写问题标题、内容、问题类别，正确输入验证码后点击“保存发布”按钮，即可完成向专家提问。

图 2-5-4

创业服务关于级别的说明：按积分论级别，积分数与答题数挂钩，答 3 题得 300 分。级别和积分数对应关系如下：

- 1 颗心：0～200。
- 2 颗心：200～400。
- 3 颗心：400～600。
- 4 颗心：600～800。
- 5 颗心：800～3000。

➢ 1 颗星：3 000～3 500。
➢ 2 颗星：3 500～2 000。
➢ 3 颗星：2 000～2 500。
➢ 4 颗星：2 500～3 000。
➢ 5 颗星：3 000～3 500。
➢ 1 块奖牌：3 500～4 500。
➢ 2 块奖牌：4 500～5 500。
➢ 3 块奖牌：5 500～6 500。
➢ 4 块奖牌：6 500～7 500。
➢ 5 块奖牌：7 500～8 500。
➢ 1 个冠军：>8 500。

第二模块

2

创业模拟商战

第三章

创业模拟公司商战

【教学内容导图】

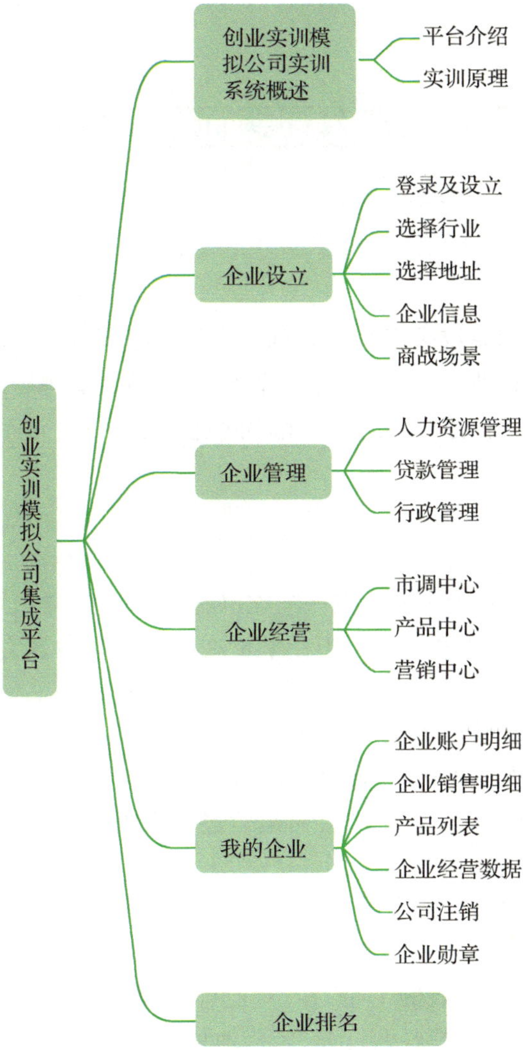

学习目标

- 了解企业设立、企业管理、企业经营的基本知识。
- 了解企业管理经营全流程，真实体验行业管理经营全流程，学会调整商业决策。
- 了解经营风险，掌握抵抗风险的能力。
- 培养学生依法经营企业的品质。

【教学准备】

- PC。
- 创业实训模拟公司实训系统。

第一节　创业实训模拟公司实训系统概述

一、平台介绍

创业实训模拟公司实训系统采用金马兰创业实训商战系统，为学员提供一个虚拟的市场环境。学员可在选定行业中，熟悉企业运作流程、岗位设置与要求，掌握基本工作技能，从而提高学习能力、思考能力、实践能力、解决问题的能力等。该系统每个操作环节皆内设影响力。

二、实训原理

金马兰创业实训商战系统为学员提供一个虚拟的市场环境，学员可在选定行业中，驰骋商海，切身体验商场沉浮。此系统致力于让学员在有限时间内真实体验行业管理经营全流程。

（1）定制化行业参数作后台支撑。

（2）动画场景逼真展现企业管理运营全过程。

（3）模拟真实的商业环境，体验模拟公司运营过程中可能遇到的各种情况与经营决策，并对结果进行分析与评估。

（4）体验企业运营中的各类风险。

学员参与商战，需首先设立企业，之后进入商战。商战涵盖“企业管理”和“企业经营”两大主体功能模块，另包括“我的企业”和“企业排名”两大辅助模块。

“企业设立”模块：学员需选择经营行业、经营地址并提交企业基本信息后，才可进入商战。

“企业管理”模块：学员可根据企业的人力资源规划进行虚拟员工招聘，并完成薪酬管理、员工培训；完成企业固定资产采购与管理、行政事务及企业文化建设与管理；并可以根据企业经营情况完成贷款管理。

“企业经营”模块：学员在系统创建的虚拟市场中进行市场调研和商战决策，针对产品进行研发和生产，并对产品定价、渠道建设、促销方式、广告设计及投放、服务管理等策略进行管理。系统内设虚拟消费者进行购买，进而形成竞争结果。随着虚拟时间的进行，公司经营环境发生变化，学员可根据经营结果，调整商战决策，进入下一轮商业竞争。通过多轮的商战演练，可提升学员的创业能力，为今后创业打下良好的基础。

“我的企业”模块：可实时查看企业的财务明细、产品信息、销售明细及经营数据，企业注销，企业在经营过程中获得的各种勋章。

“企业排名”模块：系统从投资收益率、库存周转率、市场投入率、人力成本率、销售额、市场占有率、经营净利润、公司美誉度八个方面对企业经营进行排名。

商战系统功能框架图如图 3-1-1 所示。

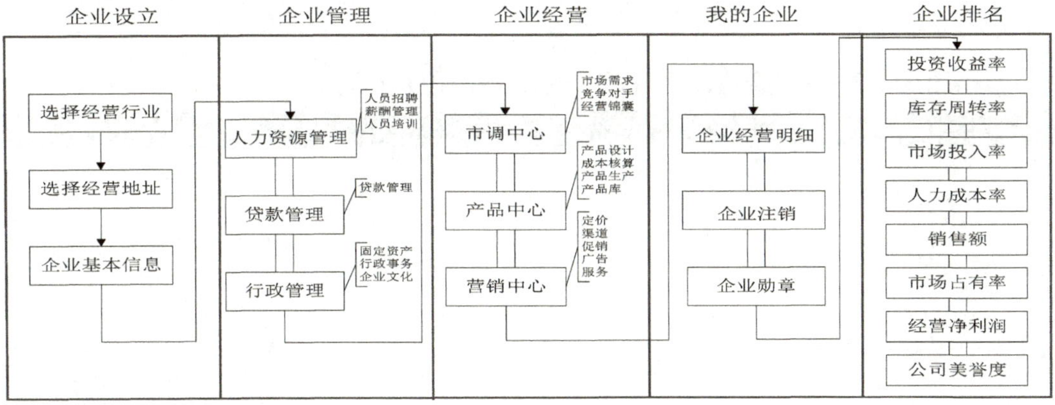

图 3-1-1

第二节　企业设立

一、登录及设立

在“用户登录”框中输入用户名、密码、验证码（用户名为身份证号码，密码默认为123456，对于同一用户，登录用户名和密码统一），点击图 3-2-1 中的“登录”按钮。如果是首次登录商战系统，则进入企业设立页面；如已经完成公司设立，则直接进入商战场景页面。

图 3-2-1

点击图 3-2-2 中的“企业设立”按钮,跳转至企业设立页面。

图 3-2-2

二、选择行业

“企业设立”页面涵盖“选择行业”“选择地址”“企业信息”三个模块。首先点击“选择行业”,进入商战行业选择页面。

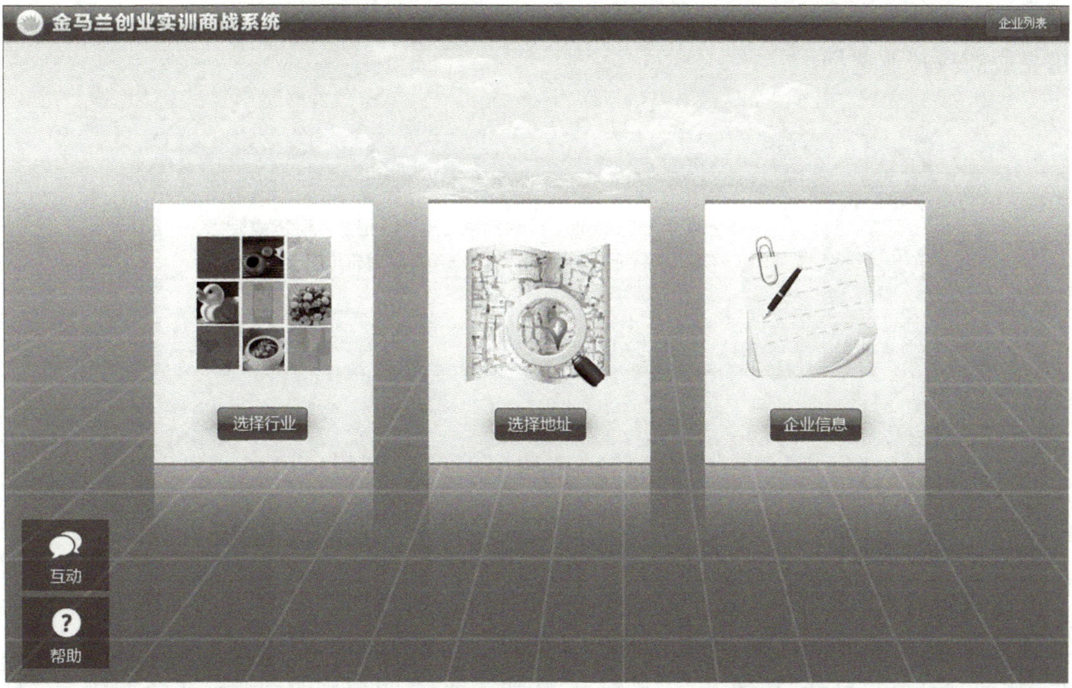

图 3-2-3

点击图 3-2-4 中的行业图标,完成行业初选定,点击“确定”按钮,弹出“行业简介”对话框。

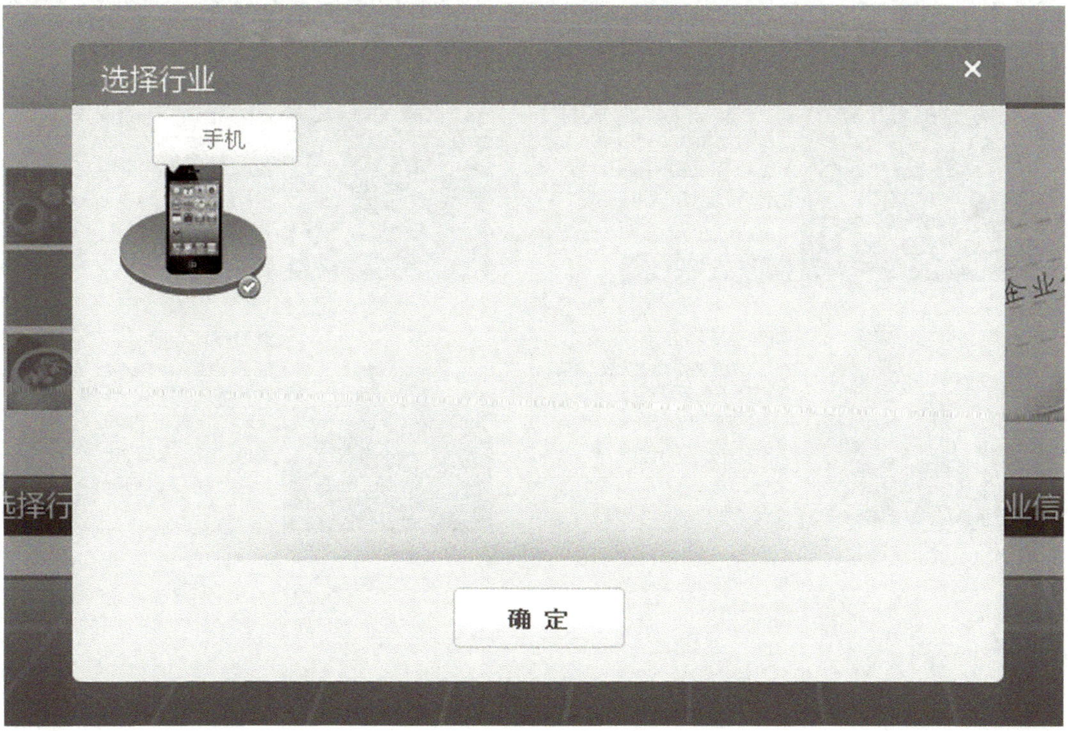

图 3-2-4

如图3-2-5所示，手机行业简介阐述行业基本信息及初始资金，点击“确定”按钮，即可完成商战行业选择。

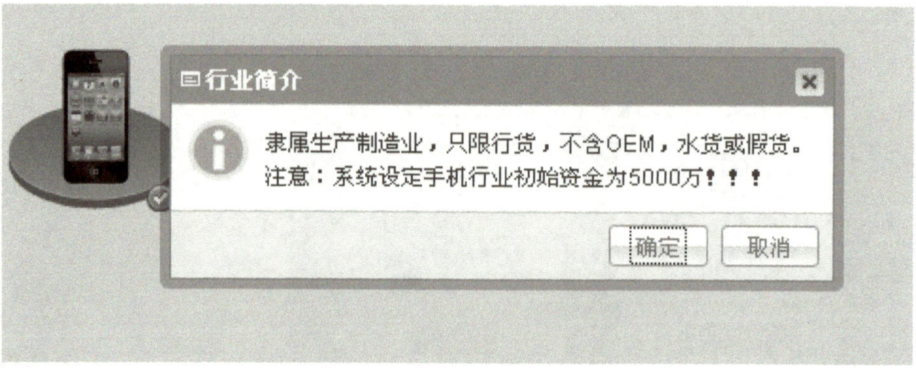

图3-2-5

三、选择地址

完成商战行业选择后，点击“企业设立”页面的“选择地址”图标，弹出如图3-2-6所示的选址框，学员需根据行业不同，选择地址类型，并填写面积，点击某个选址类型的“选择”按钮，会出现“已选”按钮。点击“确定”按钮之前，都可以修改和调整选址类型。一旦点击选址框的“确定”按钮，即完成选址操作，选址选定后不可修改，如需调整，可注销公司后再行创立公司。

图3-2-6

四、企业信息

完成选址后，点击“企业设立”页面的“企业信息”图标，弹出“企业基本信息提交”对话框，填写企业名称、初始资金（单位：万元）并上传企业的 LOGO，点击“完成创建”按钮（图 3-2-7），即可完成企业设立操作。

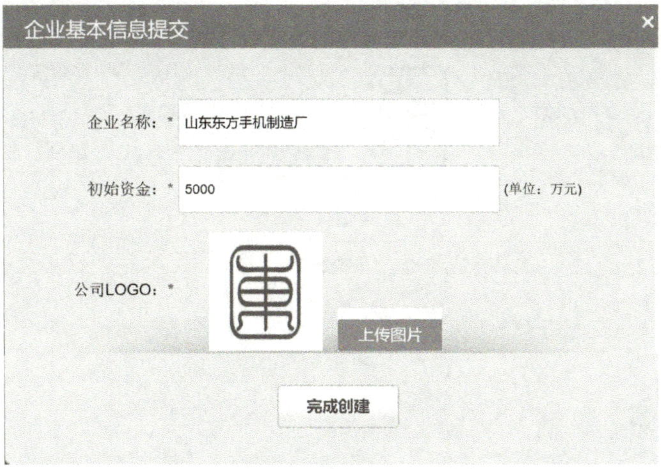

图 3-2-7

在企业设立过程中，经营地址的选择、企业基本信息的提交都具备一定的影响力，具体影响力数值可通过购买锦囊查看明细。

如果完成企业设立后，需要修改企业名称或 LOGO，则点击图 3-2-8 中的“企业信息修改”按钮，弹出“企业基本信息提交”对话框；如需进入商战，则点击“进入商战”按钮；如果需要重新设立一家企业，则点击“企业设立”按钮，重新进行新企业的设立流程。

图 3-2-8

在企业设立完成后，可修改企业名称及 LOGO，点击“提交更改”按钮，即可完成修改（图 3-2-9）。

图 3-2-9

五、商战场景

在“企业设立”页面，点击“进入商战”按钮，跳转至“商战场景”页面，图 3-2-10 为“企业管理”场景，点击“企业管理”按钮，跳转至“企业管理场景”页面。点击图中左右指示箭头，跳转至相应模块的场景页面。

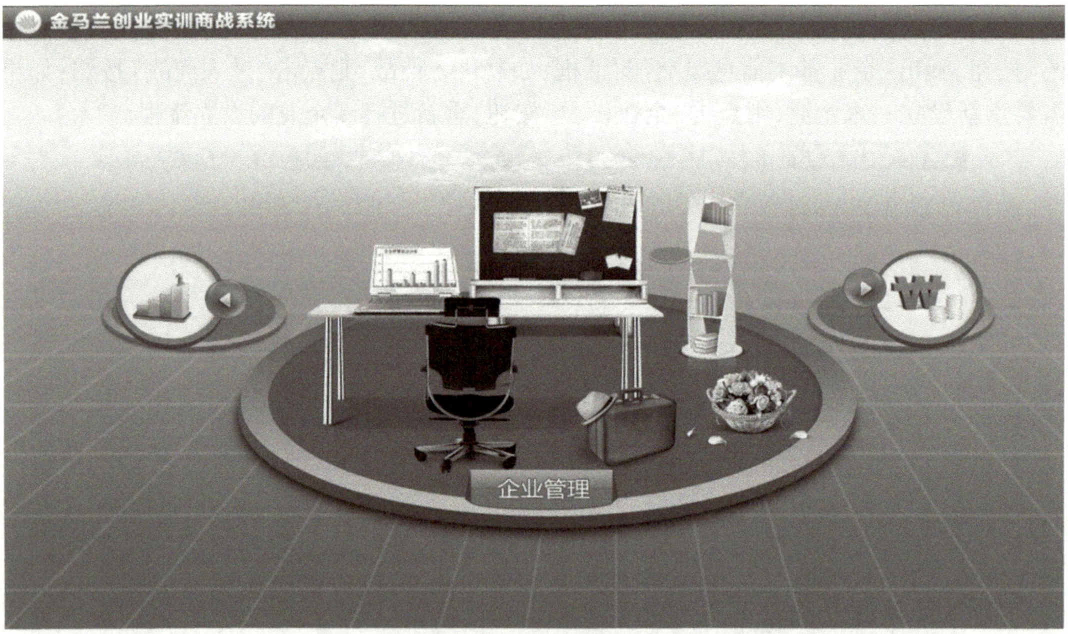

图 3-2-10

图 3-2-11 为“企业经营”页面，点击“企业经营”按钮，跳转至“企业经营场景”页面。

图 3-2-11

图 3-2-12 为“我的企业”页面，点击“我的企业”按钮，跳转至“我的企业场景”页面。

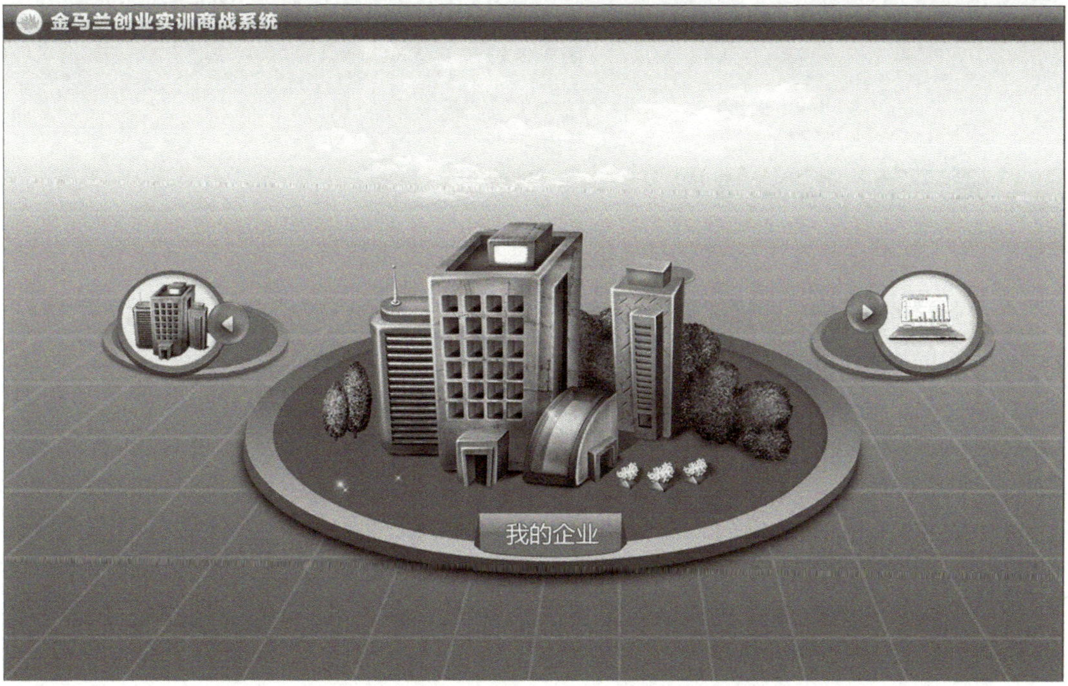

图 3-2-12

图 3-2-13 为“企业排名”页面，点击“企业排名”按钮，跳转至“企业排名场景”页面。

图 3-2-13

第三节　企业管理

“企业管理”模块功能框架如图 3-3-1 所示，涵盖“人力资源管理”“贷款管理”“行政管理”三个模块。

“人力资源管理”模块：可以有计划地对人力资源进行合理配置，通过开展员工招聘、培训、激励、调整等，可以调动员工的积极性，发挥员工的潜能，为企业创造价值，确保企业战略目标的实现。

“贷款管理”模块：可以为企业提供贷款服务。在商战运营中，如果学员存在资金短缺的情况，可以通过付息贷款来解决问题，并充分体会到现金流在企业运营中的作用。

“行政管理”模块：能够帮助办公工作实现程序化、制度化，提高办公效率，保障和促进企业战略目标的实现及各项业务的发展。

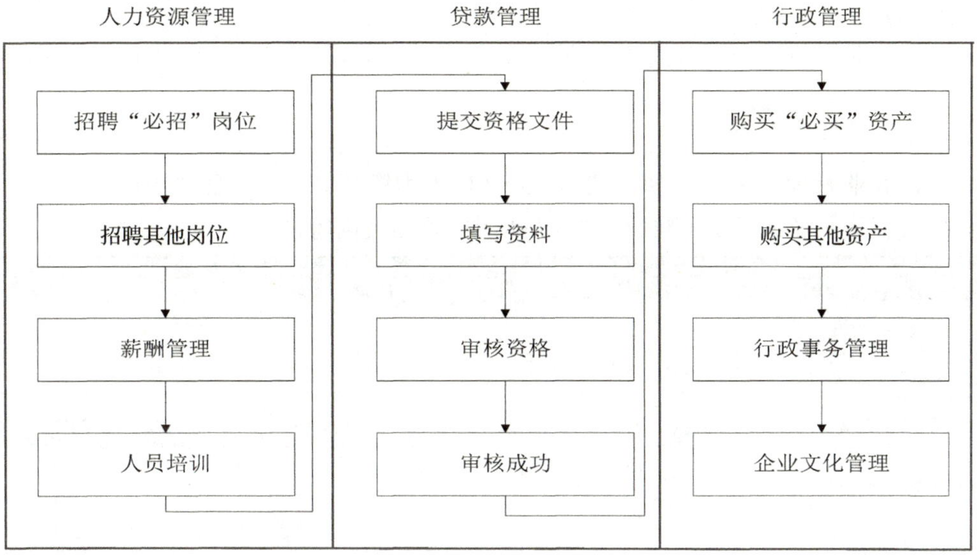

图 3-3-1

如图 3-3-2 所示，“企业管理”场景页面左上角为企业信息栏，主要包括企业名称、可用资金、虚拟时间（虚拟时间与现实时间的关系由实训师后台设置）、商战状态及当前排名的相关信息；在页面右上角可点击相关按钮，直接进入相关模块；点击三个模块的浮动框，相应子模块会自动显现。

图 3-3-2

点击“企业管理”页面下方的“互动”（图 3-3-2），可与所在班级其他学员在线实时交流。在商战进行时，系统会定期发布市场动态时间，其也是通过互动模块展示给市场中的模拟企业的。

点击“企业管理”页面下方的“帮助”（图3-3-2），可查看“企业管理”模块的帮助信息。

一、人力资源管理

点击“企业管理”→“人力资源管理”，弹出“人力资源管理”页面，如图3-3-3所示，该子模块包括“人员招聘”“薪酬管理”“人员培训”等相关内容。

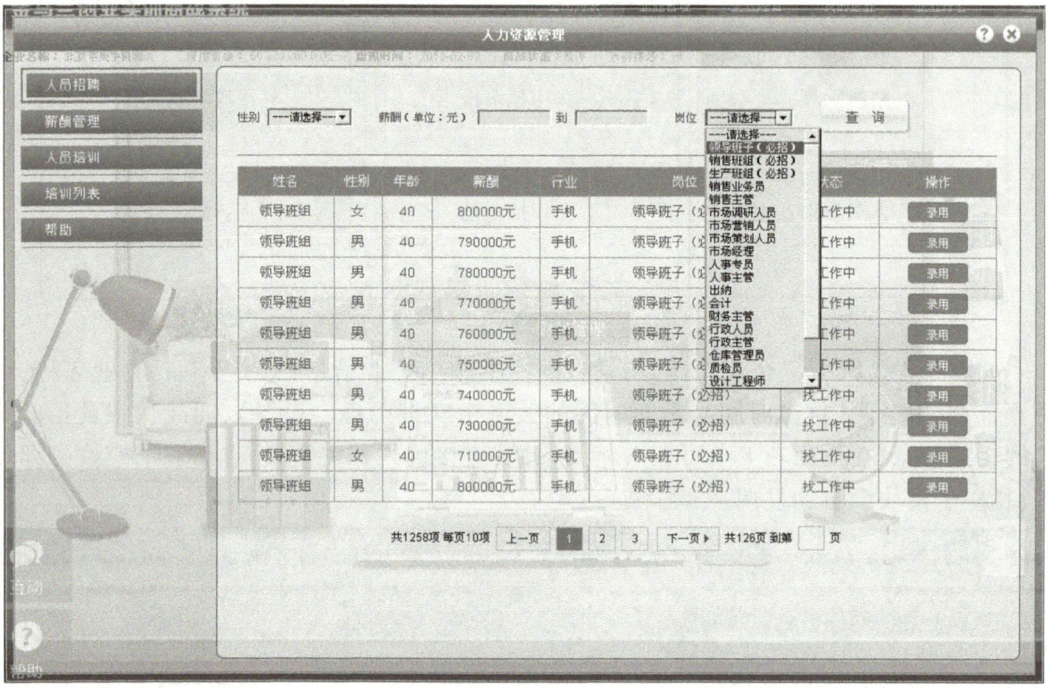

图3-3-3

点击左侧目录“人员招聘”，可查看备选员工招聘列表，每个商战行业都会有“必招”的岗位，通过岗位下拉框选择“必招”的岗位，点击“查询”按钮，可查看必招岗位的员工列表，点击“录用”按钮，弹出“人员招聘”对话框，如图3-3-4所示。

图3-3-4

点击“确定”按钮，则完成员工招聘。一般设置为“必招”岗位的都是以组的形式出现的员工群体，学员还可以同样的操作流程招聘具体的岗位员工。一旦员工群体或员工招聘到岗，每个月的月底系统会自动扣除相应薪资数，并且企业会自动获取招聘员工的影响力，具体影响力数值可通过购买经营锦囊获取。

如图3-3-5所示，点击左侧目录“薪酬管理”，可查看员工薪酬列表，点击“操作”下的

“修改”按钮,可弹出薪资调整框。

图 3-3-5

在薪酬调整框中,可调整招聘到岗员工的基本工资、岗位工资、绩效工资及补贴福利等信息,点击“保存”按钮,即可完成修改(图 3-3-6)。对员工薪酬的调整,也会有一定影响力,具体影响力数值可通过购买经营锦囊获取。

图 3-3-6

如图 3-3-7 所示,点击左侧目录“人员培训”,可通过培训主题的下拉框查看培训主题及培训目标,可勾选参训人员,选择企业需要完成的培训。不同的培训具有不同的影响力,具体影响力数值可通过购买经营锦囊获取。

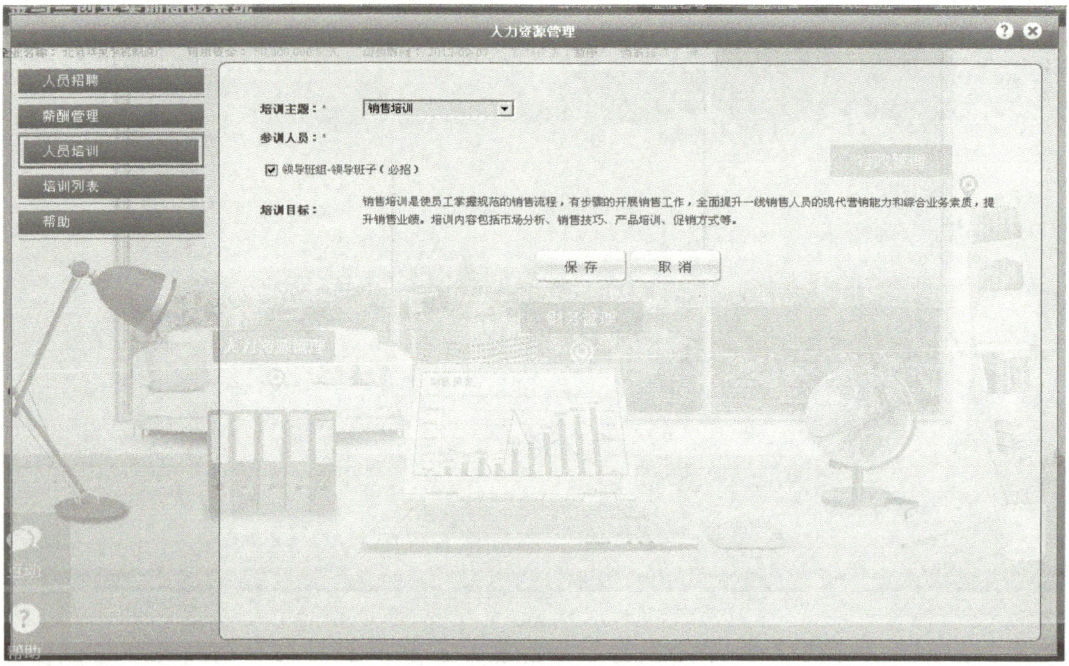

图 3-3-7

如图 3-3-8 所示,点击左侧目录“培训列表”,单击“操作”下的“删除”按钮,可删除某培训。一旦某培训被删除后,此培训对应的影响力不再起作用。

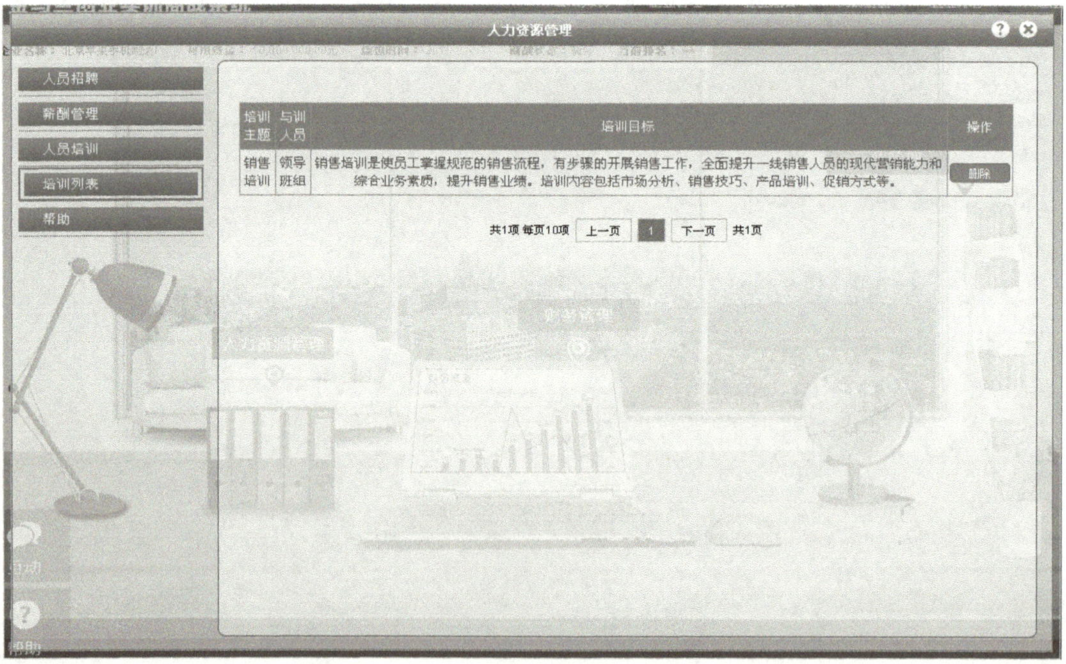

图 3-3-8

如图 3-3-9 所示，点击左侧目录“帮助”，可查看人力资源管理模块的帮助信息。点击“人力资源管理”弹出框右上角的“？”，也可查看对应的帮助信息。

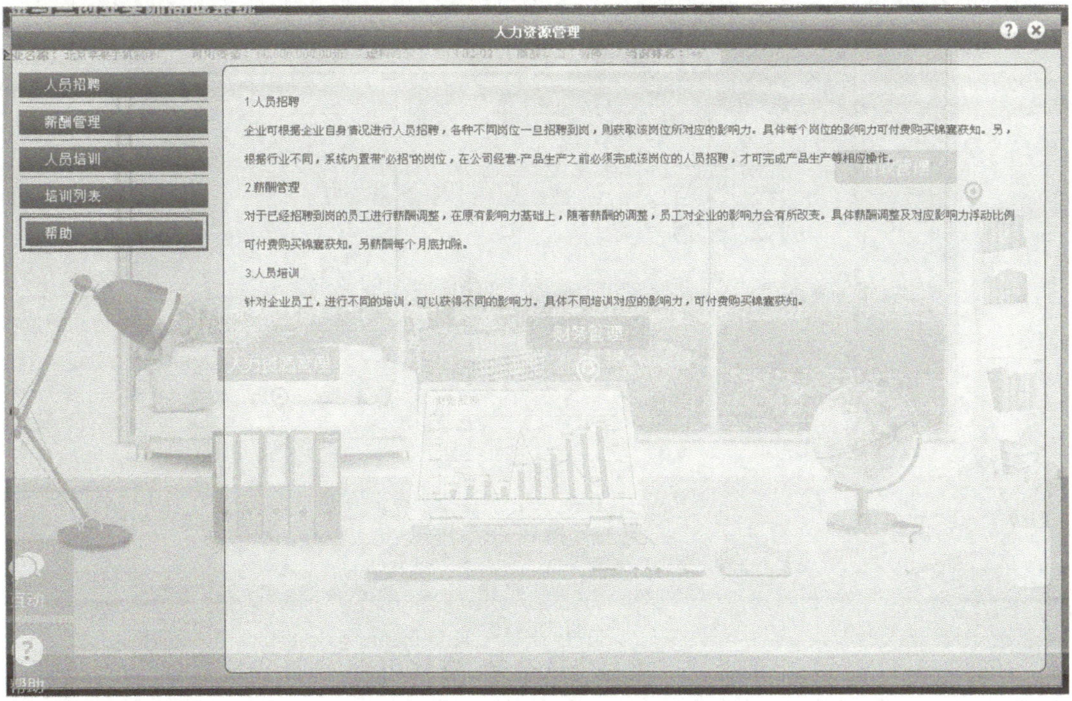
人力资源管理
人员招聘
薪酬管理
人员培训
培训列表
帮助
1.人员招聘
企业可根据企业自身情况进行人员招聘，各种不同岗位一旦招聘到岗，则获取该岗位所对应的影响力。具体每个岗位的影响力可付费购买锦囊获知。另，根据行业不同，系统内置带"必招"的岗位，在公司经营-产品生产之前必须完成该岗位的人员招聘，才可完成产品生产等相应操作。
2.薪酬管理
对于已经招聘到岗的员工进行薪酬调整，在原有影响力基础上，随着薪酬的调整，员工对企业的影响力会有所改变。具体薪酬调整及对应影响力浮动比例可付费购买锦囊获知。另薪酬每个月底扣除。
3.人员培训
针对企业员工，进行不同的培训，可以获得不同的影响力。具体不同培训对应的影响力，可付费购买锦囊获知。
帮助

图 3-3-9

二、贷款管理

点击“企业管理”→“贷款管理”，弹出“贷款管理”页面，如图 3-3-10 所示，该模块主要完成企业贷款事宜。首先选择需要提交的资格文件“组织机构代码证”“税务登记证”“营业执照”，点击“下一步”按钮，进入“填写资料”页面。

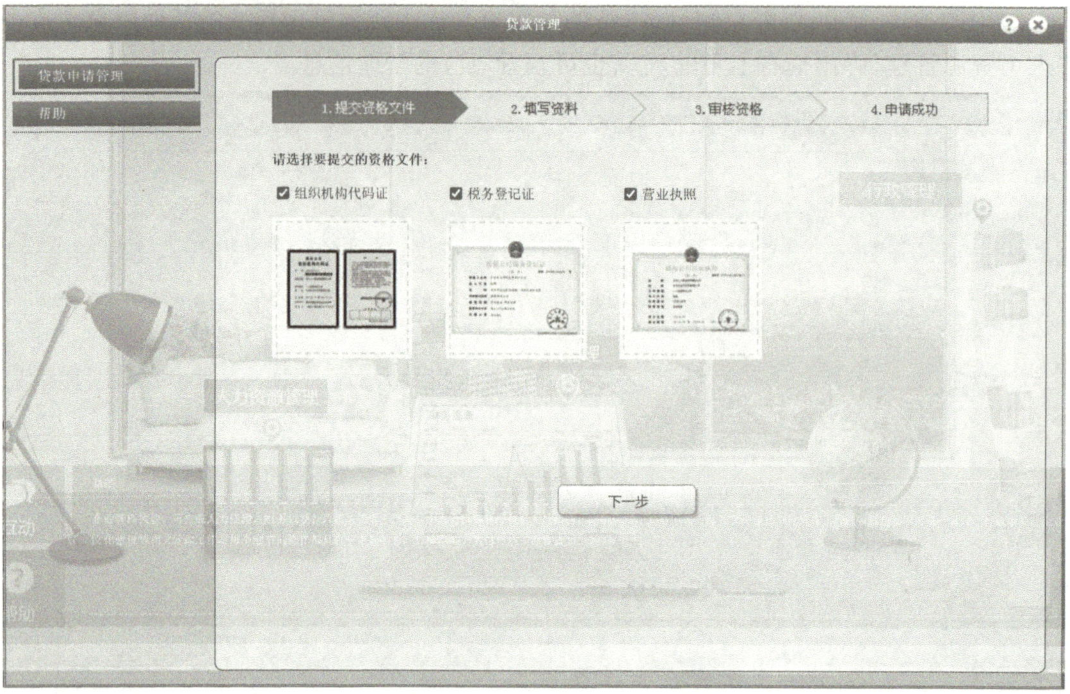

图 3-3-10

如图 3-3-11 所示，申请贷款需填写贷款金额、贷款用途，选择贷款期限，填写抵押物描述、抵押物金额等信息，其中抵押物金额必须大于贷款金额的 1.5 倍，才可以点击“下一步”按钮，进入审核资格流程。

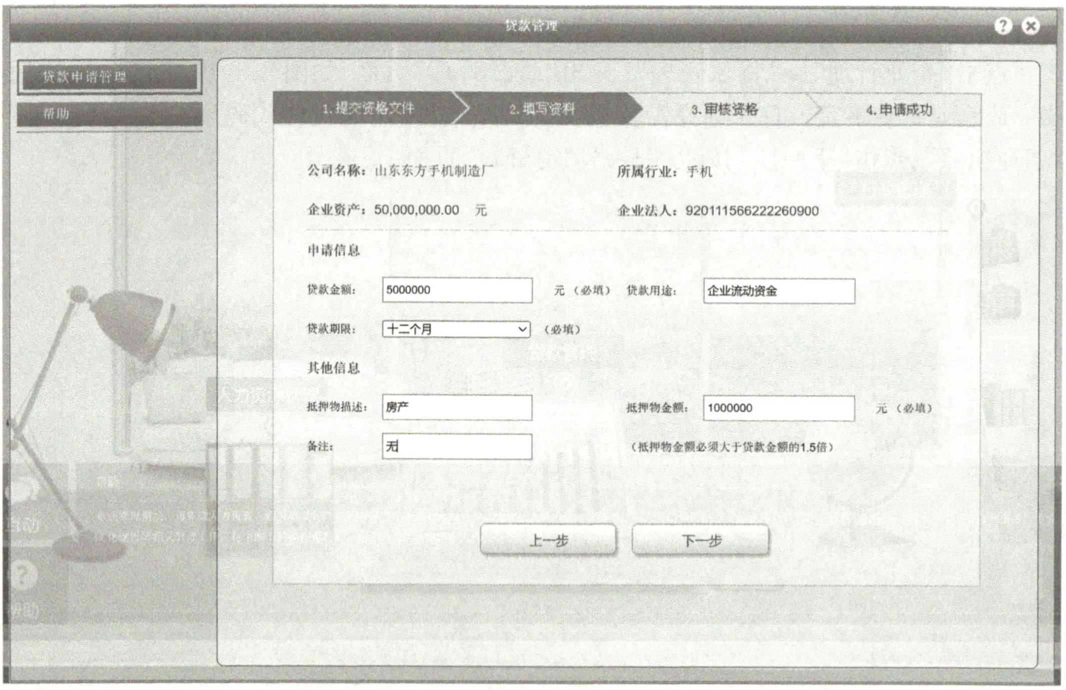

图 3-3-11

如图 3-3-12 所示,当“贷款申请等待”进度条达到“300%”时,会自动跳转至申请成功页面。

图 3-3-12

贷款申请成功后,可点击“查看贷款信息”按钮,查看贷款相关信息表(图 3-3-13)。

图 3-3-13

贷款信息如图 3-3-14 所示,系统默认贷款利率为月利息千分之六。根据企业贷款申请时选择的贷款期限，每个月月底系统会自动扣除当月贷款本金及利息。

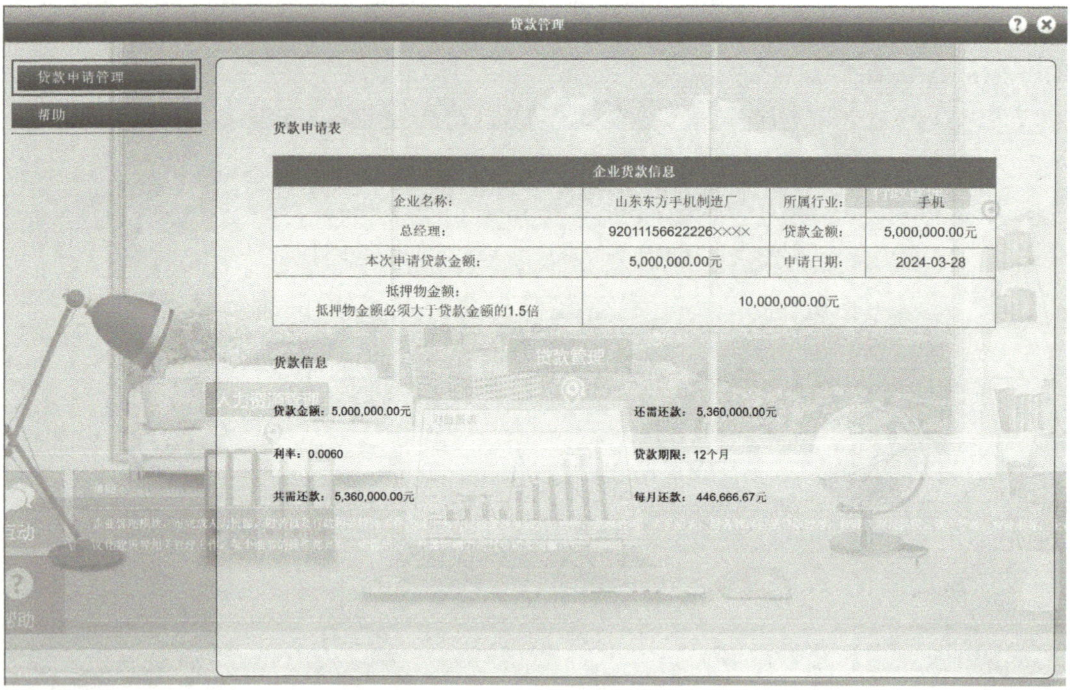

图 3-3-14

点击左侧目录“帮助”（图 3-3-15），可查看“贷款管理”模块的帮助信息。点击“贷款管理”弹出框右上角的“?”，也可查看对应的帮助信息。

图 3-3-15

三、行政管理

点击“企业管理”→“行政管理”，弹出“行政管理”页面，该模块主要完成固定资产采购、行政事务及企业文化管理工作。

如图 3-3-16 所示，点击左侧目录“固定资产采购”，可查看固定资产列表，针对每个行业，都会有“必买”的固定资产，企业需根据自身情况，采购必买的固定资产，当然也可根据具体需要购买其他类别的固定资产，点击资产列表中的“＋”或“－”，可选择固定资产数量，确定数量后，点击“加入购物车”按钮，可跳转至购物车页面。

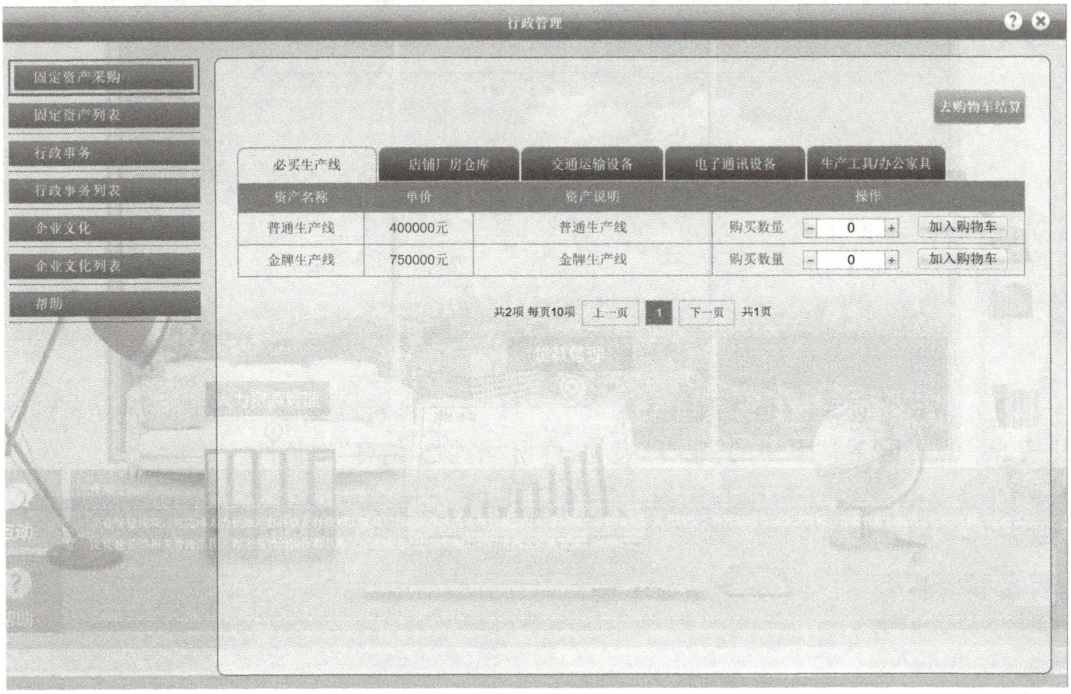

图 3-3-16

如图 3-3-17 所示，点击“确定”按钮后，将待购固定资产放入购物车后，点击“继续采购”按钮，返回固定资产列表继续采购；也可点击“去购物车结算”按钮，对采购的固定资产进行结算。

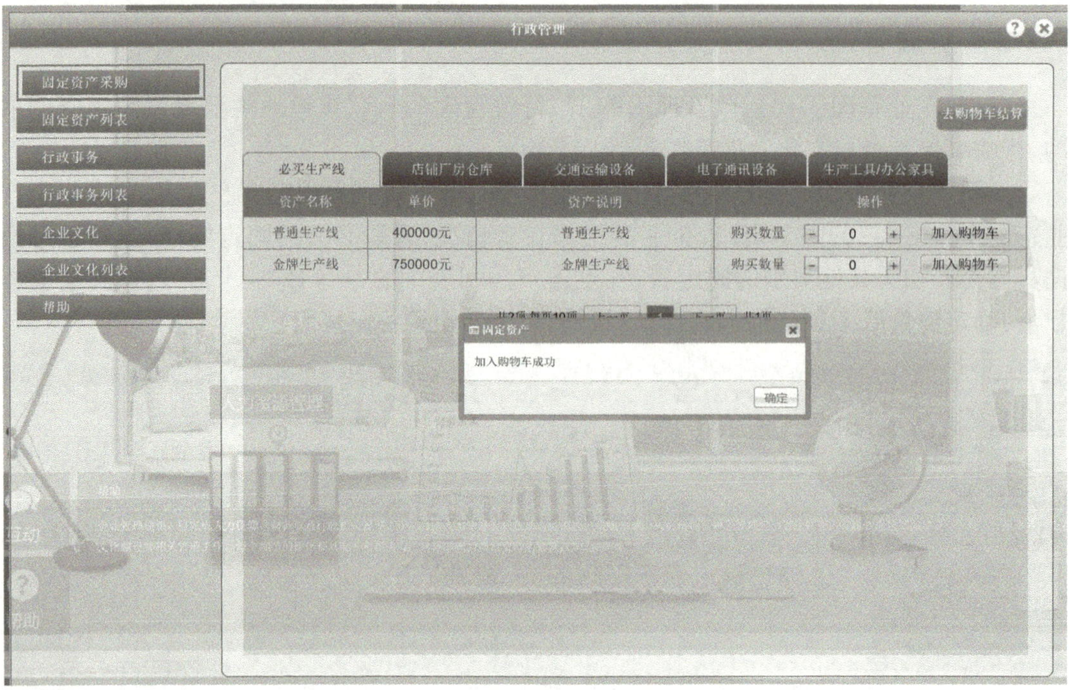

图 3-3-17

进入结算页面后，勾选需要结算的资产信息，可全选/单个删除/批量删除待结算的固定资产。点击图 3-3-18 中的“结算”按钮，弹出“购物车结算”对话框。

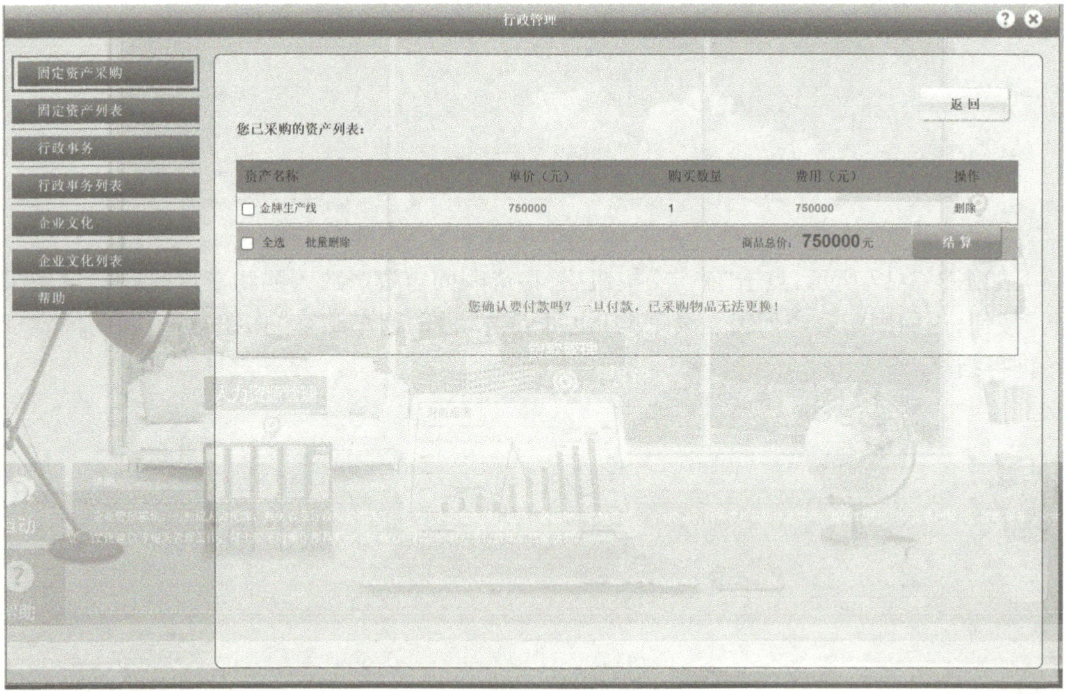

图 3-3-18

如图 3-3-19 所示，点击“确定”按钮，系统会自动扣除相应费用，并播放固定资产采购的 Flash 动画。如点击“取消”按钮,则取消支付操作,系统不会扣除固定资产采购所需费用。

图 3-3-19

固定资产采购 Flash 图如图 3-3-20 所示。

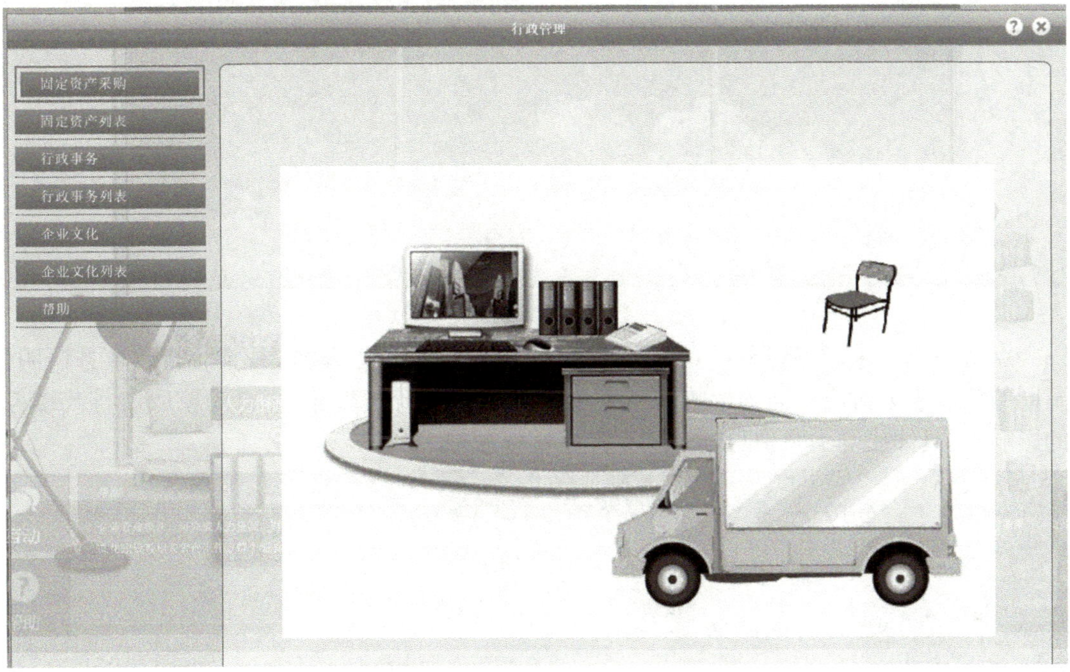

图 3-3-20

Flash 播放完毕,自动跳转至“固定资产列表”框,如图 3-3-21 所示。企业一旦完成固定资产购买,会自动获取该固定资产的影响力,具体影响力数值可通过购买经营锦囊获取。

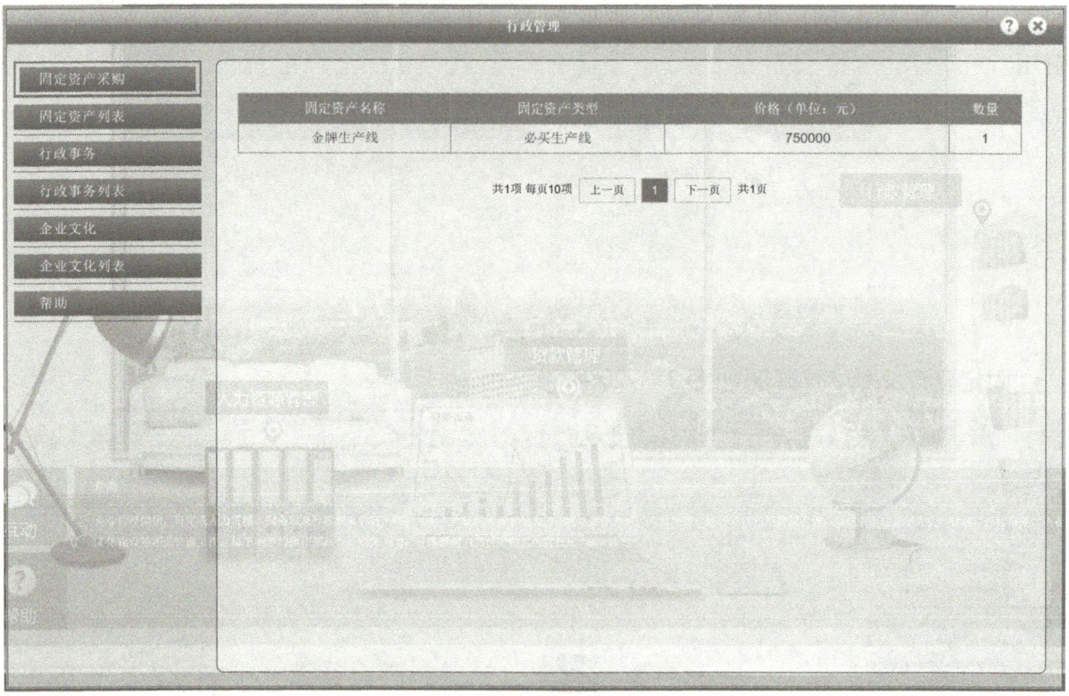

图 3-3-21

点击左侧目录“行政事务”（图 3-3-22），可下拉选择行政事务，并查看行政事务说明，不同的行政事务对应不同的影响力。企业一旦选定某行政事务，会自动获取该行政事务的影响力，具体影响力数值可通过购买经营锦囊获取。

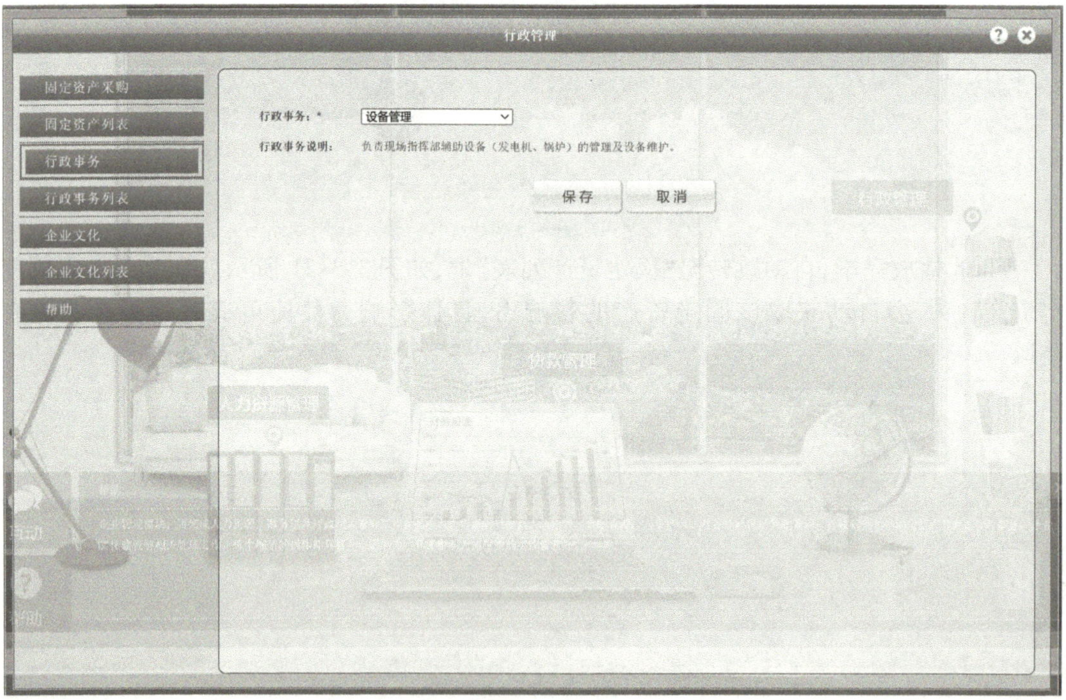

图 3-3-22

点击左侧目录“行政事务列表”(图 3-3-23),可查看选定的行政事务。选择某一项行政事务,点击“删除”按钮,可删除该项行政事务,行政事务一旦被删除,则该项对应的影响力不再生效。

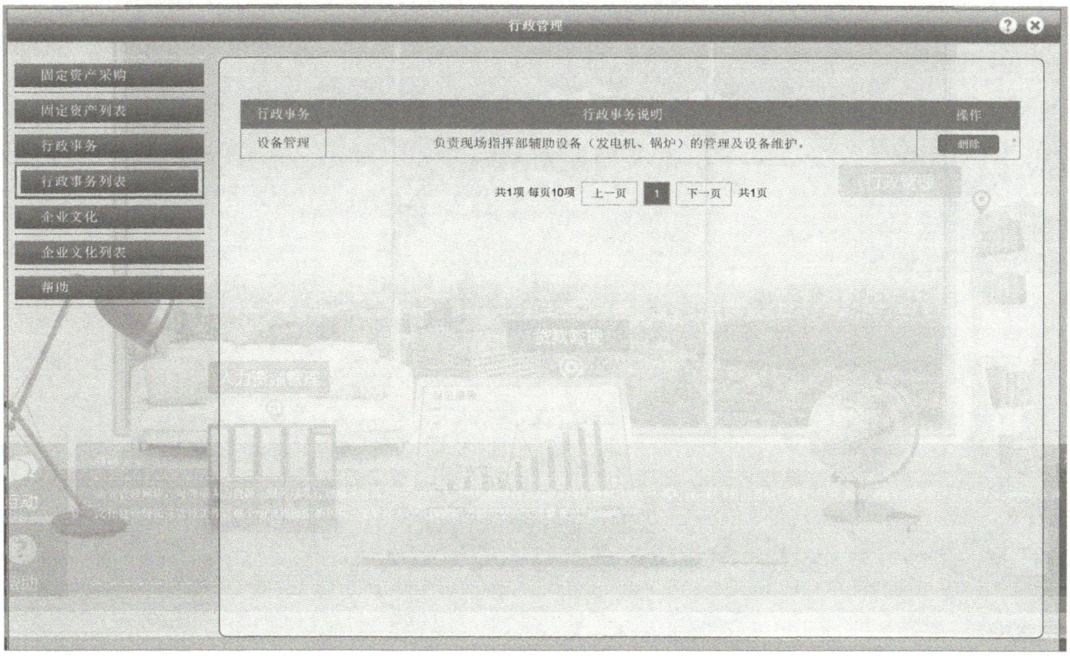

图 3-3-23

点击左侧目录“企业文化”(图 3-3-24),可下拉选择“文化传统”,并查看企业文化说明。不同的企业文化对应不同的影响力,一旦选定某企业文化,会自动获取该企业文化的影响力,具体影响力数值可通过购买经营锦囊获取。

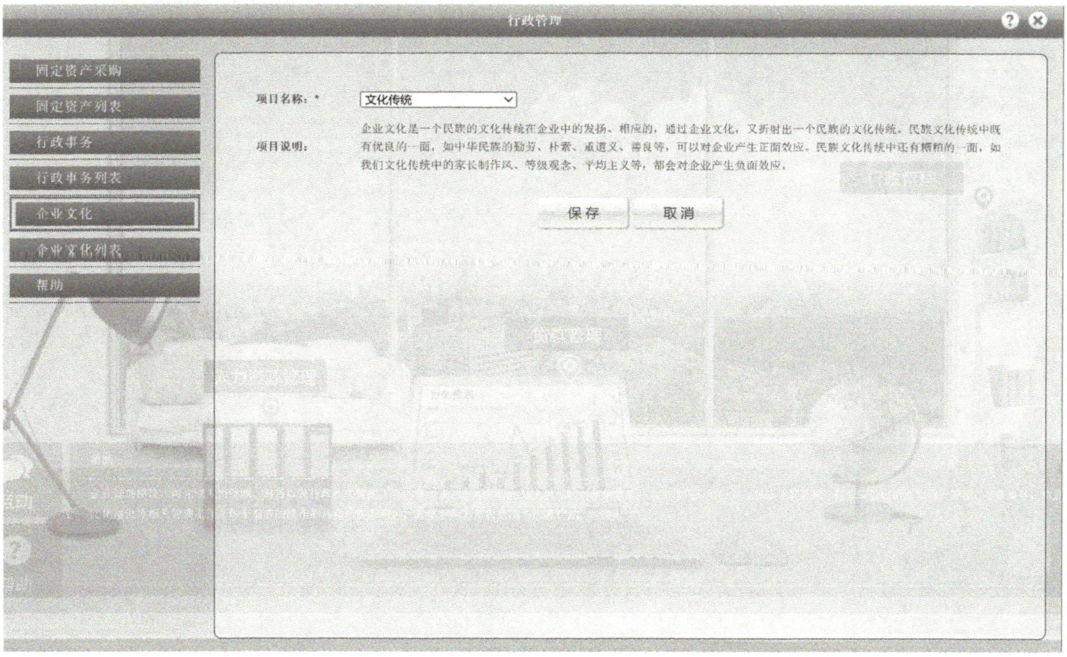

图 3-3-24

点击左侧目录“企业文化列表”（图3-3-25），可查看选定的企业文化。若要删除某一企业文化，点击“删除”按钮即可。企业文化一旦被删除，则该项对应的影响力不再生效。

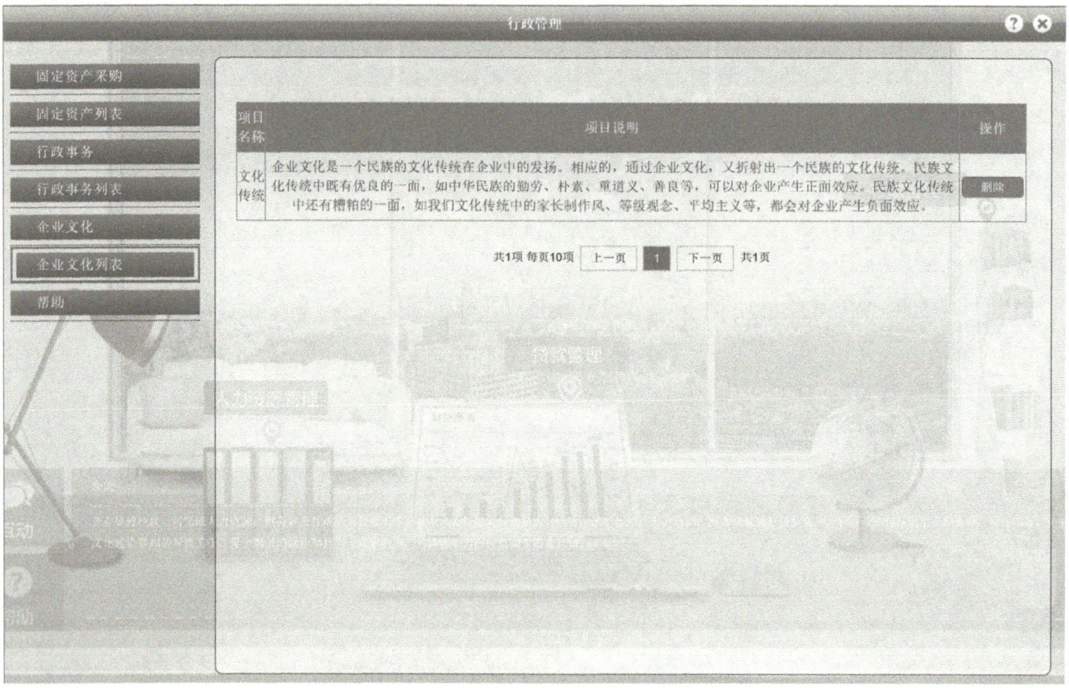
行政管理
固定资产采购
固定资产列表
行政事务
行政事务列表
企业文化
企业文化列表
帮助
项目名称
项目说明
操作
文化传统
企业文化是一个民族的文化传统在企业中的发扬。相应的，通过企业文化，又折射出一个民族的文化传统。民族文化传统中既有优良的一面，如中华民族的勤劳、朴素、重道义、善良等，可以对企业产生正面效应。民族文化传统中还有糟粕的一面，如我们文化传统中的家长制作风、等级观念、平均主义等，都会对企业产生负面效应。
删除
共1项 每页10项
上一页
1
下一页
共1页

图 3-3-25

点击左侧目录“帮助”（图3-3-26），可查看“行政管理”模块的帮助信息。点击“行政管理”弹出框右上角的“?”，也可查看对应的帮助信息。

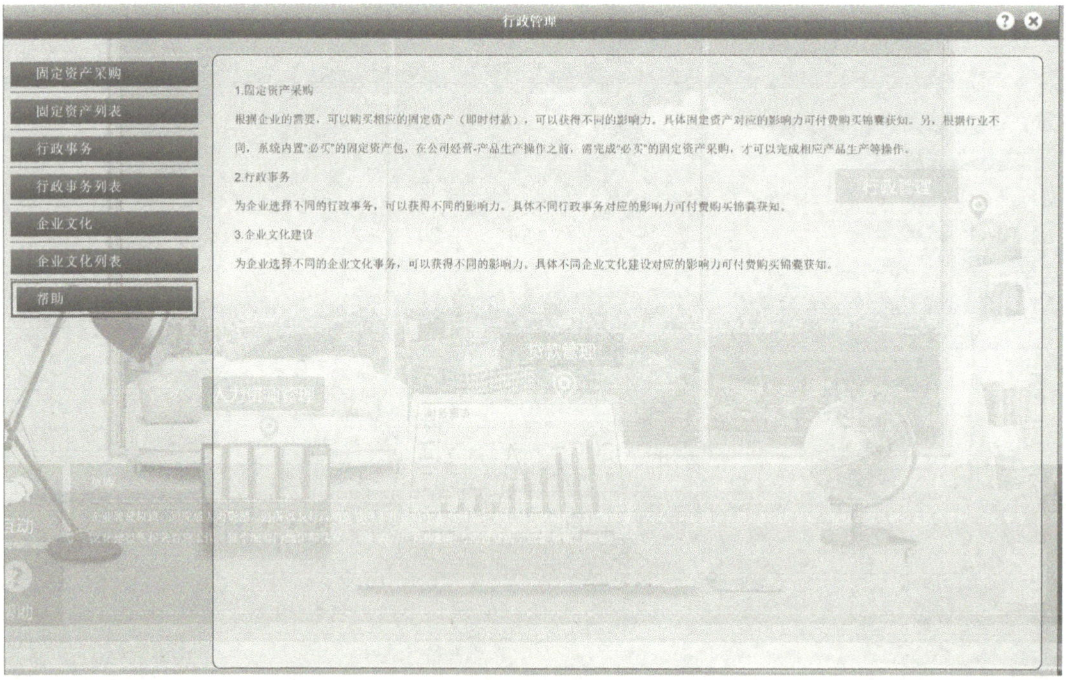
行政管理
固定资产采购
固定资产列表
行政事务
行政事务列表
企业文化
企业文化列表
帮助
1.固定资产采购
根据企业的需要，可以购买相应的固定资产（即时付款），可以获得不同的影响力。具体固定资产对应的影响力可付费购买锦囊获知。另，根据行业不同，系统内置"必买"的固定资产包，在公司经营-产品生产操作之前，需完成"必买"的固定资产采购，才可以完成相应产品生产等操作。
2.行政事务
为企业选择不同的行政事务，可以获得不同的影响力。具体不同行政事务对应的影响力可付费购买锦囊获知。
3.企业文化建设
为企业选择不同的企业文化事务，可以获得不同的影响力。具体不同企业文化建设对应的影响力可付费购买锦囊获知。

图 3-3-26

第四节 企业经营

“企业经营”场景页面涵盖“市调中心”“产品中心”“营销中心”三个模块。

“市调中心”模块:可为企业提供虚拟市场的需求信息、竞争对手情况及经营锦囊,主要包括市场需求量、需求人群的特点、竞争对手的产品销售情况、各模块影响力分配等信息。

“产品中心”模块:企业根据市场需求信息,有计划、有针对性地设计企业旗下产品,并完成产品的研发、生产、包装、入库等操作,实现产品的全流程管理。

“营销中心”模块:企业可完成产品的定价、上下架操作,并根据行业特点,针对企业旗下产品进行渠道、促销、广告、服务等营销策略的制定。

企业经营模块功能框架图如图 3-4-1 所示。

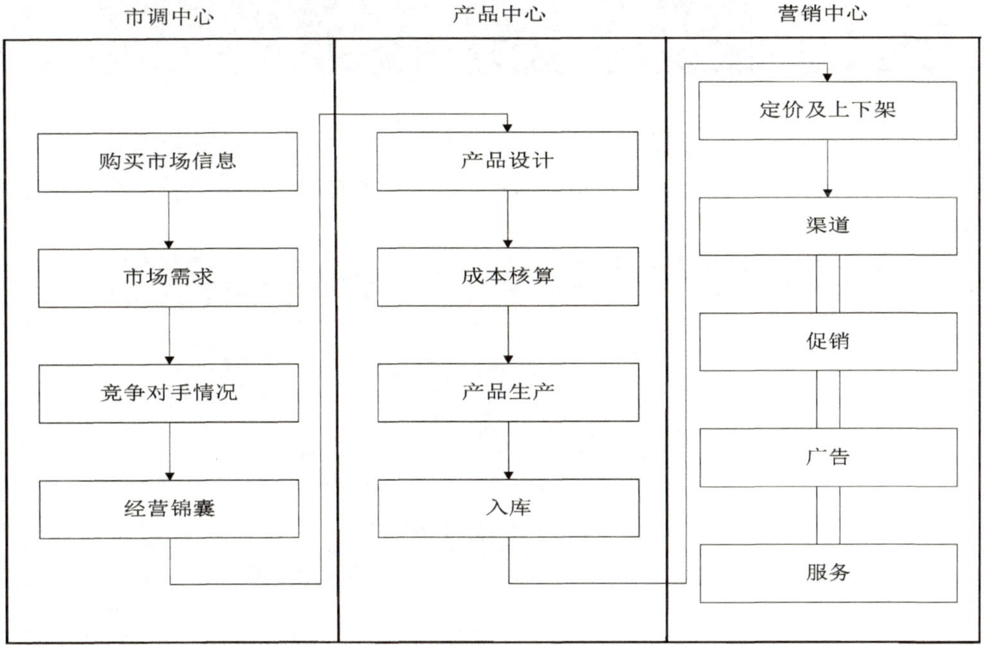

图 3-4-1

如图 3-4-2 所示,“企业经营”页面左上角为企业信息栏,主要包括:企业名称、可用资金、虚拟时间(虚拟时间与现实时间的关系由实训师后台设置)、商战状态及当前排名的相关信息;在页面右上角,点击有关按钮,可直接进入相关模块;点击三个模块的浮动框,相应子模块会自动显现。

图 3-4-2

如图 3-4-3 所示，点击“企业经营”页面下方的“互动”，可与所在班级其他学员在线实时交流。在商战进行中，系统会定期发布市场动态，它是通过互动模块展示给市场中的模拟企业的。

图 3-4-3

如图 3-4-4 所示，点击“企业经营”页面的“帮助”，可查看企业经营模块的帮助信息。

图 3-4-4

一、市调中心

点击“企业经营”→“市调中心”，弹出“市调中心”页面，该页面块包括“市场需求”“竞争对手情况”“经营锦囊”等相关内容。首次点击此模块，会弹出如图 3-4-5 所示的提示信息，即如需查看“市调中心”的市场需求及竞争对手信息，需付出初始资金 2% 的费用，企业可以根据自身情况自行选择是否付费并查看。

图 3-4-5

点击“确定”按钮，弹出确认购买对话框，如图 3-4-6 所示，则完成市场信息购买，系统会自动扣除相应费用，在商战过程中可以自由查看市场信息及竞争对手的情况；如点击“取消”按钮，则不购买市场信息，系统不会扣除费用。

图 3-4-6

购买市场信息后，可查看如图 3-4-7 所示的市场需求信息，针对不同的行业，系统内设不同的消费群体，不同的消费群体对于产品的需求各有不同，主要针对企业形象、产品属性、产品口碑、产品价格、销售途径、产品促销、企业荣誉等方面有不同比例的侧重和关注。企业需认真分析不同消费群体的具体需求情况。企业形象等属性涉及系统哪些模块，可通过购买经营锦囊获取。

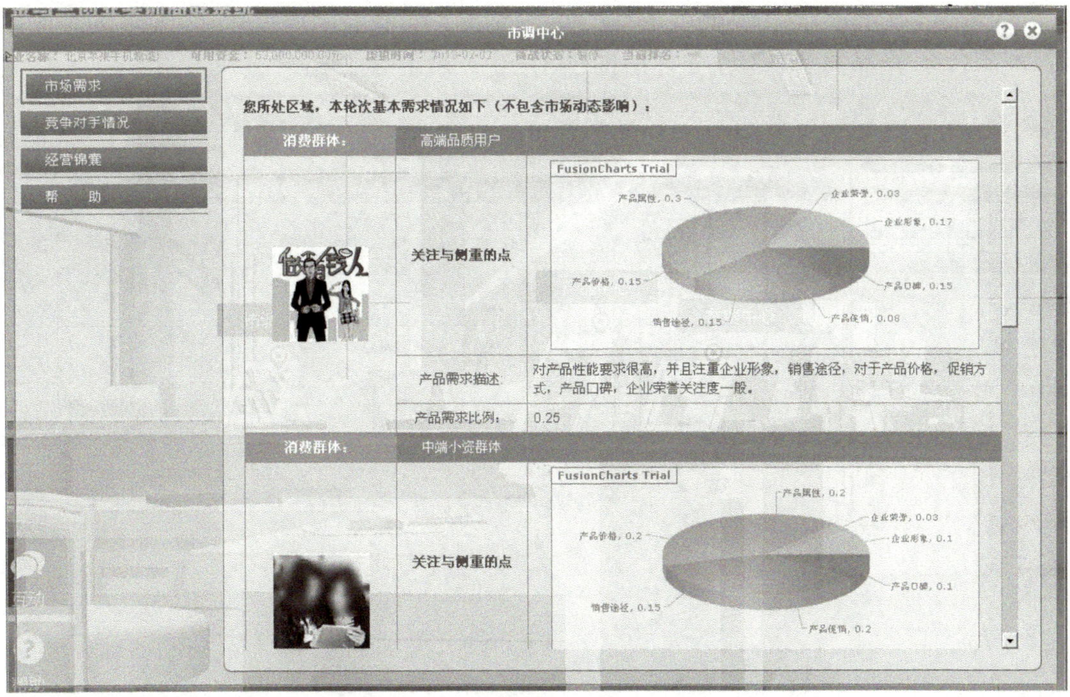

图 3-4-7

如图 3-4-8 所示，在“市场需求”子模块，除了可以查看不同消费群体的产品需求情况外，还可以查看购买力函数，即企业可查看虚拟市场中每天市场的产品需求量及产品需求的趋势。

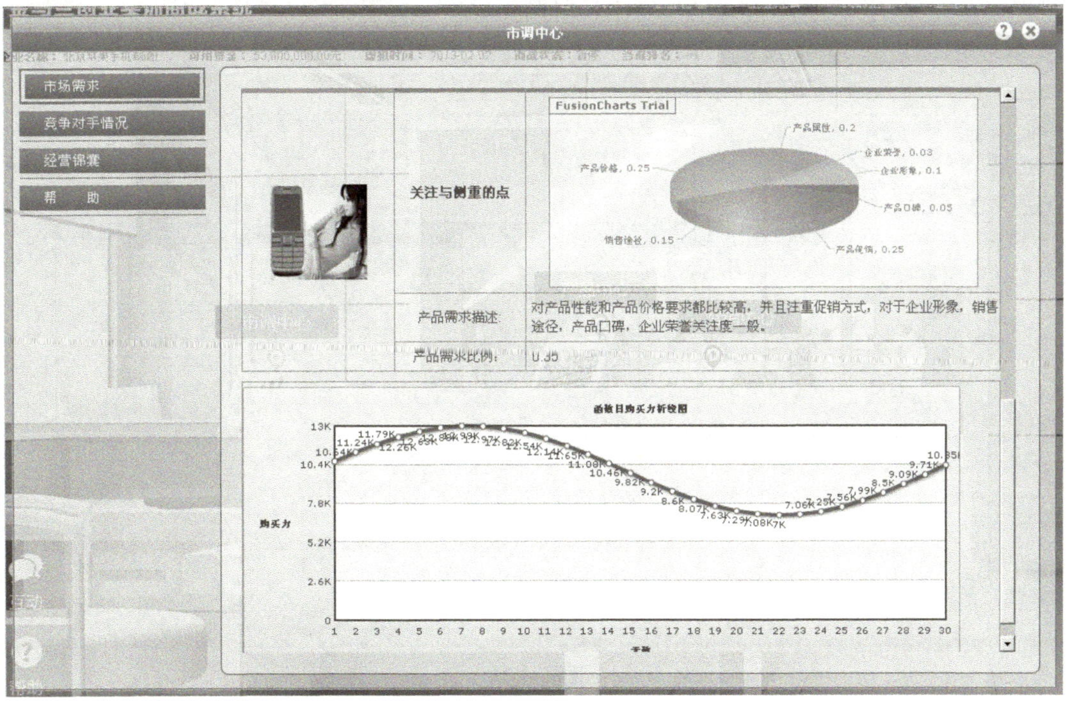

图 3-4-8

如图 3-4-9 所示，点击左侧目录“竞争对手情况”，可查看同班级所设立企业的企业名称、产品名称、产品类型、定价、累计销量、库存、生产总量等数据。

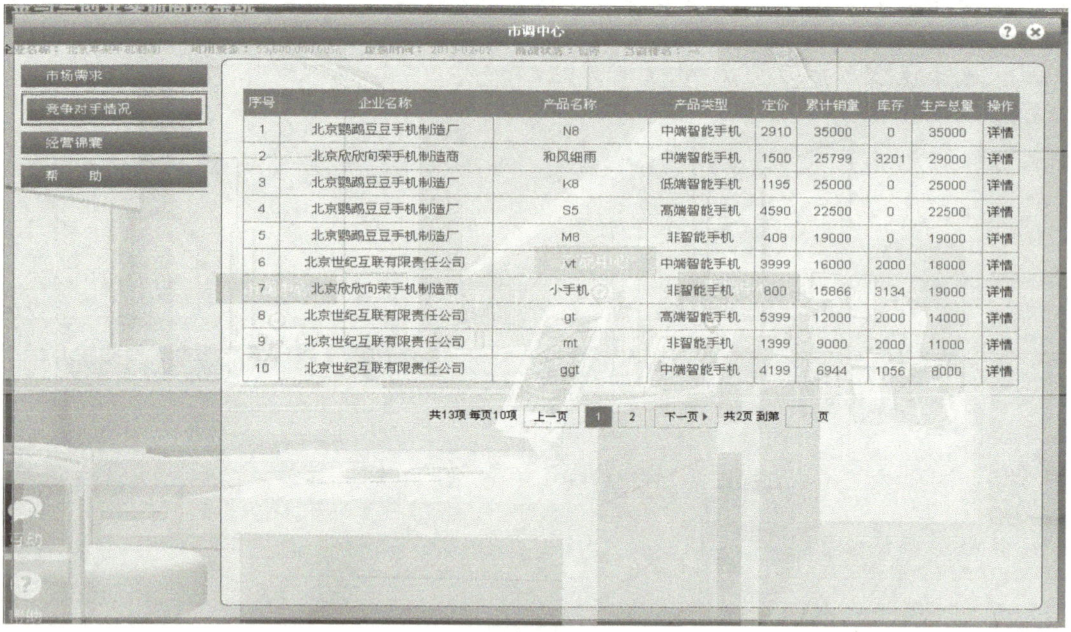

序号	企业名称	产品名称	产品类型	定价	累计销量	库存	生产总量	操作
1	北京鹦鹉豆豆手机制造厂	N8	中端智能手机	2910	35000	0	35000	详情
2	北京欣欣向荣手机制造商	和风细雨	中端智能手机	1500	25799	3201	29000	详情
3	北京鹦鹉豆豆手机制造厂	K8	低端智能手机	1195	25000	0	25000	详情
4	北京鹦鹉豆豆手机制造厂	S5	高端智能手机	4590	22500	0	22500	详情
5	北京鹦鹉豆豆手机制造厂	M8	非智能手机	408	19000	0	19000	详情
6	北京世纪互联有限责任公司	vt	中端智能手机	3999	16000	2000	18000	详情
7	北京欣欣向荣手机制造商	小手机	非智能手机	800	15866	3134	19000	详情
8	北京世纪互联有限责任公司	gt	高端智能手机	5399	12000	2000	14000	详情
9	北京世纪互联有限责任公司	mt	非智能手机	1399	9000	2000	11000	详情
10	北京世纪互联有限责任公司	ggt	中端智能手机	4199	6944	1056	8000	详情

图 3-4-9

点击图 3-4-9 中“操作”下的“详情”，可查看竞争对手某个具体产品每天的销售数量及销售额，如图 3-4-10 所示。企业可以根据商战情况，有针对性地关注和分析竞争对手的相关情况，并做出相应的产品或营销策略调整，以便在商战中占据优势地位。

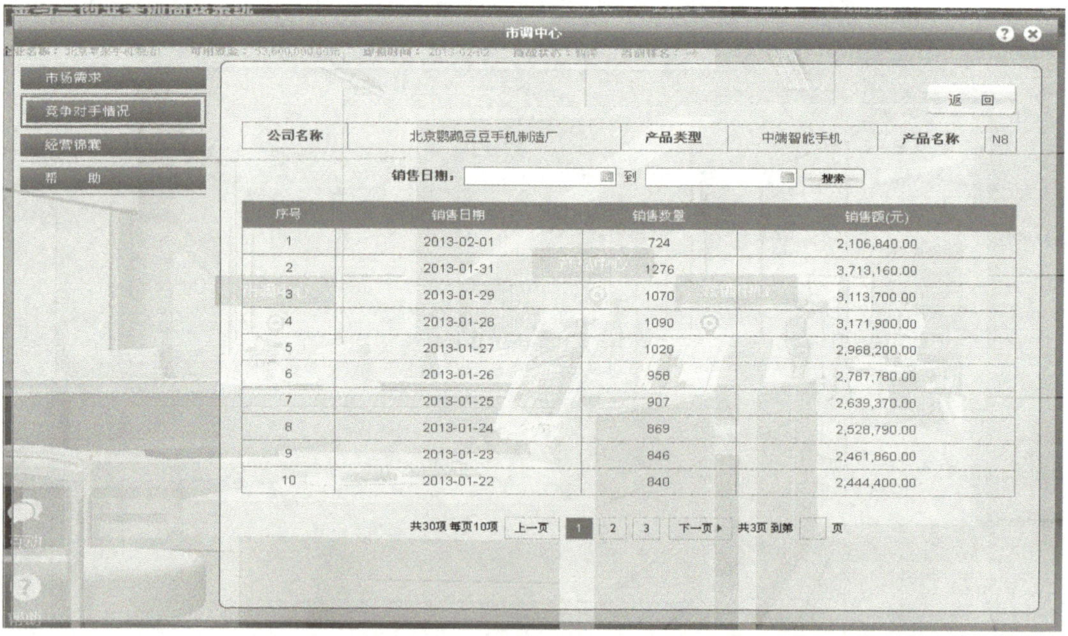

序号	销售日期	销售数量	销售额(元)
1	2013-02-01	724	2,106,840.00
2	2013-01-31	1276	3,713,160.00
3	2013-01-29	1070	3,113,700.00
4	2013-01-28	1090	3,171,900.00
5	2013-01-27	1020	2,968,200.00
6	2013-01-26	958	2,787,780.00
7	2013-01-25	907	2,639,370.00
8	2013-01-24	869	2,528,790.00
9	2013-01-23	846	2,461,860.00
10	2013-01-22	840	2,444,400.00

图 3-4-10

如图 3-4-11 所示，点击左侧目录“经营锦囊”，可查看商战过程中的经营策略。将鼠标移至某未购买的经营锦囊上，可查看锦囊详情，详情包括锦囊名称及购买该锦囊所需费用，企业可仔细研究锦囊名称，并根据企业需要判断是否需要购买此锦囊。经营锦囊数量较多，企业无需购买所有锦囊，按需购买即可。

图 3-4-11

点击图 3-4-11 中的“购买”按钮，则确认购买锦囊，系统会自动扣除相应费用。系统播放锦囊购买成功 Flash，如图 3-4-12 所示。

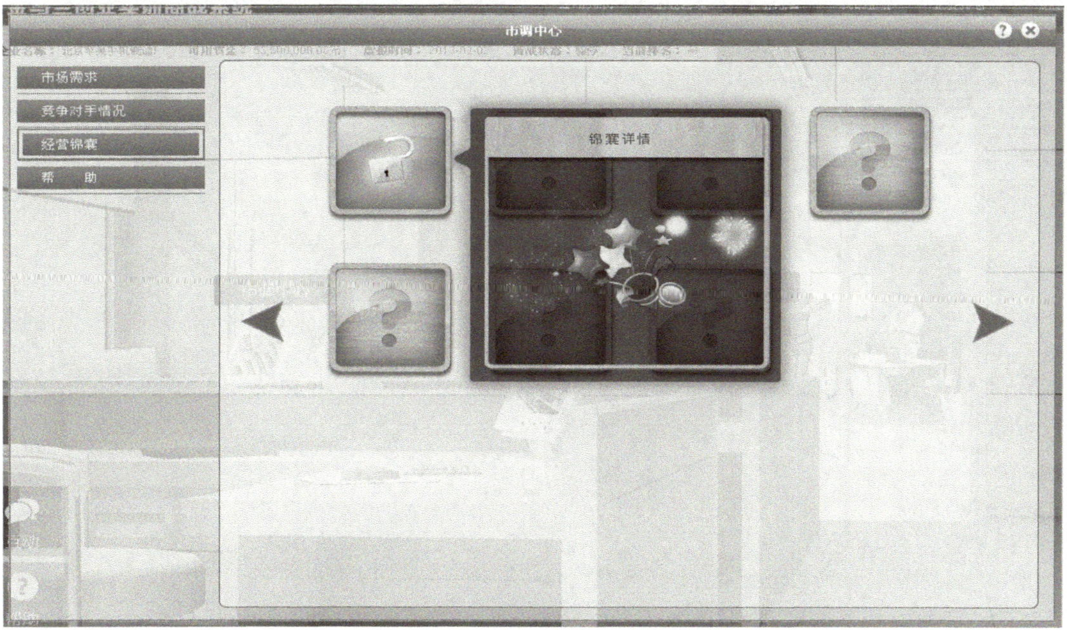

图 3-4-12

锦囊购买成功后，锦囊图标由“？”变为“解锁”状态，将鼠标移至某个已购买的锦囊图标上，可查看锦囊详情，信息包括锦囊名称及锦囊简介（图 3-4-13）。

市调中心
市场需求
竞争对手情况
经营锦囊
帮　助
锦囊详情
锦囊名称：企业形象包括哪些内容？
锦囊简介：企业形象包括：选择经营地址，公司名称，公司LOGO，人员招聘，薪酬管理，人员培训，固定资产采购，行政事务，企业文化建设。
取消

图 3-4-13

点击左侧目录“帮助”，可查看“市调中心”模块的帮助信息（图 3-4-14）。点击“市调中心”弹出框右上角的“？”，也可查看对应的帮助信息。

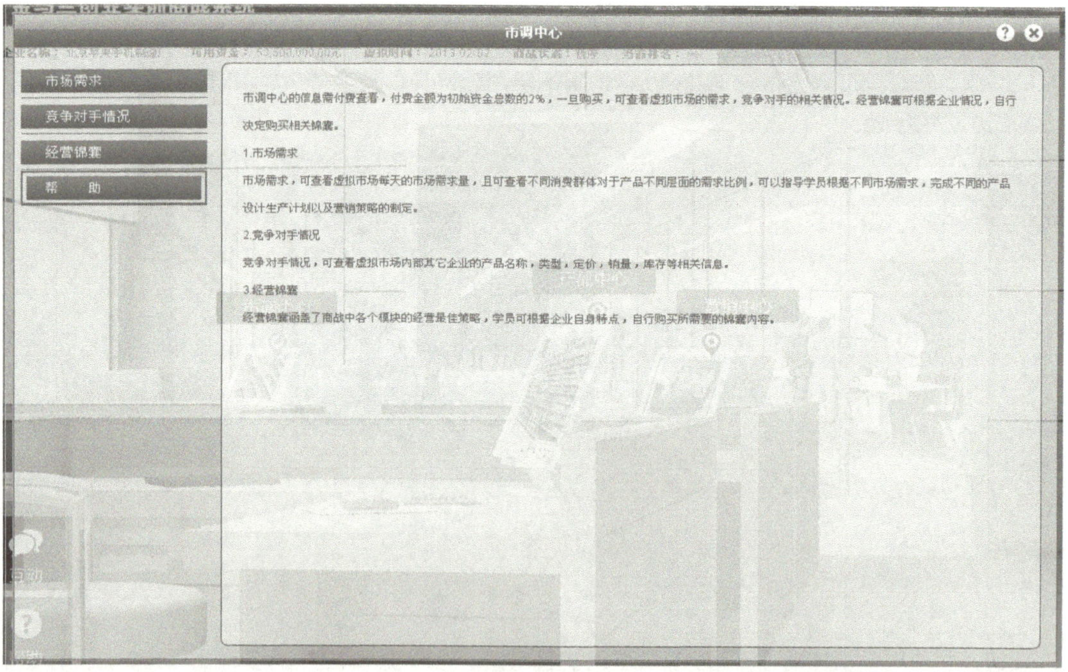
市调中心
市场需求
竞争对手情况
经营锦囊
帮　助
市调中心的信息需付费查看，付费金额为初始资金总数的2%，一旦购买，可查看虚拟市场的需求，竞争对手的相关情况。经营锦囊可根据企业情况，自行决定购买相关锦囊。
1.市场需求
市场需求，可查看虚拟市场每天的市场需求量，且可查看不同消费群体对于产品不同层面的需求比例，可以指导学员根据不同市场需求，完成不同的产品设计生产计划以及营销策略的制定。
2.竞争对手情况
竞争对手情况，可查看虚拟市场内部其它企业的产品名称，类型，定价，销量，库存等相关信息。
3.经营锦囊
经营锦囊涵盖了商战中各个模块的经营最佳策略，学员可根据企业自身特点，自行购买所需要的锦囊内容。

图 3-4-14

二、产品中心

点击“企业经营”→“产品中心”，弹出“产品中心”页面，该页面包括“产品设计”“产品列表”“产品库”等相关内容。点击左侧目录“产品设计”，可进行产品设计，通过下拉列表框选择行业分类及产品类型，选定某产品类型后，产品属性信息自动展现，如图 3-4-15 所示。

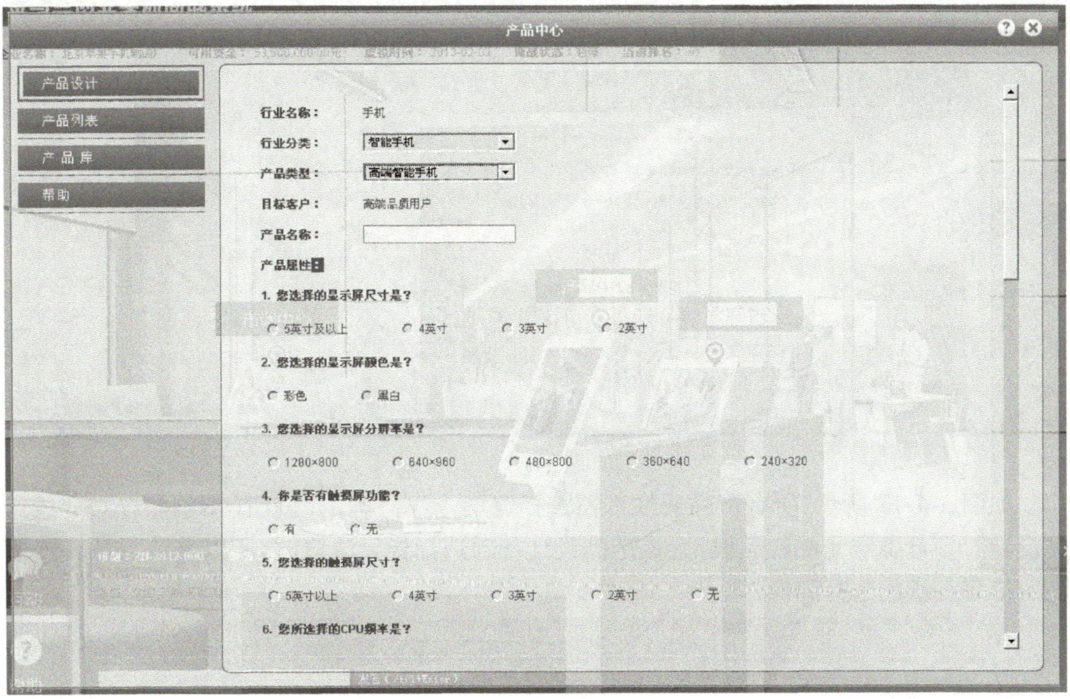

图 3-4-15

如图 3-4-16 所示，企业须根据需要，自定义产品名称，并认真选择每一项产品的属性，产品属性的选择须和所选产品类型相匹配。对于某种产品类型，每一个产品属性的选项都具备一定影响力，影响力有正有负，具体影响力数值可通过购买经营锦囊获取。

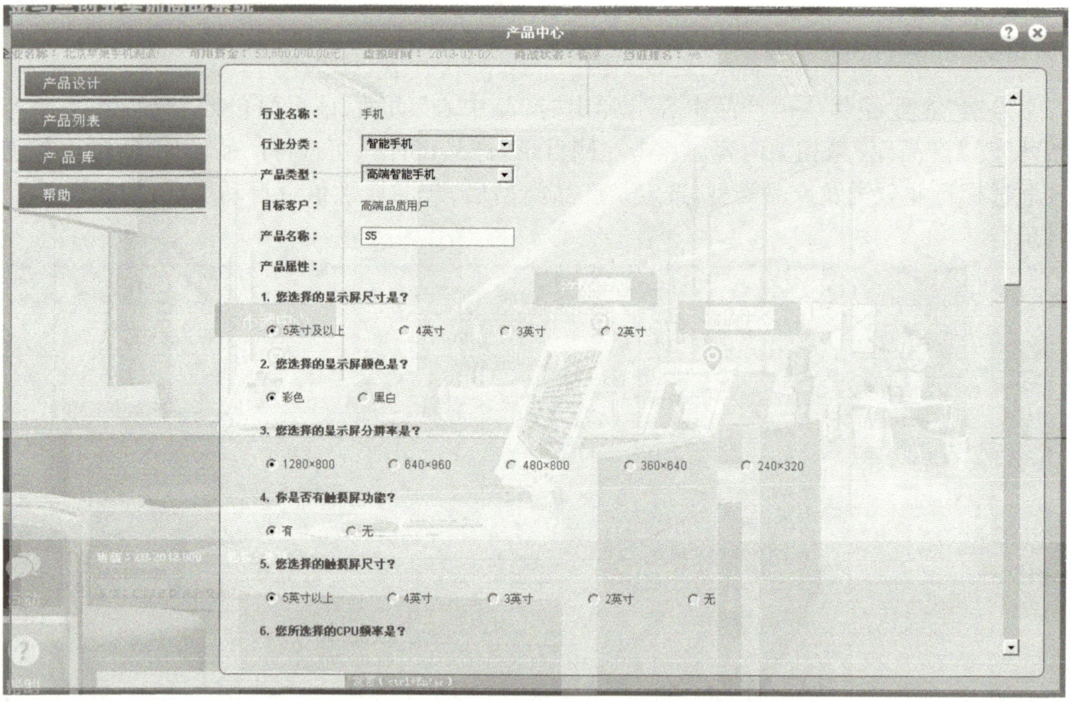

图 3-4-16

如图 3-4-17 所示，所有产品属性都需选择完毕，点击“确定”按钮（图 3-4-17），完成产品设计。一旦确定完成产品设计，该产品设计各项选择皆无法修改，所以企业需认真谨慎地对待每一步的选择和操作。

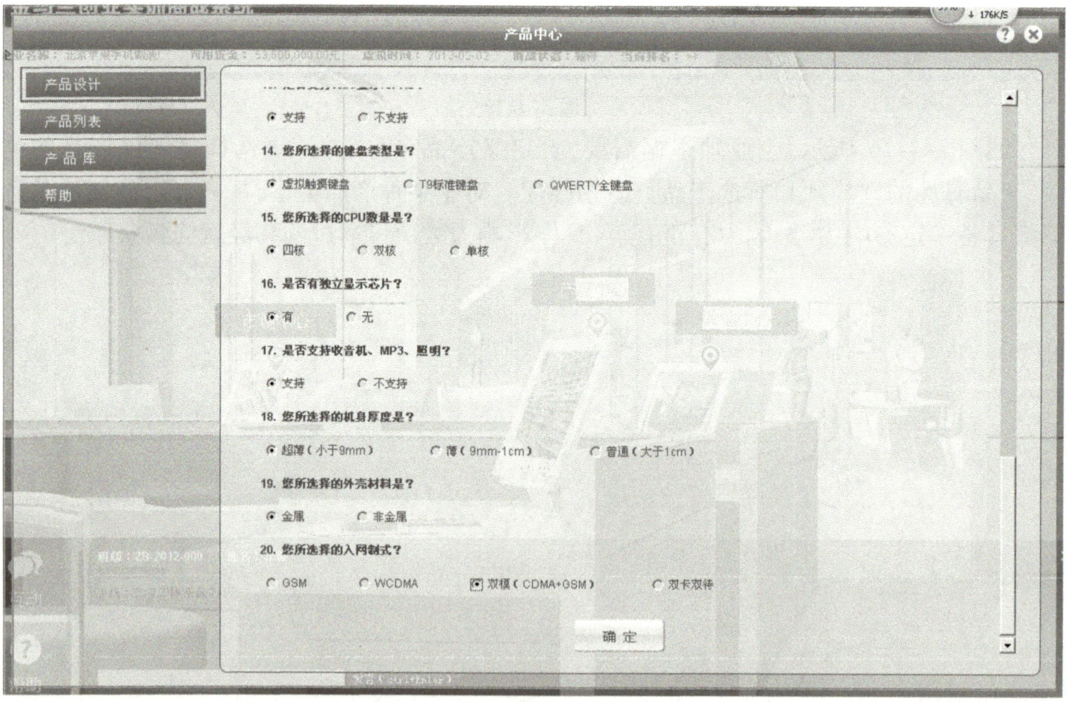

图 3-4-17

如图 3-4-18 所示，点击左侧目录“产品列表”，可查看已完成产品设计的产品信息，点击图 3-4-18 中“操作”下的“成本核算”按钮，跳转至“成本核算”页面。

图 3-4-18

根据产品设计时选择的产品类型及产品属性，系统会自动生成产品的单位直接成本，如图 3-4-19 所示。企业需根据行业和产品类型的不同，估算单位间接成本（生产流通环节），不同的单位间接成本对应不同的影响力，具体影响力数值可通过购买经营锦囊获取。系统自动核算单位成本总数，点击“确定”按钮，即完成成本核算操作。

图 3-4-19

点击图 3-4-18 中"操作"下的"生产"按钮,可跳转至"产品生产"页面,如图 3-4-20 所示。企业根据市场需求及竞争对手的情况确定计划生产数量,根据生产数量,系统会自动计算并显示成本扣除数,点击图 3-4-20 中的"确认生产"按钮,则开始生产产品。

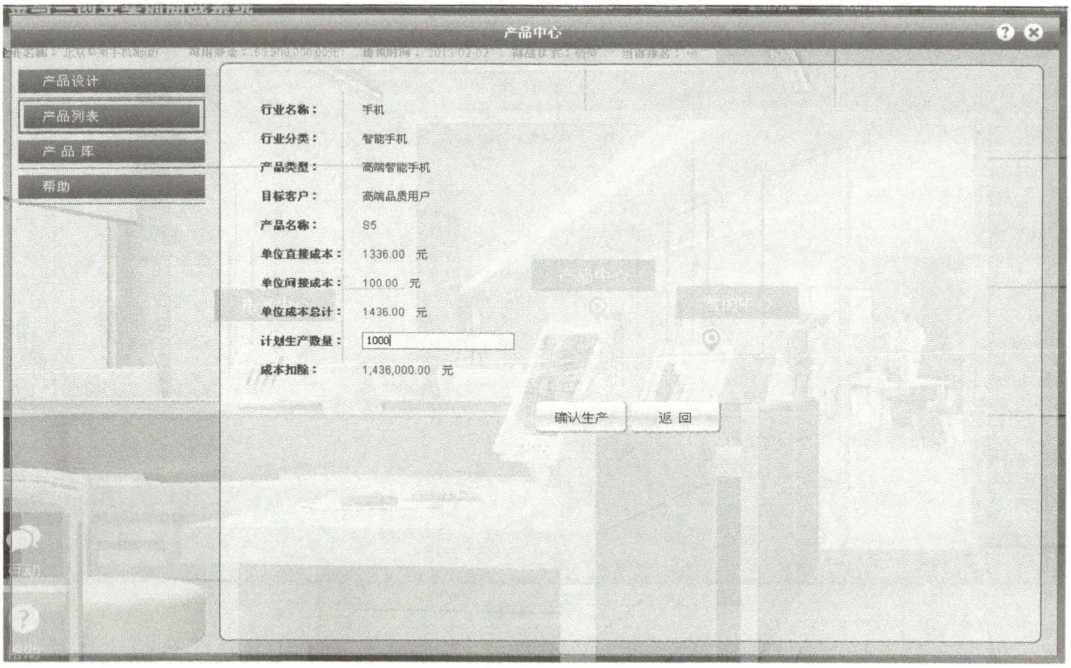

图 3-4-20

图 3-4-21 为产品生产 Flash 过程,Flash 播放完毕后,系统自动跳转至"产品库"页面。

图 3-4-21

点击图 3-4-18 中“操作”下的“入库”按钮，打开如图 3-4-22 所示的页面，可针对已生产的产品进行入库或删除操作。其中，删除操作并不意味着已扣除的成本会自动回归，只是针对产品列表的物理删除。已经扣除的成本，一旦被扣除就不会自动回归，所以企业在制订生产计划时需要谨慎对待。

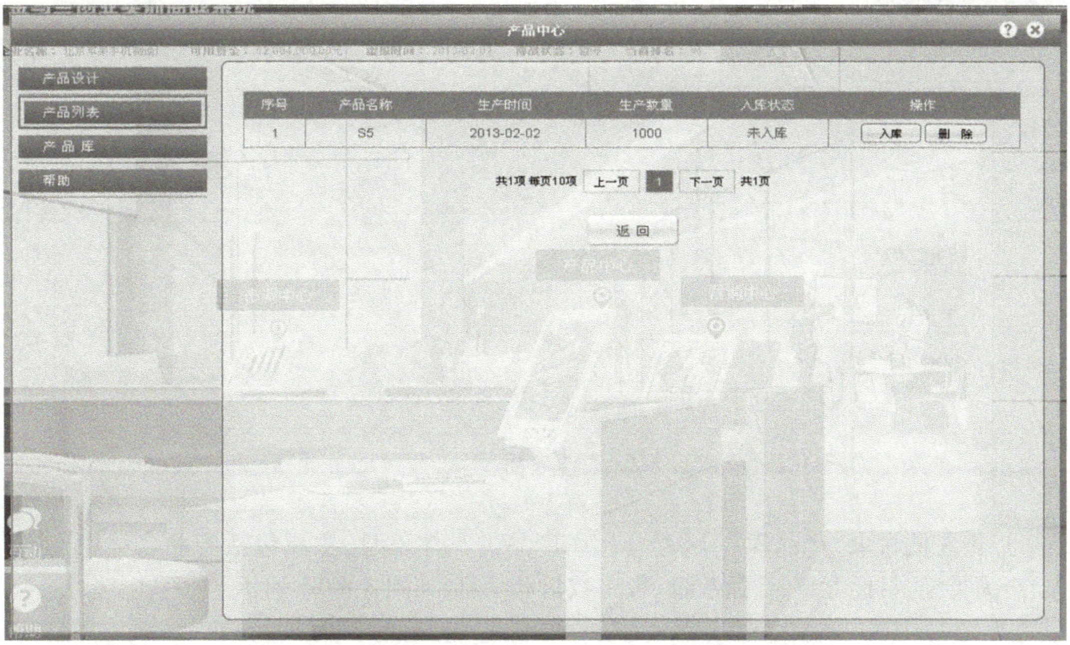

图 3-4-22

点击图 3-4-22 中的“入库”按钮，弹出确认入库对话框，如图 3-4-23 所示。

图 3-4-23

点击“确定”按钮，则产品入库，如图 3-4-24 所示。

图 3-4-24

点击左侧目录“产品库”，可查看入库产品的具体信息，主要包括产品名称、行业分类、产品类型、目标客户、产品数量、售出数量等信息，如图 3-4-25 所示。

图 3-4-25

点击图 3-4-25 中“操作”下的“查看”按钮，可查看产品单页，如图 3-4-26 所示。

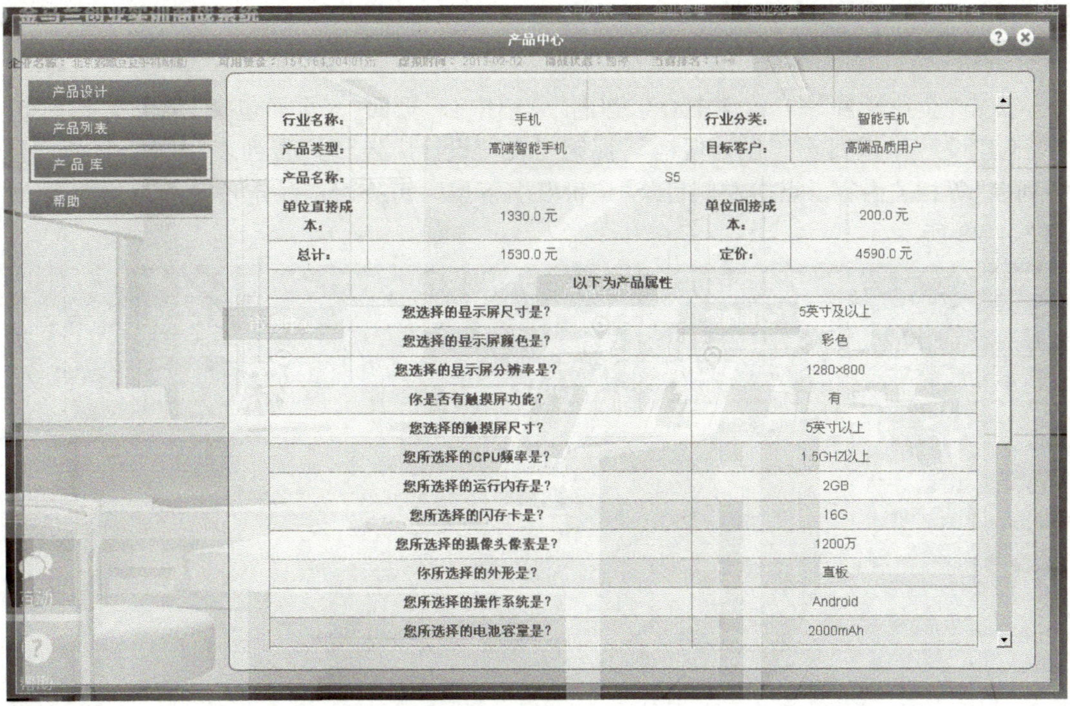
产品中心
产品设计
产品列表
产 品 库
帮助

行业名称:	手机	行业分类:	智能手机
产品类型:	高端智能手机	目标客户:	高端品质用户
产品名称:	S5		
单位直接成本:	1330.0 元	单位间接成本:	200.0 元
总计:	1530.0 元	定价:	4590.0 元
以下为产品属性			
您选择的显示屏尺寸是?	5英寸及以上		
您选择的显示屏颜色是?	彩色		
您选择的显示屏分辨率是?	1280×800		
你是否有触摸屏功能?	有		
您选择的触摸屏尺寸?	5英寸以上		
您所选择的CPU频率是?	1.5GHZ以上		
您所选择的运行内存是?	2GB		
您所选择的闪存卡是?	16G		
您所选择的摄像头像素是?	1200万		
你所选择的外形是?	直板		
您所选择的操作系统是?	Android		
您所选择的电池容量是?	2000mAh		

图 3-4-26

点击左侧目录“帮助”(图 3-4-27),可查看“产品中心”模块的帮助信息。点击“产品中心”弹出框右上角的“?”,也可查看对应的帮助信息。

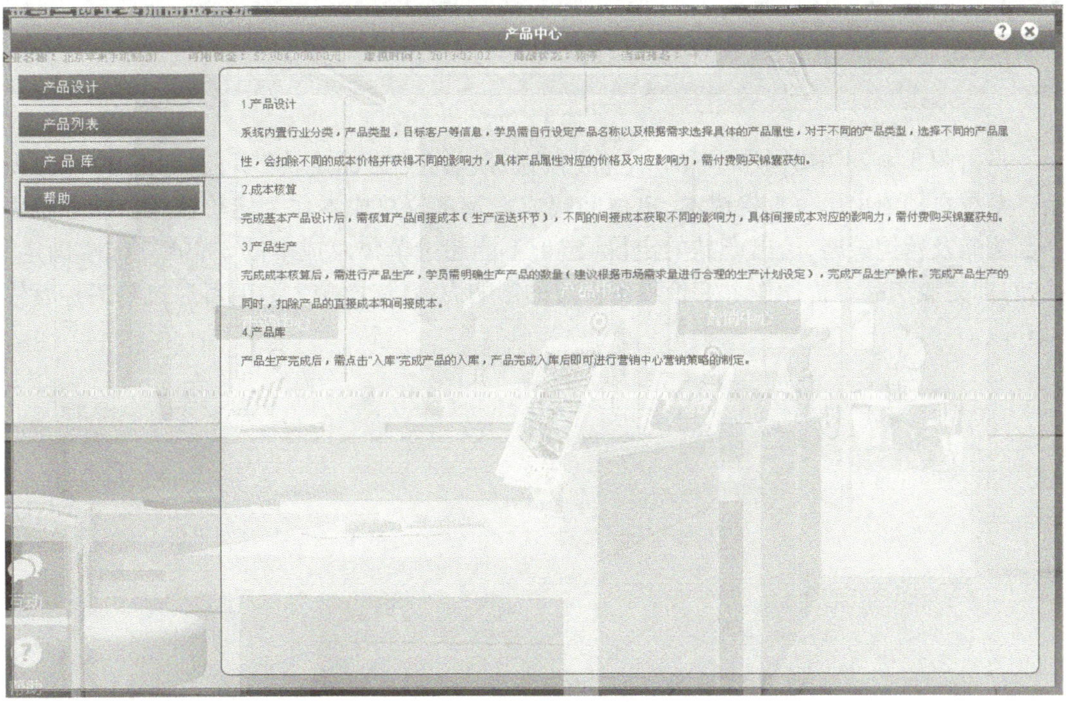
产品中心
产品设计
产品列表
产 品 库
帮助
1.产品设计
系统内置行业分类，产品类型，目标客户等信息，学员需自行设定产品名称以及根据需求选择具体的产品属性，对于不同的产品类型，选择不同的产品属性，会扣除不同的成本价格并获得不同的影响力，具体产品属性对应的价格及对应影响力，需付费购买锦囊获知。
2.成本核算
完成基本产品设计后，需核算产品间接成本（生产运送环节），不同的间接成本获取不同的影响力，具体间接成本对应的影响力，需付费购买锦囊获知。
3.产品生产
完成成本核算后，需进行产品生产，学员需明确生产产品的数量（建议根据市场需求量进行合理的生产计划设定），完成产品生产操作。完成产品生产的同时，扣除产品的直接成本和间接成本。
4.产品库
产品生产完成后，需点击"入库"完成产品的入库，产品完成入库后即可进行营销中心营销策略的制定。

图 3-4-27

三、营销中心

点击"企业经营"→"营销中心",弹出"营销中心"页面,该页面包括"定价及上下架""渠道建设""渠道列表""设计促销""促销列表""设计广告""广告列表""售后服务""服务列表"等相关内容。点击左侧目录"定价及上下架",可查看产品定价及上下架列表,如图 3-4-28 所示。

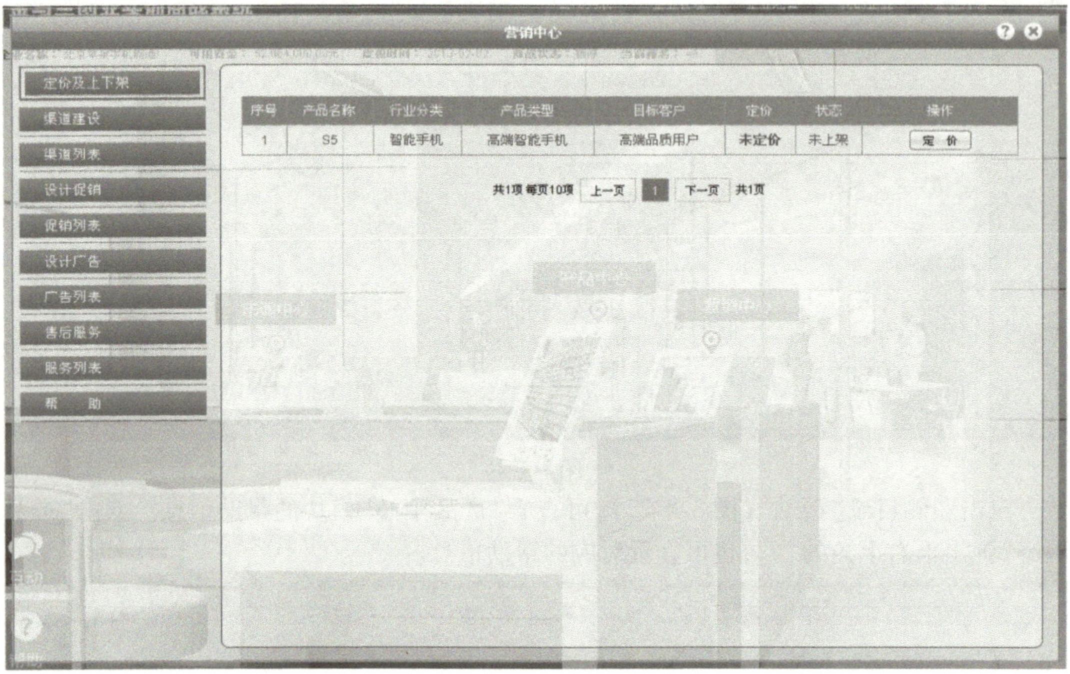

图 3-4-28

点击图 3-4-28 中"操作"下的"定价"按钮,跳转至"产品定价"页面,如图 3-4-29 所示。系统自动给出单位直接成本、单位间接成本及单位总成本作为定价参考。企业根据产品策略及营销策略,给出产品的定价(定价不能超过单位总成本的 3 倍),点击"确定"按钮,即完成产品定价操作。定价具备一定的影响力,具体影响力数值可通过购买经营锦囊获取。

图 3-4-29

定价完成后，点击产品定价列表“操作”下的“上架”按钮(图 3-4-30)。

图 3-4-30

弹出确认上架的询问对话框，如图 3-4-31 所示。

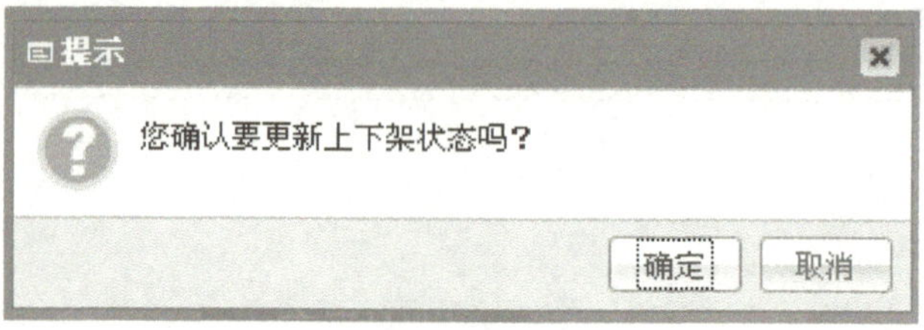

图 3-4-31

点击“确定”按钮，确认产品上架，系统会自动播放产品发布的 Flash，如图 3-4-32 所示。

图 3-4-32

点击左侧目录“渠道建设”，系统根据行业不同，提供多种渠道备选。企业可根据实际情况，下拉选择渠道名称、渠道成本，系统自动显示返点百分比，企业需填写作用产品数量、作用时间及作用产品等数据，点击“确定”按钮（图 3-4-33），即完成渠道的选择。其中渠道成本为一次性扣除费用。作用产品数量指在作用时间段中，销售此数量范围的产品，无需进行返点扣除，在月底，超出作用产品数量范围的产品，需按返点百分比扣除返点费用。渠道建设具备一定的影响力，具体影响力数值可通过购买经营锦囊获取。

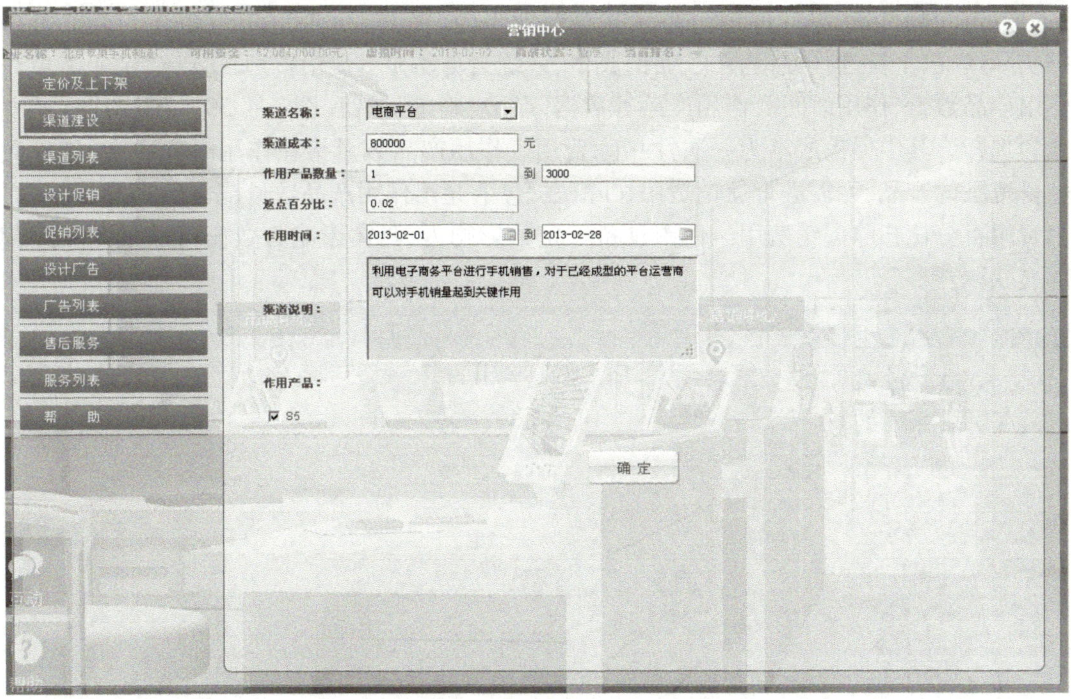

图 3-4-33

点击左侧目录“渠道列表”，可查看已经选定的渠道信息，点击“操作”下的“删除”按钮（图 3-4-34），可删除渠道。一旦渠道被删除，则该渠道不再生效。

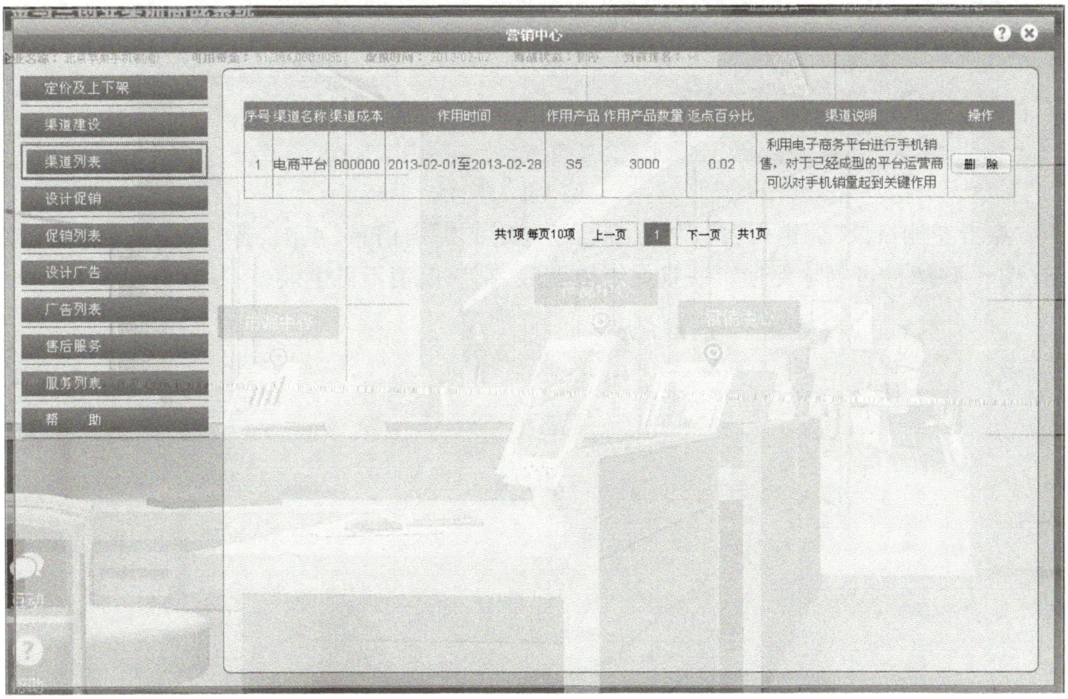

图 3-4-34

点击左侧目录“设计促销”，系统根据行业不同，提供多种促销方式备选。企业可根据实际情况，下拉选择促销方式、促销成本，系统会自动显示促销费用百分比，企业需填写作用产品数量、作用时间及作用产品等数据，点击“确定”按钮（图 3-4-35），即完成促销方式的选择。其中促销成本为一次性扣除费用。作用产品数量指在作用时间段中，销售此数量范围的产品，无需进行促销费用扣除，在月底，超出作用产品数量范围的产品，需按促销费用百分比扣除促销费用。促销具备一定的影响力，具体影响力数值可通过购买经营锦囊获取。

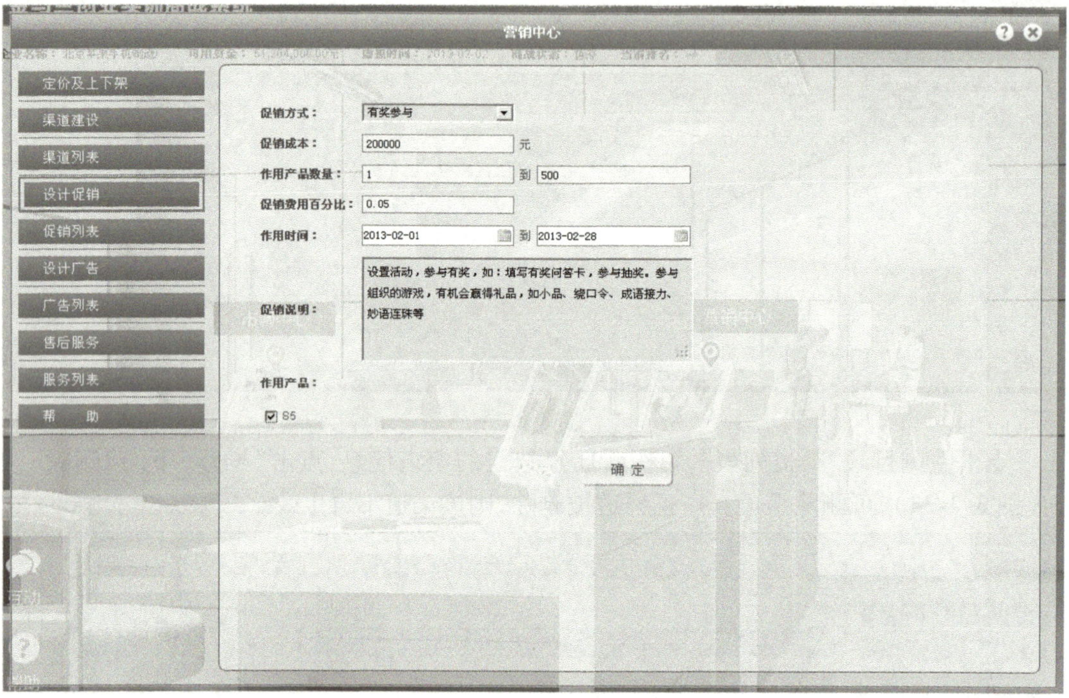

图 3-4-35

点击左侧目录“促销列表”，可查看已经选定的促销信息，点击“操作”下的“删除”按钮（图 3-4-36），可删除促销。一旦促销被删除，则该促销不再生效。

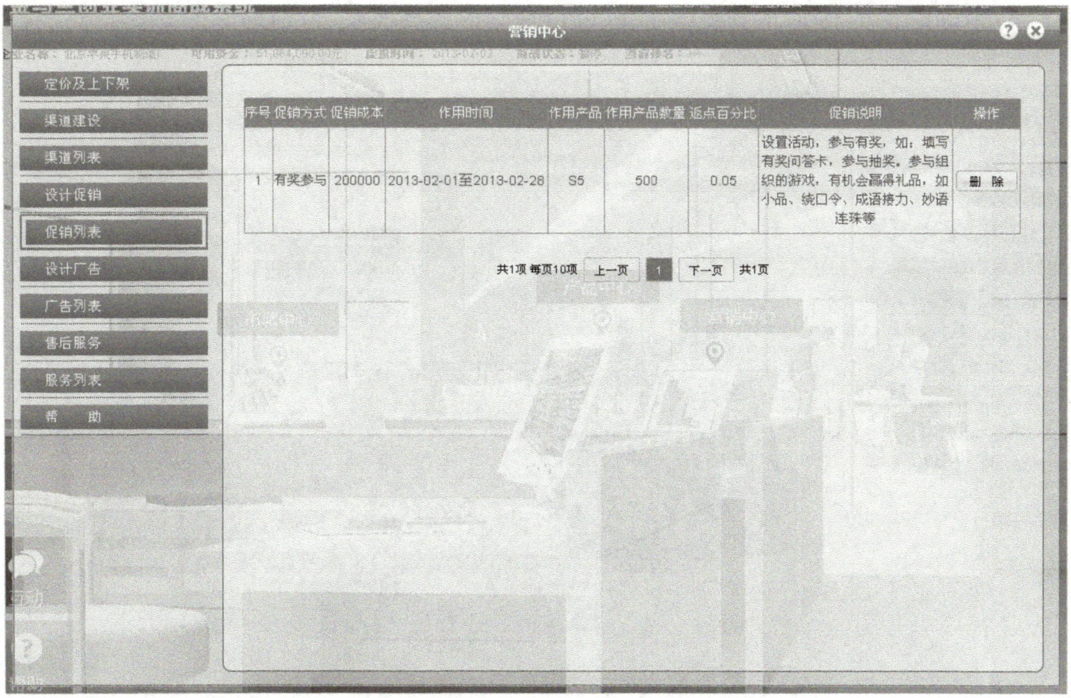

图 3-4-36

点击左侧目录“设计广告”，右侧显示备选广告媒体类型，主要包括“电视广告”“广播媒体”“报纸杂志”“网络媒体”“户外广告”“其它”（图 3-4-37）。点击某种媒体类型图标，可查看媒体简介。

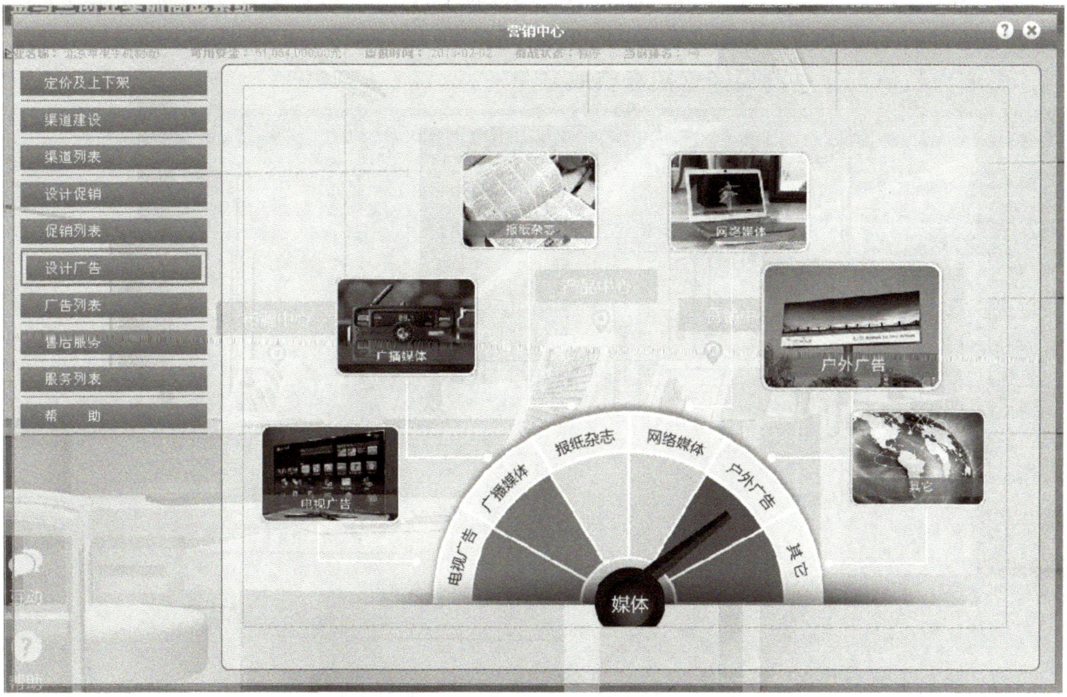

图 3-4-37

点击如图 3-4-38 所示的媒体简介，即可选定该媒体类型，并跳转至“广告媒体选择”页面。

图 3-4-38

系统根据行业不同，提供多种广告媒体备选，企业可根据实际情况，下拉选择广告媒体、广告媒体规格。系统自动显示广告单价及广告说明，企业需填写作用时间及作用产品等数据，点击“确定”按钮，即完成广告媒体的选择（图 3-4-39）。其中广告费用根据广告单价（以“元/天”为单位）和所选作用时间，系统自动计算所得。广告具备一定的影响力，具体影响力数值可通过购买经营锦囊获取。

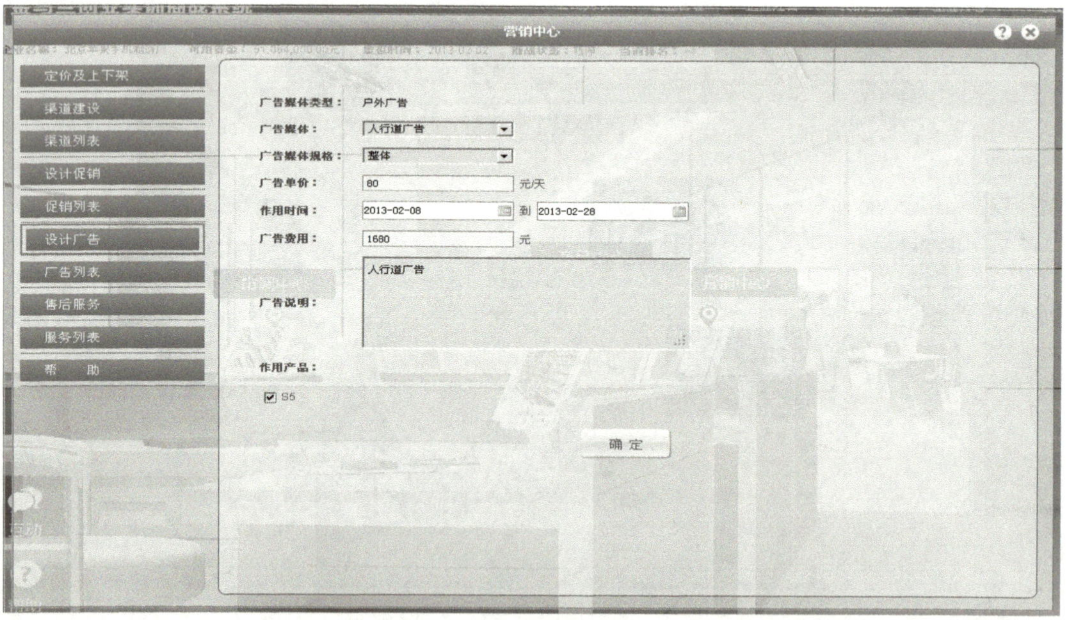

图 3-4-39

点击左侧目录“广告列表”,可查看已经选定的广告信息,点击“操作”下的“删除”按钮,可删除广告(图 3-4-40)。一旦广告被删除,则该广告不再生效。

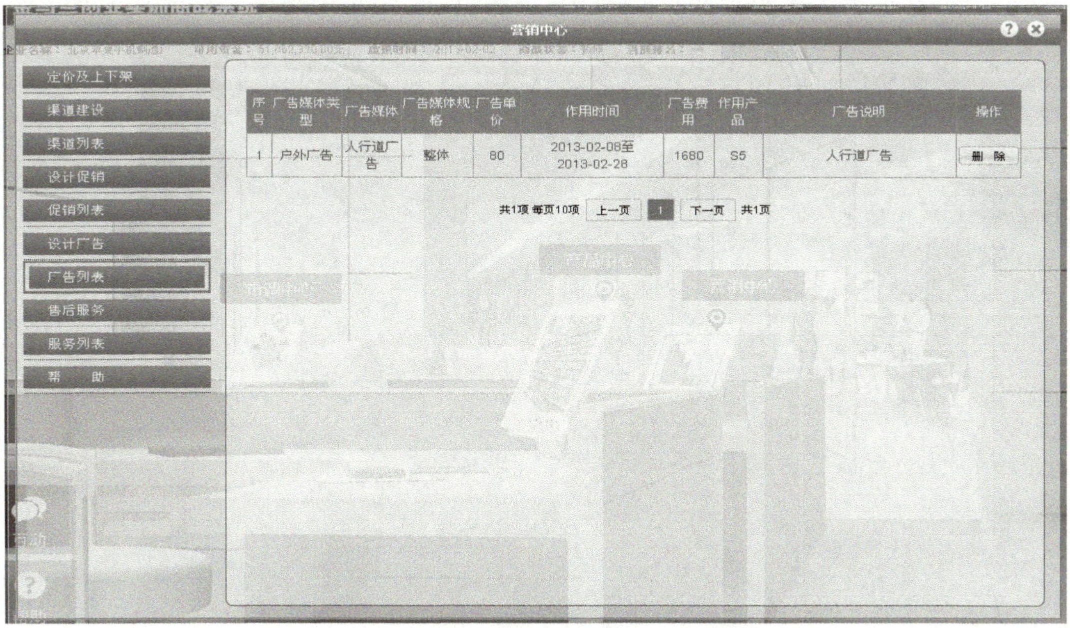

图 3-4-40

点击左侧目录“售后服务”,系统根据行业不同,提供多种售后服务备选。企业可根据实际情况,下拉选择服务方式、服务单价。系统自动显示服务说明,企业需填写作用时间及作用产品等数据,点击“确定”按钮(图 3-4-41),即完成售后服务的选择。其中服务费用根据服务单价(以“元/天”为单位)和所选作用时间,系统自动计算所得。服务具备一定的影响力,具体影响力数值可通过购买经营锦囊获取。

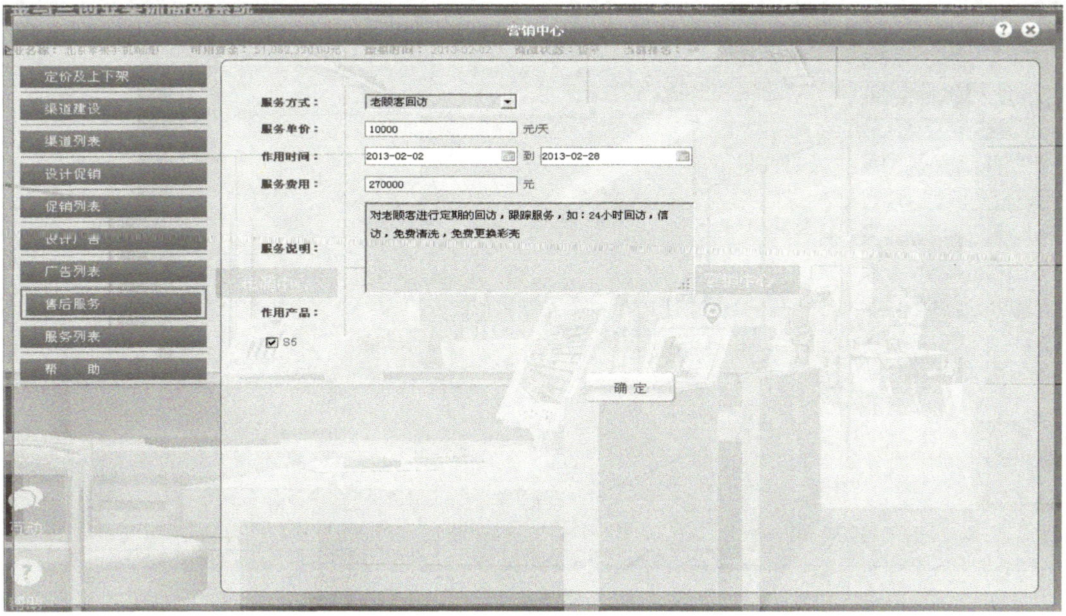

图 3-4-41

点击左侧目录“服务列表”，可查看已经选定的服务信息，点击“操作”下的“删除”按钮，可删除服务（图3-4-42）。一旦服务被删除，则该服务不再生效。

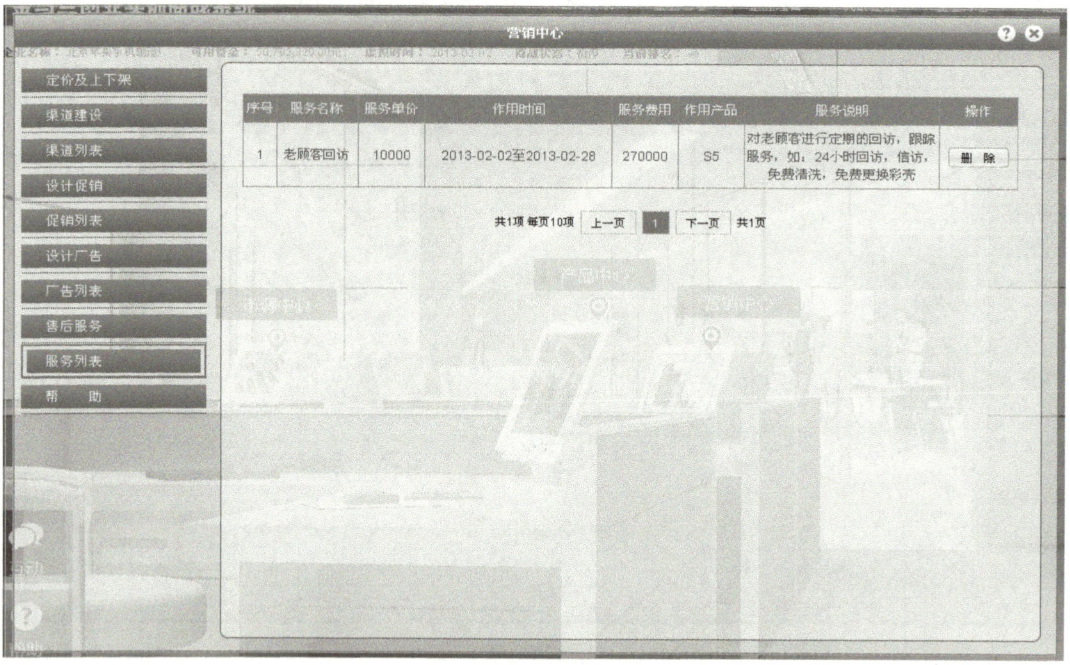
营销中心
定价及上下架
渠道建设
渠道列表
设计促销
促销列表
设计广告
广告列表
售后服务
服务列表
帮 助
序号
服务名称
服务单价
作用时间
服务费用
作用产品
服务说明
操作
1
老顾客回访
10000
2013-02-02至2013-02-28
270000
S5
对老顾客进行定期的回访，跟踪服务，如：24小时回访，信访，免费清洗，免费更换彩壳
删 除
共1项 每页10项
上一页
1
下一页
共1页

图 3-4-42

点击左侧目录“帮助”，可查看“营销中心”模块的帮助信息（图3-4-43）。点击“营销中心”弹出框右上角的“？”，也可查看对应的帮助信息。

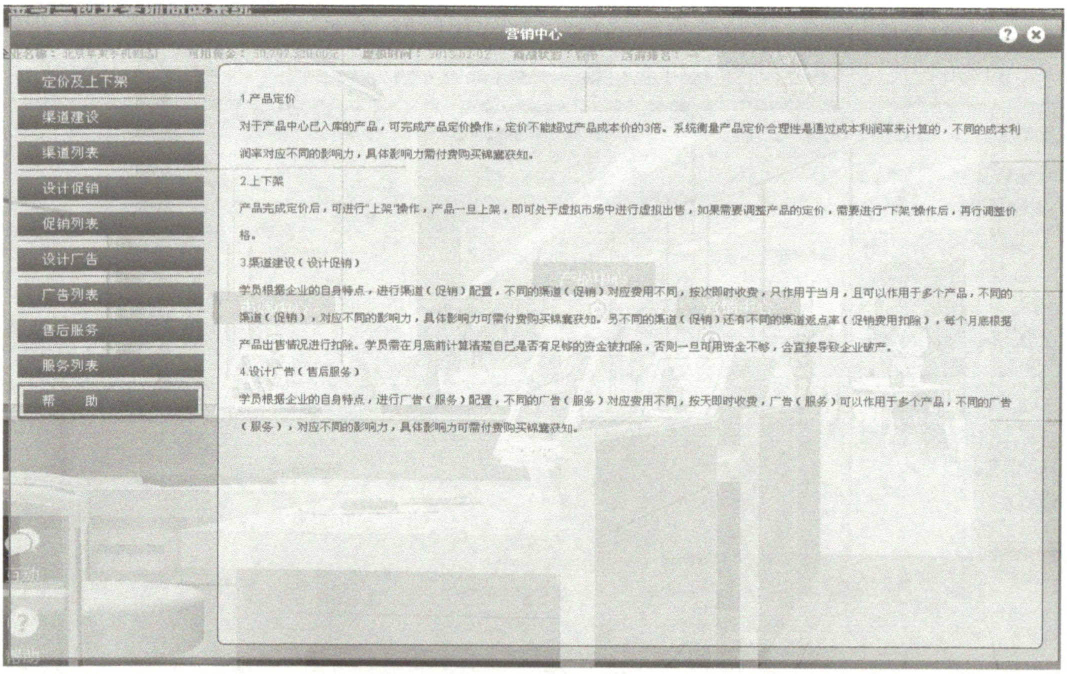
营销中心
定价及上下架
渠道建设
渠道列表
设计促销
促销列表
设计广告
广告列表
售后服务
服务列表
帮 助
1.产品定价
对于产品中心已入库的产品，可完成产品定价操作，定价不能超过产品成本价的3倍。系统衡量产品定价合理性是通过成本利润率来计算的，不同的成本利润率对应不同的影响力，具体影响力需付费购买锦囊获知。
2.上下架
产品完成定价后，可进行"上架"操作，产品一旦上架，即可处于虚拟市场中进行虚拟出售，如果需要调整产品的定价，需要进行"下架"操作后，再行调整价格。
3.渠道建设（设计促销）
学员根据企业的自身特点，进行渠道（促销）配置，不同的渠道（促销）对应费用不同，按次即时收费，只作用于当月，且可以作用于多个产品，不同的渠道（促销），对应不同的影响力，具体影响力可需付费购买锦囊获知。另不同的渠道（促销）还有不同的渠道返点率（促销费用扣除），每个月底根据产品出售情况进行扣除。学员需在月底前计算清楚自己是否有足够的资金被扣除，否则一旦可用资金不够，会直接导致企业破产。
4.设计广告（售后服务）
学员根据企业的自身特点，进行广告（服务）配置，不同的广告（服务）对应费用不同，按天即时收费，广告（服务）可以作用于多个产品，不同的广告（服务），对应不同的影响力，具体影响力可需付费购买锦囊获知。

图 3-4-43

第五节 我的企业

"我的企业"页面如图 3-5-1 所示,可查看企业账户明细、企业销售明细、产品列表、企业经营数据,还可以注销公司,查看企业勋章。

图 3-5-1

一、企业账户明细

企业账户明细即财务日记账,系统自动记录企业每一笔资金流,可查看交易日期、交易金额及具体费用备注信息。另可选择时间段,点击"查询"按钮,查询某时间段内的企业账户明细情况。

二、企业销售明细

点击"企业销售明细",可查看企业每天的产品销售情况,包括交易日期、产品类型、产品名称、产品销售数量及产品销售额,如图 3-5-2 所示。另可选择时间段,点击"查询"按钮,查询某时间段内的企业销售明细情况。

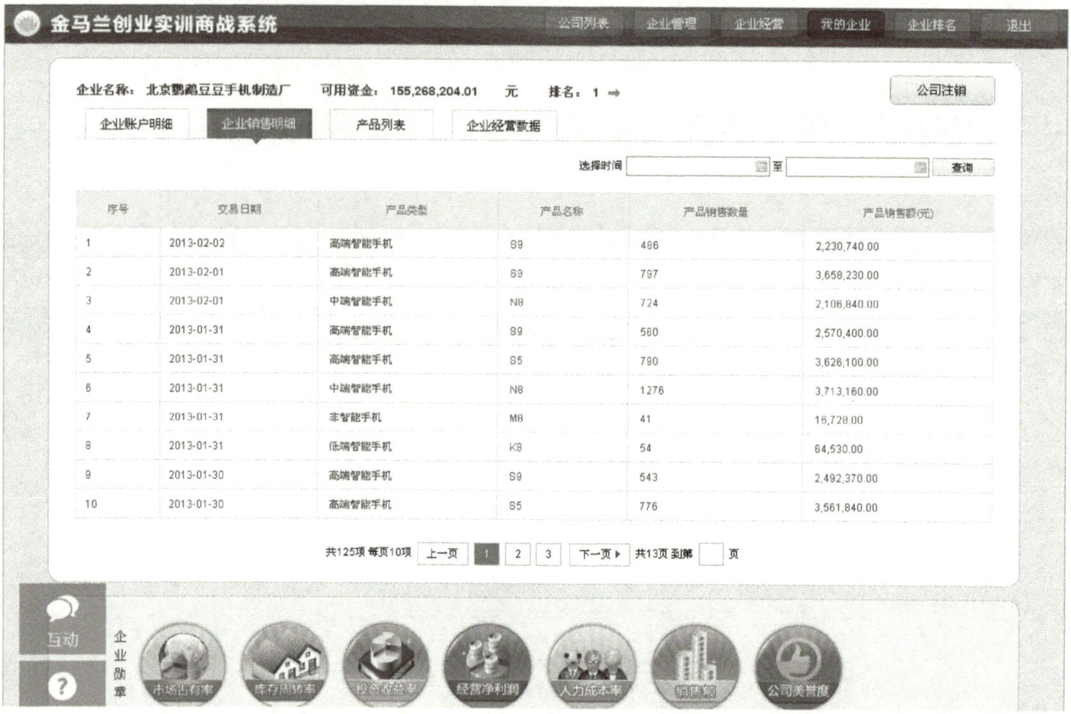

序号	交易日期	产品类型	产品名称	产品销售数量	产品销售额(元)
1	2013-02-02	高端智能手机	S9	486	2,230,740.00
2	2013-02-01	高端智能手机	S9	797	3,658,230.00
3	2013-02-01	中端智能手机	N8	724	2,106,840.00
4	2013-01-31	高端智能手机	S9	560	2,570,400.00
5	2013-01-31	高端智能手机	S5	790	3,626,100.00
6	2013-01-31	中端智能手机	N8	1276	3,713,160.00
7	2013-01-31	非智能手机	M8	41	16,728.00
8	2013-01-31	低端智能手机	K8	54	64,530.00
9	2013-01-30	高端智能手机	S9	543	2,492,370.00
10	2013-01-30	高端智能手机	S5	776	3,561,840.00

图 3-5-2

三、产品列表

点击“产品列表”，可查看产品的即时库存情况，包括产品名称、行业分类、产品类型、产品数量、售出数量等信息，如图 3-5-3 所示。

序号	产品名称	行业分类	产品类型	产品数量	售出数量
1	S9	智能手机	高端智能手机	0	5000
2	M8	非智能手机	非智能手机	0	19000
3	D8	非智能手机	非智能手机		
4	K8	智能手机	低端智能手机	0	25000
5	N8	智能手机	中端智能手机	0	35000
6	S5	智能手机	高端智能手机	0	22500

图 3-5-3

四、企业经营数据

点击“企业经营数据”，可查看虚拟时间前几个月的企业经营数据，主要包括投资收益率、库存周转率、市场投入率、人力成本率、销售额、市场占有率、经营净利润、公司美誉度等数据，如图 3-5-4 所示。

图 3-5-4

五、公司注销

点击图 3-5-4 右上角的“公司注销”按钮，弹出确认提示对话框，如图 3-5-5 所示。点击“取消”按钮，则取消公司注销；点击“确定”按钮，则完成公司注销，公司管理、经营数据都会被清空。

图 3-5-5

六、企业勋章

企业在上一轮的经营中，如果获取了 8 个分项排名的第一名，就会获取该项排名的勋章一枚，再次获取，勋章累积出现。

第六节　企业排名

在企业设立、管理和经营过程中，每个虚拟月系统会自动统计排名，有综合排名和8个分项排名。分项排名分别为投资收益率、库存周转率、市场投入率、人力成本率、销售额、市场占有率、经营净利润、公司美誉度。综合排名根据行业不同，取8个分项排名的加权平均获取排名数据。综合排名列表如图3-6-1所示，可选择已经过去的虚拟月份，点击“确定”按钮，查看每个虚拟月的综合排名情况。

图 3-6-1

投资收益率排名如图3-6-2所示。投资收益率=(净利润/注册资金)×100%，其中，净利润=销售额-成本。

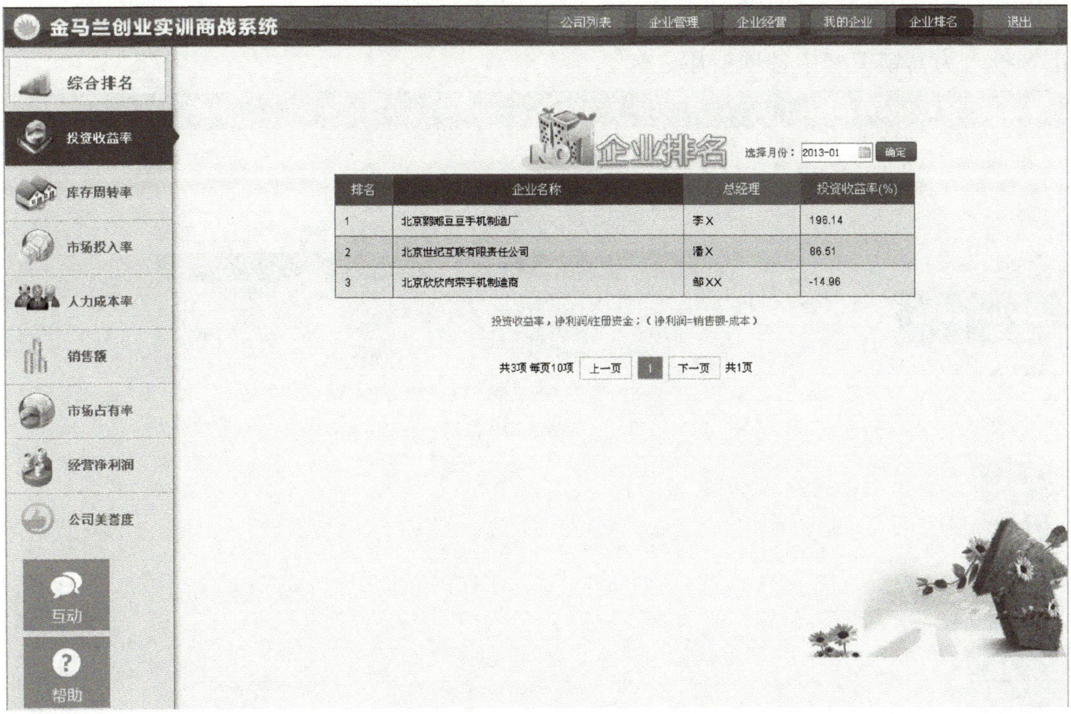

图 3-6-2

库存周转率排名如图 3-6-3 所示。库存周转率 =（库存占用资金/销售额）×100%，库存占用资金 = 库存产品数量 × 定价的总和。

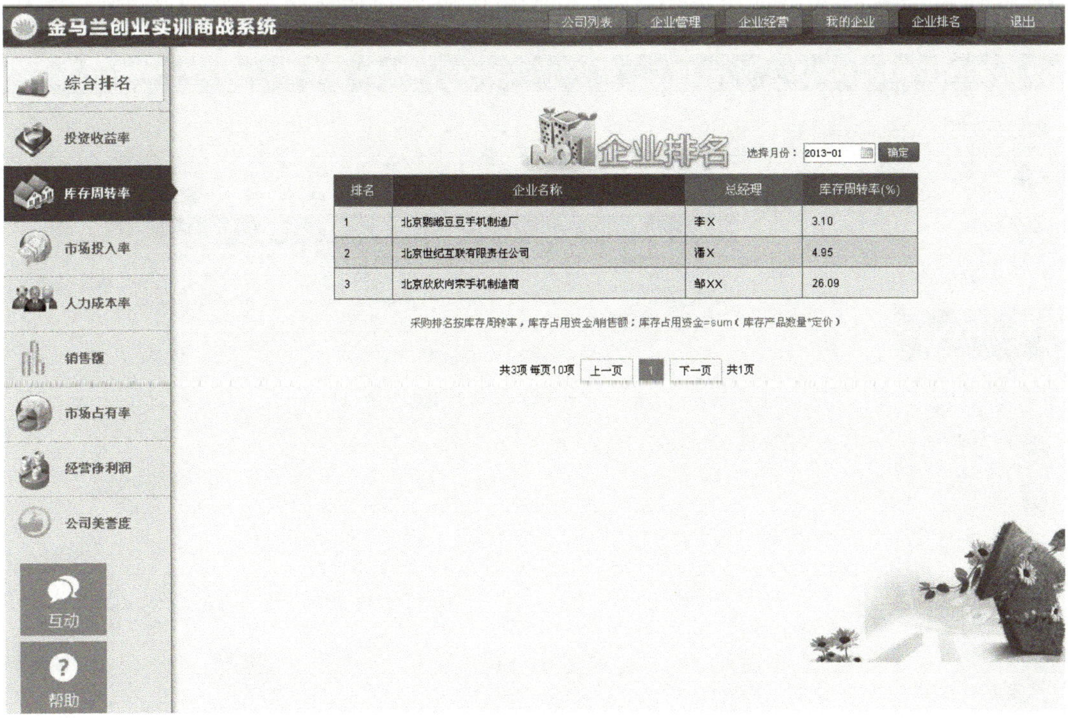

图 3-6-3

市场投入率排名如图 3-6-4 所示。市场投入率 =（市场投入/销售额）×100%，其中市场投入为营销策略中各项费用之和。

图 3-6-4

人力成本率排名如图 3-6-5 所示。人力成本率 =（人力成本/销售额）×100%，其中人力成本为招聘员工的工资额汇总。

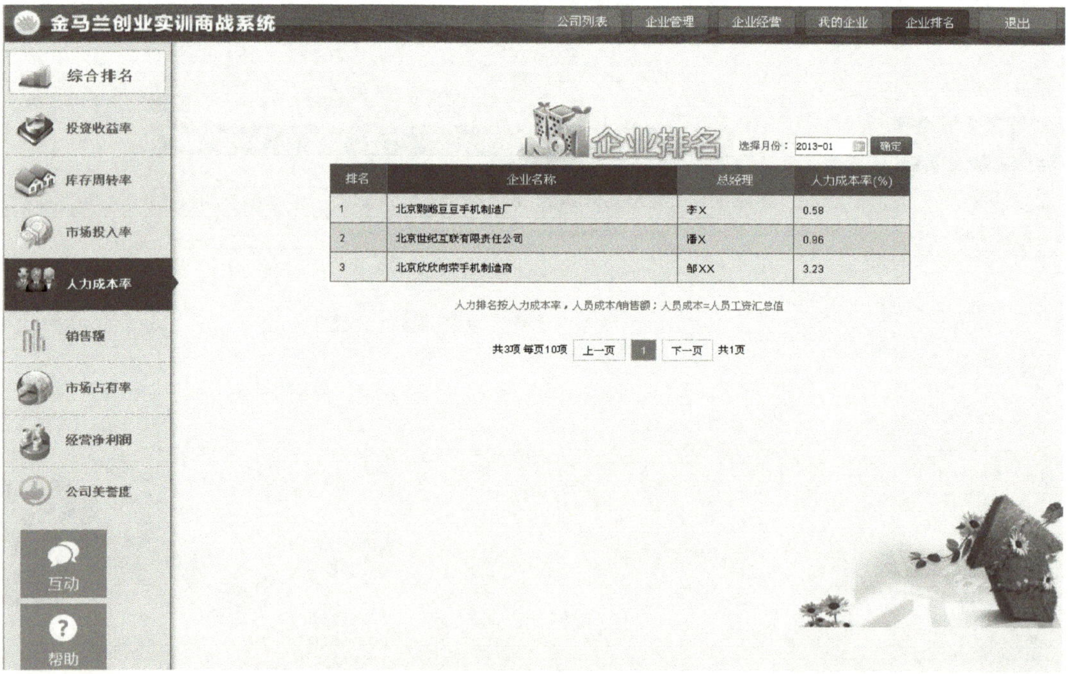

图 3-6-5

销售额排名如图 3-6-6 所示。销售额 = 已售出产品的销售额总和。

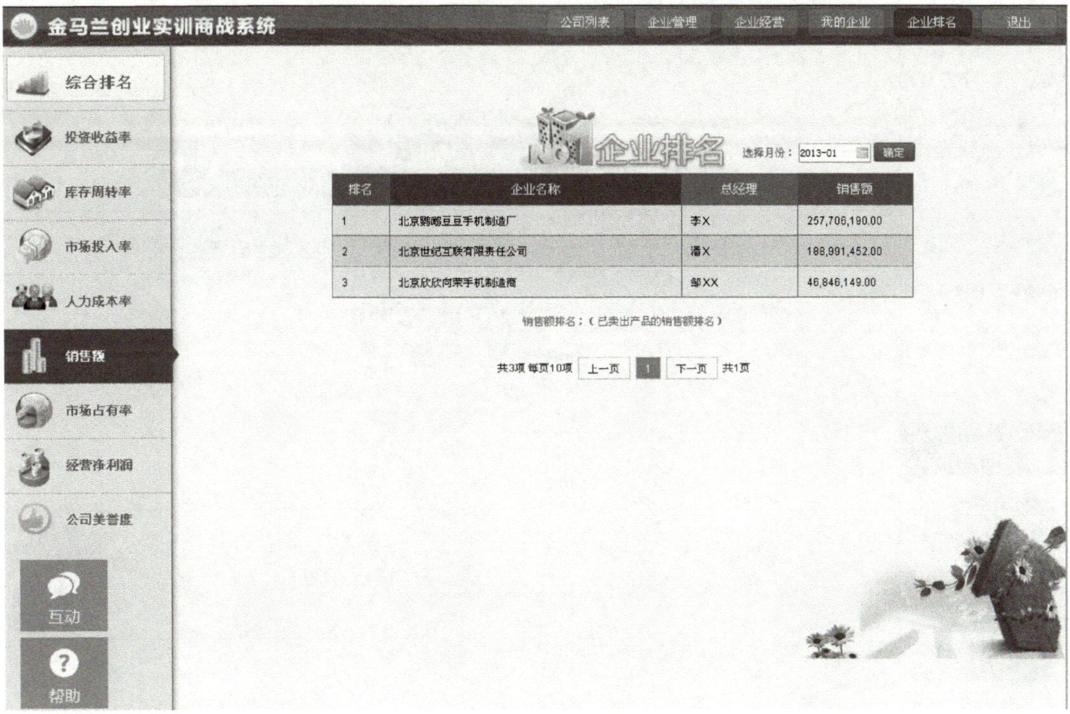

图 3-6-6

市场占有率排名如图 3-6-7 所示。市场占有率 =（销售量/市场需求量）×100%。

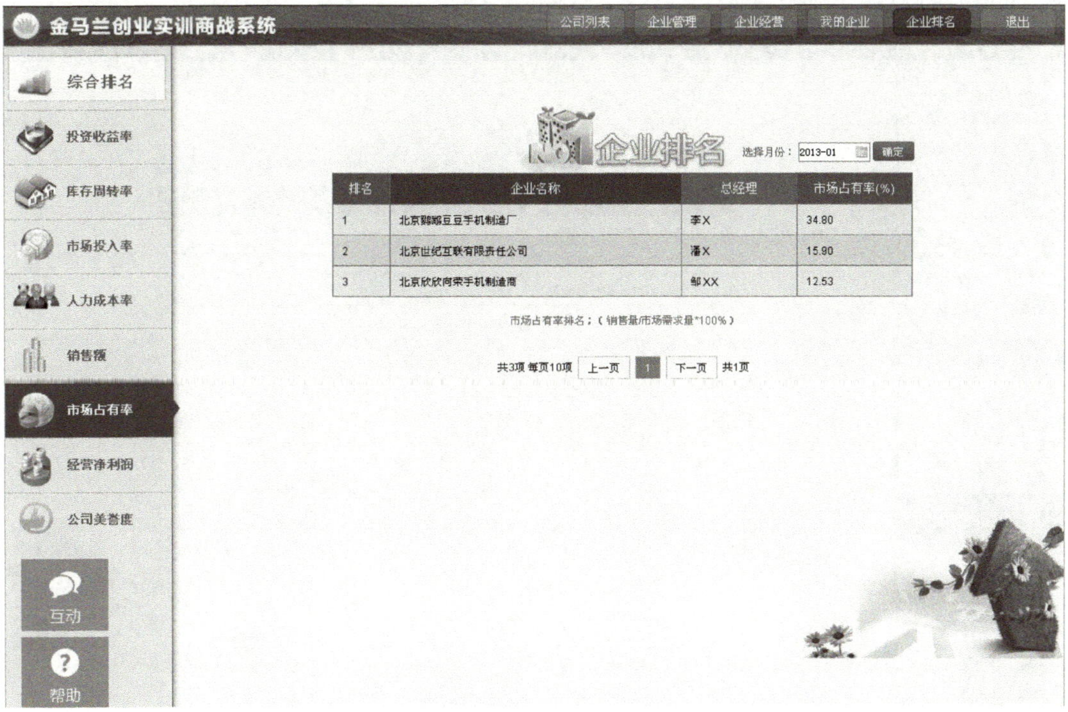

图 3-6-7

经营净利润排名如图 3-6-8 所示。经营净利润 = 销售额 − 成本。

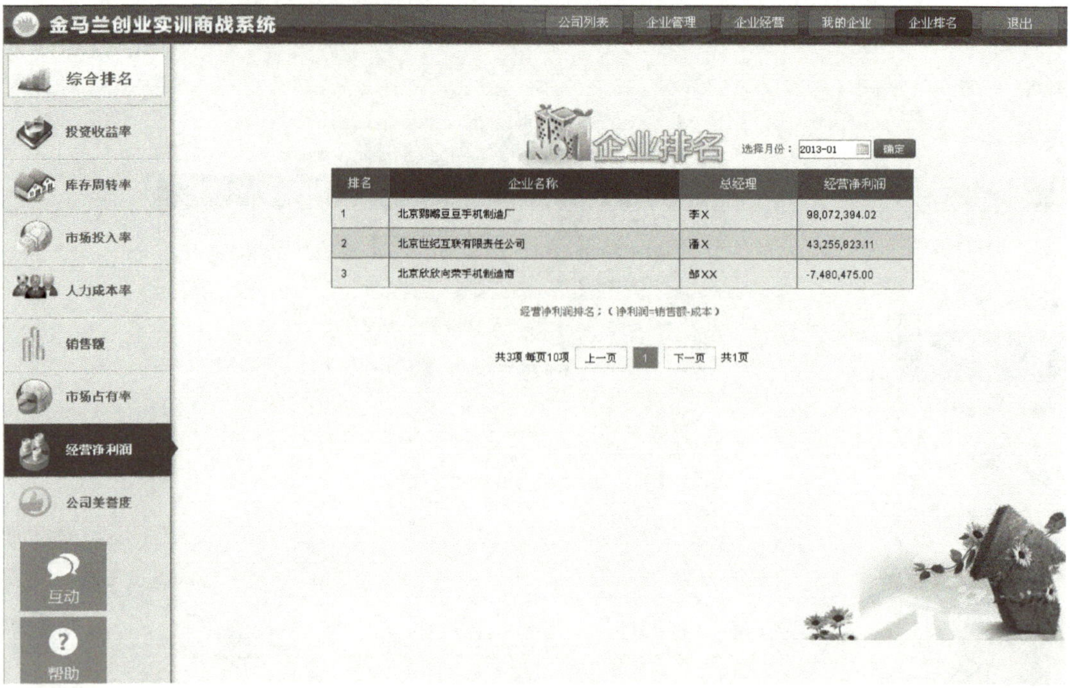

图 3-6-8

公司美誉度如图 3-6-9 所示。公司美誉度为实训师在后台针对学员的企业名称、LOGO 等信息进行的主观打分。

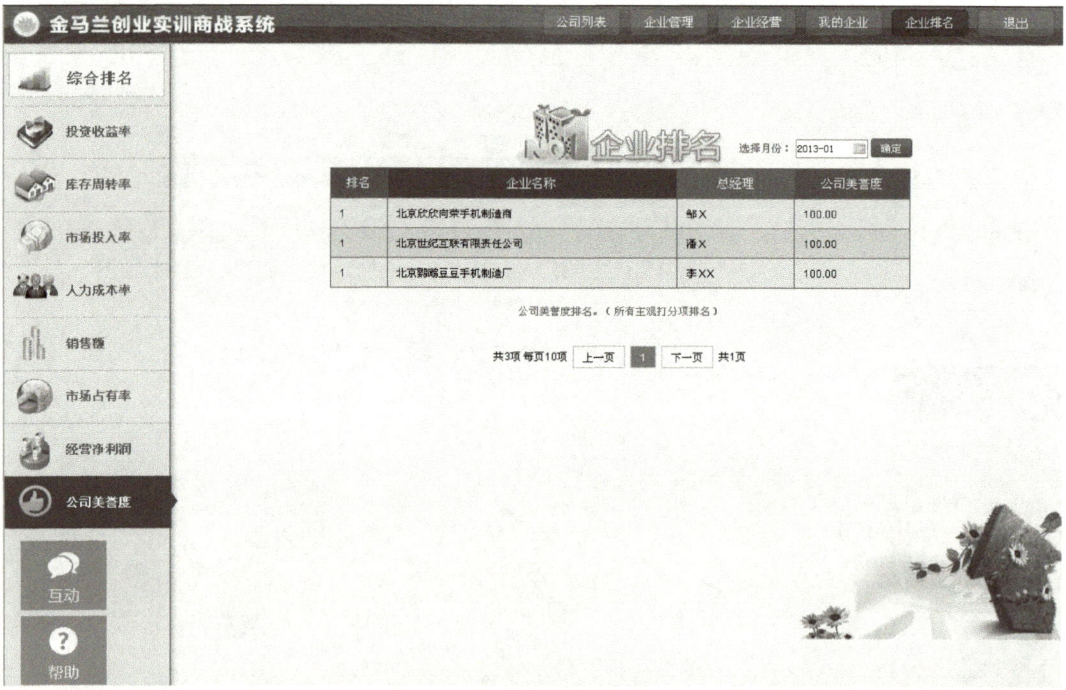

图 3-6-9

【教学讨论和思考】

1. 在设立企业时需要注意哪些事项？
2. 了解本地企业注册的政策和流程。

【相关理论延伸阅读】

根据《中华人民共和国公司法》，主要确定的两种企业形式是有限责任公司(limited liability company, LLC)和股份有限公司(joint stock limited company, JSLC)。

有限责任公司：这种公司形式适用于中小型企业，其特点是股东的责任限于其对公司的出资额。股东人数有限制，通常为1～50人。有限责任公司的股权转让相对不那么容易，需要遵循一定的程序，这有助于保持公司的稳定性。此外，有限责任公司可以根据公司规模和业务需要选择是否设立董事会和监事会。

股份有限公司：这种公司形式适用于规模较大的企业，特别是那些需要通过公开发行股票来筹集资本的企业。股份有限公司的股东责任同样限于其出资额，但其股份可以在证券交易所公开交易，流通性强。股份有限公司通常设有股东大会、董事会和监事会等组织机构，权责分明，有助于公司决策的科学性和规范性。

这两种公司形式各有优势，适用于不同类型的企业需求。有限责任公司因其设立和运营的灵活性，适合中小企业和家族企业；而股份有限公司则因其股份流通性和筹资能力，适合大型企业和上市公司。

新设有限责任公司的优点主要有以下几个方面：① 有限责任公司的设立程序相对简单，通常只需要发起设立，而不需要像股份有限公司那样进行募集设立，这意味着有限责任公司设立过程中的行政手续和准备工作较少，从而降低了设立公司的时间和成本；② 由于有限责任公司的股东人数较少，组织结构可以更加灵活，在一些情况下，可以不设立股东会，而是由董事会或执行董事直接管理公司，这样可以提高决策效率；③ 有限责任公司的股东人数有上限限制，这有助于股东之间建立紧密的合作关系，便于协调和沟通，同时也有利于保护小股东的利益；④ 与股份有限公司相比，有限责任公司的公示义务较轻，通常只需向公司股东公布相关信息，无需向社会公众公开，这有助于保护公司的商业秘密和内部信息；⑤ 股东对公司的债务和责任以其出资额为限，个人财产不受公司债务的影响，这降低了股东的投资风险；⑥ 虽然有限责任公司的股权转让需要其他股东的同意，但相比于股份有限公司的股份转让，有限责任公司的股权转让程序相对简单，更便于股东之间的协商；⑦ 有限责任公司因其设立和运营的灵活性，特别适合中小企业和创业公司，这种公司形式有助于这些公司在成长初期快速适应市场变化，同时也便于吸引风险投资；⑧ 新设立的有限责任公司可以享受公司法等相关法律法规的保护，包括股东权益、公司治理结构等方面的明确规定，有助于公司合法合规运营。这些优点使得有限责任公司成为许多创业者和中小企业的首选公司形式。

新设股份有限公司的优点主要有以下几个方面：① 股份有限公司的股东可以较为自

由地转让其股份，无需其他股东同意，这为股东提供了较高的流动性，便于股东根据市场情况和个人需要买卖股份；② 股份有限公司可以通过公开发行股票的方式吸引投资者，从而筹集大量资本，这对于需要大规模资金投入的企业尤为重要；③ 股份有限公司通常被视为规模较大、管理规范的企业，有助于提升公司的市场信誉和形象，吸引更多的客户和合作伙伴；④ 股份有限公司通常设有股东大会、董事会和监事会等组织机构，这些机构的权责分明有助于公司决策的科学性和规范性；⑤ 股份有限公司的股份可以在证券交易所公开交易，这使得股份具有较高的流通性，便于股东退出和新投资者进入；⑥ 股份有限公司的规范管理和较大的规模通常能够吸引更多专业管理人才，有助于公司提高管理水平和运营效率；⑦ 股份有限公司需要遵守较为严格的信息披露规定，这增加了公司的透明度，有助于建立投资者和公众的信任；⑧ 股份有限公司因其股份流通性和筹资能力，特别适合大型企业和计划上市的公司；⑨ 股份有限公司作为一种独立的法人实体，具有明确的法律地位，可以独立承担民事责任，保护股东的个人财产不受公司债务的影响。这些优点使得股份有限公司成为许多大型企业和计划公开募股的公司的首选公司形式。

第三模块 3

实践项目

第四章 >>>

公司设立与注册实践

【实践目的】

掌握公司设立与注册的基本程序和基本方法。

【实践要求】

1. 建立一个由多个投资主体兴建的股份有限公司。

(1) 学生自行设计和设立一个具体的公司(行业、类型、规模、名称自定)。

(2) 公司的设立和运作应符合《中华人民共和国公司法》的规定。

(3) 公司设立过程中所有数据、资料都要接近于现实。

(4) 无论发起人是何人,每人均要完成全部操作。

2. 操作从企业发起到企业登记的完整过程,包括:签订发起人协议—公司预先登记—制定公司章程—召开首届股东会议—公司注册登记—刻制公章—至税务部门签到。

【实践时间】

课堂操作 8 学时,课外操作 30 学时。

【实践内容】

一、签订发起人协议

1. 确定创立公司的发起人。

2. 确定公司的名称、宗旨、经营方式、经营规模、注册资本总额、各出资人、认缴出资的方式及数额、各发起人预付设立公司的费用和偿还办法。

3. 确定发起人对公司的连带责任。

4. 确定其他事项。

5. 起草《××公司发起人设立公司协议书》。

二、公司预先登记

1. 讨论为什么要进行名称预先登记。

2. 公司名称的构成是怎样的。

3. 签订《公司名称预先登记核准申请书》。

4. 收集公司登记机关要求提交的各种文件（以开列名单形式模拟）。

5. 公司登记机关对申请登记的材料进行审查（明确其审查的内容、期限和结果）。

三、制定公司章程

1. 了解公司章程的含义和法律意义。

2. 了解公司章程的形式。

3. 了解公司章程的主要记载事项。

（1）公司的名称和住所。

（2）公司的经营范围。

（3）公司的注册资本。

（4）股东的姓名或名称。

（5）股东的权利和义务。

（6）股东的出资方式和出资额。

（7）公司的机构及产生的办法、职权、议事规则。

（8）公司的法人代表。

（9）公司的解散事由与清算办法。

4. 公司章程的制定程序。

（1）起草。

（2）资产评估。

（3）订立。

四、召开首届股东会议

1. 确定会议召开时间。

2. 确定会议召集人。

3. 确定会议主要议程。

（1）作出成立公司的决议。

（2）选举出董事会、监事会成员，并形成决议。

（3）指定人员召集及主持董事会与监事会会议。

五、公司注册登记

1. 明确公司注册登记的含义。

2. 明确公司登记申请工作的人员。

3. 了解公司登记申请的步骤。

（1）提出申请登记的请示，领取“公司设立登记申请书”。

（2）公司登记受理人员向申请者说明申请登记应提交的文件，申请者按照要求提交有关文件。

A. 公司董事长签署的公司设立登记申请书。

B. 全体股东指定代表或代理人的证明。

C. 公司章程。

D. 具有法定资格的验资机构出具的验资证明。

E. 股东的法人资格证明或自然人身份证明。

F. 载明董事、监事、经理的姓名和住所的文件，以及有关委派、选举或聘任的说明。

G. 公司法定代表人任职文件和身份证明。

H. 企业名称预先核准通知书。

4. 公司登记机关重点审查的问题。

(1) 股东是否具备投资资格。

(2) 公司章程、章程的要件是否符合《中华人民共和国公司法》规定的公司章程必备条款的要求，公司章程规定的内容是否符合国家法律、行政法规的规定。

(3) 公司机构方面。

A. 董事会、监事会的人数。

B. 董事长、董事、监事、经理的限制条件。

(4) 公司的登记事项是否符合规定。

A. 公司名称的核准。

B. 公司住所的审查。

C. 注册资金的审查(注册资金的核定、出资的方式、验证报告)。

(5) 公司经营范围。

5. 公司登记结论。

(1) 驳回。

(2) 予以登记。

A. 结论签署。

B. 批准期限。

C. 领取企业法人“五证合一”营业执照。

六、刻制公章

带营业执照副本到公安机关指定的刻章机构刻章。

1. 公章。

2. 法定代表人名章。

3. 财务章、合同章等根据需要刻制。

七、至税务部门签到

指定有资质的专业财务人员，带营业执照副本、个人证件到当地税务机关签到，确定是小额纳税还是一般纳税人，并领取发票。

【实践成果】

1. 编写公司发起人设立公司协议书。

2. 编写企业章程。

【评分标准】

1. 公司设立材料是否准备充分?(20 分)

2. 回答问题情况如何?(20 分)
3. 公司设立是否合适(新颖)?(5 分)
4. 公司设立资本等各方面状况是否合适?(20 分)
5. 总体印象。(35 分)

共 100 分,请根据具体情况进行打分。

【实践组织】

1. 抓阄决定汇报次序。
2. 小组汇报,每组推荐一人汇报企业设立的过程。
3. 其他小组成员提出问题,若推荐的代表回答不了问题,组内其他成员可以助阵。
4. 各小组轮换进行汇报。
5. 对谁提问问题及提问次数进行记录,根据成员活跃程度适当给予加分。
6. 组间互相进行打分。
7. 老师评议。

【知识拓展】

"五证合一"办证模式,采取"一表申请、一窗受理、并联审批、一份证照"的流程:首先,办证人持工商网报系统申请审核通过后打印的《新设企业五证合一登记申请表》,携带其他纸质资料,前往大厅多证合一窗口受理;窗口工作人员核对信息、资料无误后,将信息导入工商准入系统,生成工商注册号,并在"五证合一"打证平台生成各部门号码,补录相关信息,同时,由窗口专人扫描企业材料,与《工商企业注册登记联办流转申请表》传递至质监局、税务局、工商局、社保局、统计局五部门,如下图所示,由五部门分别完成后台信息录入;最后打印出载有一个证号的营业执照。办证模式的创新大幅度缩短了办证时限,办事效率得到了提高。"五证合一"办证模式进一步简化了审核步骤,很大程度上了降低了大众创业的门槛,开设公司变得更加简单,这鼓舞了大众创业的热情。

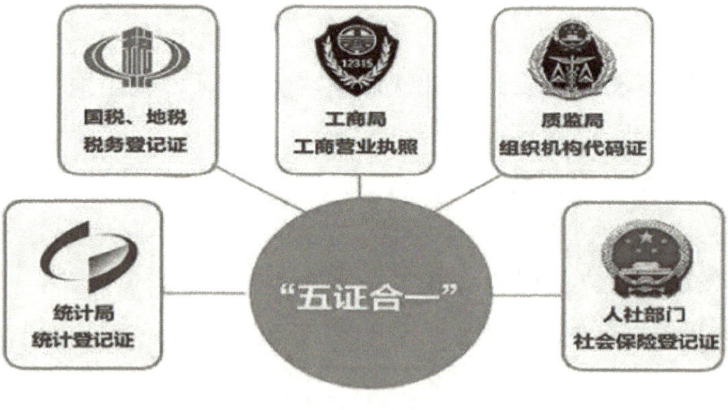

范本 1

股份有限公司发起人协议书范本

为设立_____股份有限公司，明确发起人权利义务，A、B、C、D 等_____名法人（_____名自然人）经充分协商，一致达成如下协议。

一、A、B、C、D 等_____人为_____股份有限公司的发起人。

二、一致推举 A 为发起人代表。

三、在_____省_____市_____区_____街_____号_____楼_____室设立发起人事务所，由 A（或 A 指定代表）任事务所主任。

四、_____股份有限公司的经营范围如下。

主营：……

兼营：……

五、_____股份有限公司的资本总额为_____元，股份总数为_____股，每股面值_____元，每股发行价_____元。

六、_____股份有限公司采取发起方式设立，由发起人认购全部股份，各发起人认购比例如下：

A 认购_____股，占股份总数_____%；

B 认购_____股，占股份总数_____%；

C 认购_____股，占股份总数_____%；

D 认购_____股，占股份总数_____%。

……

七、_____股份有限公司的设立费用为_____元，设立费用由 A 垫付（或由全体发起人平均垫付，或由发起人按比例垫付）。公司成立后，计入公司开办费。

八、同意发起人 A（A、B……）以现物出资，出资标的为_____设备（工业产权、非专利技术、土地使用权），同意_____评估师将标的折价_____元，折合股份_____股。

九、全体发起人一致确认下列责任条款：

1. 对届期无人认购之股份负连带认购责任；

2. 对届期未缴纳之股款负连带缴纳责任；

3. 对现物出资估价高于最后审定价额之差价负连带补缴责任；

4. 公司不成立时，设立费用由 A 负担（或由发起人平均负担，或由发起人按比例负担）；

5. 公司不成立时，对认股人负连带退还股款责任；

6. 公司不成立时，对设立债务负连带偿还责任；

7. 由于发起人过失致公司财产受损害时负连带损害赔偿责任。

十、发起人 A 负责设立申请事务，发起人 B 负责公司董事、监事选举事务，发起人 C 负责其他设立事务（或发起人 A 负责全部设立事务，其他发起人予以配合）。

十一、本协议未尽事项,由全体发起人协商解决(或由A酌情解决)。

十二、本协议自签字之日起生效。违反本协议的发起人,对其他发起人负损害赔偿责任。

十三、本协议一式_____份,发起人各执_____份,_____份具有同等效力。

发起人签名盖章:

A(法人名称、住所、法定代表人、法人证件号码)

B(自然人姓名、住所或居所、国籍、身份证或护照号码)

C(法人名称、住所、法定代表人、法人证件号码)

D(法人名称、住所、法定代表人、法人证件号码)

……

年　月　日

于　省　市(县)

范本2

公司发起人协议书范本

第一条　以下各方当事人同意作为发起人共同发起设立公司(以下简称本公司)。各方当事人在平等自愿、友好协商的基础上,依照《中华人民共和国公司法》及其他有关法律法规的规定,签订本协议,以期共同遵守。

甲方:____________。

乙方:____________。

丙方:____________。

丁方:____________。

戊方:____________。

第二条　本公司的住址为:_____________________。

第三条　本公司在工商行政管理局依法核准的经营范围及国家法律法规非禁止的范围内从事经营活动,经营范围:_____________________。

第四条　本公司的认缴注册资本为人民币__________万元。

第五条　全体发起人分别以如下方式出资,具体情况如下。

甲方:____________________。

乙方:____________________。

丙方:____________________。

丁方:____________________。

戊方:____________________。

第六条　以现金方式出资的发起人应于_____年_____月_____日前,将其对本公司的出资现金存入验资账户。注册资本金待公司财务负责人到任后办理验资账户转基本户手续。

第七条　各发起人应按时参加发起人会议,并按时提交公司设立所需要的有关文件或按时在本公司设立文件上签署意见。

第八条 为了便于公司设立登记之需要,经发起人各方协商,决定委托发起人具体经办本公司设立登记的相关事宜,但其他发起人要给予积极配合。

第九条 本公司设立中的事项包括但不限于以下事项:

1. 聘请有关中介机构进行工作。

2. 制作设立公司的各种文件材料。

3. 办理公司设立的相关事项,并对应当报批的事项依法获得有关主管部门的批准、许可或同意。

4. 协调各发起人间的关系。

5. 其他与本公司设立有关的事宜。

第十条 本公司的筹建费用先由股东______方垫付,具体金额按有关凭证确认计算,待本公司依法设立后,该项费用由本公司承担,若本公司因故不能设立时,由各发起人按出资比例分摊。

第十一条 各发起人承担以下责任:

1. 本公司不能设立时,对设立行为所产生的费用和债务承担连带责任。

2. 在本公司的设立过程中,若是由于某一方的过错致使本公司受到损害,应当承担赔偿责任。

3. 各发起人应当对本公司的设立提供各种便利或服务。

4. 各发起人应当认真完成在本公司设立过程中应由其完成的工作。

第十二条 因发起人中一方的违约行为,造成本公司设立的迟延或不能,由该发起人负责赔偿;若多方违约,则根据具体情况由各方按比例承担赔偿责任。

对于一方在因本公司设立过程中的违约行为而给他方造成损害的,该违约方应当赔偿他方所受的实际损失。

第十三条 发生下列情形之一时,可以修改本协议:

1. 由于不可抗力的发生,协议必须修改。

2. 因各方发起人合意修改。

3. 一方或多方发起人提出修改,其他各方没有异议的。

4. 其他情况而致本协议必须修改的。

本协议的修改必须通过书面的方式进行。

第十四条 发生下列情形之一时,可以终止本协议:

1. 本公司设立登记工作已依法完成,本公司依法成立。

2. 各方发起人合意终止。

3. 因发生不可抗力因素,本协议必须终止。

4. 其他情况。

本协议的终止必须通过书面的方式进行。

第十五条 因履行本协议发生的一切争议,各发起人应友好协商,若协商不成,各发起人均有权向____________________申请裁决。

第十六条　本协议一式_____份，一份提交工商登记机关备案，一份提交会计师事务所验资，一份留存作为将来本公司的档案，其他由发起人各方各执一份，各份的效力相同。

发起人签名、盖章：

1. ____________投资有限公司 （签名、盖章）	2. ____________ （签名、盖章）
3.（签名、盖章）	4.（签名、盖章）
5.（签名、盖章）	6.（签名、盖章）

年　　月　　日

范本3

××有限责任公司章程范本

第一章　总　则

第一条　为适应建立现代企业制度的需要，规范本公司的组织和行为，保护公司、股东和债权人的合法权益，根据《中华人民共和国公司法》（以下简称《公司法》）、《公司登记管理条例》制定本章程。

第二条　本公司（以下简称公司）依据法律、法规和本章程，在国家宏观政策指导下，依法开展经营活动。

第三条　公司的宗旨和主要任务是通过合理有效地利用股东投入公司的资产，使其创造出最佳经济效益，目的是发展经济，为国家提供税利，为股东奉献投资效益。

第四条　公司依法经公司登记机关核准登记，取得法人资格。

第二章　公司名称和住所

第五条　公司名称：____________有限责任公司。

第六条　公司住所：________市________路________号。

第七条　公司经营场所：________市________路________号。

第三章　公司经营范围

第八条　公司的经营范围：××。

第九条　公司的经营范围以登记机关依照有关法律核准为准。

第十条　公司的经营范围中有法律法规规定必须报经审批和须领取经营许可证的，已经批准，并领取了经营许可证。

第四章　公司注册资本

第十一条　公司的认缴注册资本为人民币________万元。

第十二条　公司的注册资本全部由股东投资。

第十三条　公司的注册资本中，现金________万元，占注册资本总额的______%。

第五章　股东姓名或名称

第十四条　公司由以下股东出资设立：

姓名：

公司：

单位：

第十五条　公司的股东人数符合《公司法》的规定。

第六章　股东的权利和义务

第十六条　公司股东均依法享有下列权利：

（一）分配红利；

（二）股东大会的表决权；

（三）优先购买其他股东转让的出资；

（四）依法及依照公司章程规定转让其出资额；

（五）查阅公司章程、股东大会会议记录和财务账目，监督公司的生产经营和财务管理，并提出建议或质询；

（六）被推选担任董事长、副董事长、董事、监事及高级管理人员（法律、法规另有规定的除外）；

（七）在公司清算时，对剩余财产的分享；

（八）法律、法规和本章程规定享有的其他权利。

第十七条　公司股东承担下列义务：

（一）遵守本章程，执行股东大会决议；

（二）依其所认购出资额和出资方式按期缴纳股金；

（三）法律、法规及本章程规定承担的其他义务。

第十八条　公司设置股东名册，记载下列事项：

（一）股东的名称（姓名）、住所、出资方式和出资数额；

（二）登记为股东的日期；

（三）其他有关事项。

第七章　股东出资方式和出资额

第十九条　公司股东出资方式和出资额如下：

姓名：	出资方式：	认缴出资额：	签名：
公司：	出资方式：	认缴出资额：	盖章：
单位：	出资方式：	认缴出资额：	盖章：

第二十条　公司经公司登记机关注册后，股东不得抽出投资。

第二十一条　公司有下列情形的，可以增加注册资本：

（一）股东增加投资；

（二）公司盈利；

（三）其他原因需要增加注册资本。

第二十二条　公司减少注册资本只能因经营亏损。公司减少资本后的注册资本不得低于《公司法》规定的最低限额。

第二十三条　公司减少注册资本，自做出减少注册资本之日起十日内通知债权人，并于三十日内在报纸上至少公告三次。债权人自接到通知之日三十日内或自第一次公告之日九十日内,有权要求公司清偿债务或提供相应的担保。

第八章 股东转让出资的条件

第二十四条 股东之间可以相互转让其出资。

第二十五条 股东依法转让其出资额后,公司重新编制新的股东名册。

第九章 公司的机构及其产生办法、职权、议事规则

第二十六条 公司设股东大会。股东大会由全体股东组成。

第二十七条 股东大会会议按出资比例行使表决权。

第二十八条 股东大会是公司的权力机构,依照《公司法》行使职权。

第二十九条 股东大会分为定期和临时会。

第三十条 股东大会每年至少召开一次。

第三十一条 有下列情况之一的,召开股东临时会:

(一)代表四分之一以上表决权股东提议时;

(二)代表三分之一以上董事提议时;

(三)三分之一以上监事提议时。

第三十二条 公司召开股东大会,于会议召开十五日以前通知全体股东。通知以书面形式发送,并载明会议的时间、地点、内容及其他有关事项。

第三十三条 股东大会由董事长主持,董事长因特殊原因不能履行时,由董事长指定其他董事主持。出席会议的股东要在会议记录上签名。

第三十四条 股东大会行使下列职权:

(一)决定公司的经营方针和投资计划;

(二)选举和更换董事,决定有关董事的报酬事项;

(三)选举和更换由股东代表出任的监事,决定有关监事的报酬事项;

(四)审议批准董事会的报告;

(五)审议批准监事会的报告;

(六)审议批准公司的年度财务预算方案、决算方案;

(七)审议批准公司的利润方案和弥补亏损方案;

(八)对公司增加或减少注册资本作出决议;

(九)对发行公司债券作出决议;

(十)对股东向股东以外的人转让出资作出决议;

(十一)对公司合并、分立、变更、解散和清算等事项作出决议;

(十二)修改公司章程。

第三十五条 公司设董事会,董事由股东大会选举和更换。董事每届任期三年,董事任期届满后可连选连任。

第三十六条 董事会对股东大会负责,行使下列职权:

(一)负责召集股东大会,并向股东大会报告工作;

(二)执行股东大会的决议;

（三）决定公司的经营计划和投资方案；
（四）制订公司的年度财务预算方案、决算方案；
（五）制订公司的利润分配方案和弥补亏损方案；
（六）制订公司增加或减少注册资本的方案及发行公司债券的方案；
（七）制订公司合并、分立、变更、解散的方案；
（八）决定公司内部机构的设置；
（九）聘用或解聘公司高级职员，并决定其报酬事项；
（十）制定公司的基本管理制度；
（十一）公司章程规定的其他职权。

第三十七条　董事会设董事长一人。董事长由董事会全体董事过半数选举产生和更换。

第三十八条　董事长不履行职务，又不指定副董事长或其他董事召集和主持董事会时，三分之二以上董事可以提议召开董事会议。

第三十九条　公司召开董事会议，于会议召开十日以前通知全体董事。

第四十条　董事会议所议事项须做成会议记录，出席会议的董事须在会议记录上签名。董事须对董事会的决议承担责任。

第四十一条　董事会议实行一人一票和按出席会议的董事人数少数服从多数记名表决制度。当赞成和反对票数相等时，董事长有权作出最后决定。

第四十二条　公司召开董事会议，须由半数以上董事出席方可举行。董事会议作出决议，须经全体董事过半数通过方才有效。董事会议表决的事项涉及某个董事个人利害关系时，该董事没有表决权，但算在法定人数之内。

第四十三条　召开董事会，董事本人应当参加。董事因故不能参加时，可以书面委托其他董事代为出席董事会议，委托书要载明授权的范围。

第四十四条　公司设监事会，监事会由三名监事组成，并推选一名召集人。

监事会中的职工代表由公司职工民主选举产生。

第四十五条　监事会行使下列职权：
（一）检查公司的财务；
（二）对董事、经理及其他高级管理人员执行公司职务时违反法律、法规或公司章程的行为进行监督；
（三）当董事、经理及其他高级管理人员的行为损害公司的利益时，要求予以纠正；
（四）提议召开临时股东大会；
（五）公司章程规定的其他职权。

监事列席董事会议。

第四十六条　监事会议实行一人一票、少数服从多数的表决制度。监事会议决议需经过半数监事表决同意，方才有效。

第四十七条　监事的任期每届三年，任期届满可以连选连任。监事不得兼任公司董事、经理及财务负责人。

第四十八条　公司设经理。经理由董事会聘任或解聘。

第四十九条　经理对董事会负责,并行使下列职权:

(一) 主持公司的生产经营管理工作,组织实施董事会决议;

(二) 组织实施公司年度经营计划和投资方案;

(三) 制订公司内部管理机构设置方案;

(四) 制定公司的基本管理制度;

(五) 制定公司的具体规章;

(六) 提请聘用或解聘公司副经理、财务负责人;

(七) 聘任或解聘除由董事会聘任或解聘以外的管理负责人员;

(八) 公司章程和董事会授予的其他职权。

第五十条　经理在行使职权时,不得变更股东大会的决议和超越授权范围。

第五十一条　副经理协助经理工作,当经理不在时,由经理指定副经理代其行使职权。

第十章　公司的法定代表人

第五十二条　董事长为公司的法定代表人。

第五十三条　董事长行使下列职权:

(一) 主持股东大会和召集、主持董事会议;

(二) 检查董事会决议的实施情况;

(三) 签署公司债券;

(四) 法律、法规和公司章程规定的其他权利。

第十一章　公司利润分配和财务会计

第五十四条　公司税后利润按下列顺序分配:

(一) 弥补亏损;

(二) 提取法定公积金;

(三) 提取法定公益金。

法定公积金按利润的30%提取,法定公益金按利润的5%～30%提取。

第五十五条　公司依法建立财务会计机构和账册制度。公司在每一会计年度终了时作财务会计报告。公司的财务会计报告包括下列财务会计报表及附属明细表:

(一) 资产负债表;

(二) 损益表;

(三) 财务状况变动表、财务情况说明表。

第五十六条　公司除法定的会计账册外,不另立会计账册。对公司资产,不以任何个人名义开立账户存储。

第五十七条　公司年度会计报告在股东年会召开二十日前置备于公司,供股东查阅。

第五十八条　公司会计年度采用公历制,即每年公历一月一日起至十二月三十一日止为一个会计年度。公司采用人民币为记账单位币。

第十二章　公司的解散事由与清算办法

第五十九条　公司有下列情况之一的,予以解散和清算:

(一) 因不可抗力因素迫使公司无法继续经营的；

(二) 股东大会决定解散的；

(三) 公司因违反法律、法规被依法责令关闭的；

(四) 公司被宣告破产，公司因合并或者分立需要解散的。

第六十条 公司依照前条第(一)、第(二)规定解散的，在十五日内成立清算组织，进行清算。清算组织由股东大会确定人选。公司依照前条第(三)、第(四)项规定解散的，由有关部门和人民法院根据有关法律、法权组织成立清算组织，进行清算。

第六十一条 清算组织自成立之日起十日内通知债权人，并于六十日内在报纸上至少公告三次。债权人应当自接到通知书之日起三十日内，未接到通知书的自第一次公告之日起九十日内向清算组织申报其债权。

债权人申报其债权时，要说明债权的有关事项，并提供证明材料，清算组织对债权进行登记。

第六十二条 清算组织在清算期间行使下列职权：

(一) 清理公司财产，分别编制资产负债表和财产清单；

(二) 通知或者公告债权人；

(三) 处理与清算有关公司未了结的业务；

(四) 清缴所欠税款；

(五) 清理债权、债务；

(六) 处理公司清偿后的剩余财产；

(七) 代表公司参与民事诉讼活动。

第六十三条 清算组织在清理公司财产、编制资产负债表和财产清单后，制订清算方案。

公司财产能够清偿债务的，分别支付清算费用、职工工资和劳动保险费用，缴纳所欠税款，清偿公司债务。

公司财产按前款规定清偿后的剩余财产，按照股东的出资比例分配。

清算期间，公司不开展新的经营活动，公司财产未按法律规定清偿前，不分配给股东。

第六十四条 清算组织在发现公司财产不足清偿公司债务时，立即停止清算，并向人民法院申请破产。

公司经人民法院裁定宣告破产的，清算组织将清算事务移交给人民法院。

第六十五条 公司清算结束后，清算组织应制作清算报告，并报送公司登记机关办理公司注销登记，公告公司终止。

第六十六条 清算组织成员应忠于职守，依法履行清算义务。清算组织成员不得利用职权为自己谋取私利。清算组织成员因故意或者重大过失给公司或债权人造成损失的，承担赔偿责任。

第十三章 股东认为需要规定的其他事项

第六十七条 董事、监事、经理或者其他高级职员必须按公司赋予的权力行使职权，不得利用其在公司的地位和权力为自己谋取私利，不得侵占公司财产。

董事、经理不得挪用公司资金或将公司资金借贷给予他人，不得将公司资产以其个人名义或其他个人名义开立账户存储，不得以公司资产为公司的股东或其他个人债务提供担保。

第六十八条　公司研究决定有关职工工资、福利、安全生产、劳动保护及劳动保险等涉及职工切身利益的问题，应当事先听取公司工会和职工的意见，并邀请工会或职工代表列席有关会议。

公司研究生产经营的重大问题，制定重要的规章制度，应当听取公司工会和职工的意见和建议。

第六十九条　公司职工依据《公司法》建立工会组织。工会依法开展活动。

第七十条　依法需要建立其他组织或机构的，公司按法律、法规规定执行。

第十四章　附　则

第七十一条　本章程未规定的法律责任和其他事项，按法律、法规执行。

第七十二条　修改本章程必须经出席股东大会的股东所持表决权三分之二以上通过。

修改本章程，由股东大会作出决议。股东大会通过的有关本章程的修改、补充条款，均为本章程的组织部分，经公司登记机关登记备案后生效。

股东签名：

××有限责任公司

二〇　　年　　月　　日

第五章 >>>

红旅实践基地实践

“青年红色筑梦之旅”活动是创新创业教育的重要环节，通过大学生创新创业项目对接革命老区经济社会发展需求，助力精准扶贫脱贫，为创业大学生提供继承红色精神、涵养创业精神、坚定文化自信的精神盛宴。

【实践目的】

学习贯彻习近平新时代中国特色社会主义思想和党的二十大精神，深入落实习近平总书记给第三届中国“互联网+”大学生创新创业大赛“青年红色筑梦之旅”大学生重要回信精神。

推动创新创业教育与思想政治教育相融合，通过引导大学生扎根中国大地，了解国情、民情，在创新创业中增长智慧才干，在艰苦奋斗中锤炼意志品质，为中华民族伟大复兴的中国梦培养有理想、有本领、有担当的热血青春力量。

深度挖掘大学生创新创业成果，积极主动服务乡村振兴战略，助力精准扶贫。

【实践条件】

1. 红色教育基地。
2. 校内创新创业基地。

【实践原理】

通过组建“青年红色筑梦之旅”训练营，带领大学生走进革命老区、贫困地区，了解民情、社情，接受思想洗礼，学习革命精神，传承红色基因，重温革命前辈伟大而艰辛的创业史，走好新时代青年的新长征路，成为中国特色社会主义事业的合格建设者和可靠接班人。

【实践内容】

一、组建创新创业项目团队

根据“青年红色筑梦之旅”扶贫项目需求，结合乡村振兴战略、精准扶贫脱贫需求，紧密联系现有乡村振兴、社区治理对接地区，组建创新创业项目团队。

二、参加“红色参观之旅”活动

组织创新创业项目团队走进革命老区、贫困地区，接受思想洗礼，学习革命精神，传承红色基因。

三、参加“红色调研之旅”活动

组织创新创业项目团队到学校支教对接的县、乡、村或者社区，从质量兴农、绿色兴农、科技兴农、电商兴农、教育兴农、社区治理等多个方面开展帮扶工作，推动当地社会经济建设，助力乡村振兴和社区治理，将学校的智力、技术和项目资源辐射到农村地区和社区。

四、参加“青年红色筑梦之旅”培训活动

培训活动主要包括创新创业的讲座、论坛等。

【思考题】

1. “青年红色筑梦之旅”的重大意义是什么？
2. 如何在创新创业实践中弘扬“青年红色筑梦之旅”精神？
3. 撰写心得体会。

【制订行动计划】

根据项目团队自身情况，制订行动计划。

行动目标	重点任务	支持保障	备注

【实验成果】

结合实践活动，撰写实践报告。

【知识拓展】

一、“青年红色筑梦之旅”

“青年红色筑梦之旅”是中国“互联网＋”大学生创新创业大赛举办的同期实践活动，始于2017年第三届中国“互联网＋”大学生创新创业大赛。2017年4月，“青年红色筑梦之旅”首批实践团奔赴革命圣地延安，40余名来自西安电子科技大学、清华大学、北京科技大学、大连理工大学等高校的大赛获奖项目、四强项目团队成员和部分乡村创客代表参加了首批实践活动。2017年7月，第三届中国“互联网＋”大学生创新创业大赛同期实践

活动——“青年红色筑梦之旅”成功举办，近300支来自全国各高校的参赛队伍及“互联网+”行业创新创业青年领军人物在革命圣地延安会师，参加本次实践活动。

二、主要事件

1. 给总书记写信汇报活动感受。

2017年7月活动期间，由西安电子科技大学创业团队“小满良仓”负责人张旺发起，联合其他创业团队一起给习近平总书记汇报“青年红色筑梦之旅”实践活动感受，表示要像青年时代的习近平那样，立下为祖国、为人民奉献自己的信念和志向，把自己创新创业梦融入伟大中国梦，用青春和理想谱写信仰和奋斗之歌。

2. 总书记回信勉励青年学子。

2017年8月15日，中共中央总书记、国家主席、中央军委主席习近平给参加第三届中国“互联网+”大学生创新创业大赛“青年红色筑梦之旅”的大学生回信，信中写道：

得知全国150万大学生参加本届大赛，其中上百支大学生创新创业团队参加了走进延安、服务革命老区的“青年红色筑梦之旅”活动，帮助老区人民脱贫致富奔小康，既取得了积极成效，又受到了思想洗礼，我感到十分高兴。

延安是革命圣地，你们奔赴延安，追寻革命前辈伟大而艰辛的历史足迹，学习延安精神，坚定理想信念，锤炼意志品质，把激昂的青春梦融入伟大的中国梦，体现了当代中国青年奋发有为的精神风貌。

实现全面建成小康社会奋斗目标，实现社会主义现代化，实现中华民族伟大复兴，需要一批又一批德才兼备的有为人才为之奋斗。艰难困苦，玉汝于成。今天，我们比历史上任何时期都更接近实现中华民族伟大复兴的光辉目标。祖国的青年一代有理想、有追求、有担当，实现中华民族伟大复兴就有源源不断的青春力量。希望你们扎根中国大地了解国情民情，在创新创业中增长智慧才干，在艰苦奋斗中锤炼意志品质，在亿万人民为实现中国梦而进行的伟大奋斗中实现人生价值，用青春书写无愧于时代、无愧于历史的华彩篇章。

第六章 校外实践基地实践

高校是人才培养的高地，基于创新能力培养视角，校企协同创建实践基地，为学生提供自我学习、勇于创新的平台，意义重大。结合专业特点，进行创新创业校外实践活动，可以促进学生建立理论与现实的直观联系。

【实践目的】

让学生近距离接触企业，实实在在了解孵化机制和资源，感受创业氛围，引导大学生认识自己，了解并提高创业能力，寻求职业目标，制订相应的就业创业计划。

【实践仪器与基地】

1. PC。
2. 校外实践基地。

【实践内容及形式】

教学名称	教学形式	实践内容	实践成果	课时要求
实践基地观摩	参观、访问、观察、模拟	明确岗位认知、岗位核心能力、职业能力及创新能力	学习报告	2 课时
座谈与交流	创业人生访谈、交流会	根据学生发展需求，与创业导师及职业指导老师进行交流	学习报告	2 课时
参与实操项目	项目式实践、理论与实操演练	训练创新能力，掌握创新技法，进行能力评估及产品创新开发	学习报告	2 课时
顶岗训练	创新创业实战	学习组建团队，寻找创业机会，整合创业资源，强化创业管理	学习报告	6 课时
备注	课后可继续以讨论、查找资料、撰写报告等形式进行延伸			

组织各类竞赛、讲座、论坛、俱乐部、模拟实践等活动，丰富学生的创新创业知识和体验，提升学生的创新精神和创业能力。支持学生参与校内外学术会议，为学术创新创业提

供交流经验、展示成果、共享资源的机会。支持学生通过与校外导师接洽，充分利用现有的创新创业项目资源，共同合作完成项目。将创新创业教育和实践活动成果有机结合，积极创造条件。对创新创业活动中涌现的优秀创业项目进行孵化，切实扶持一批大学生实现自主创业。

【思考题】

1. 如何分析创业环境？
2. 以创业实现就业对个人有何要求？
3. 如何快速解读新兴行业？

【实践成果】

撰写实践报告。

【知识拓展】

一、适合初创型企业的法律形态

初创型企业在选择法律形态时，应考虑多种因素，包括企业的规模、资金状况、业务模式、税务考虑、责任限制及未来的增长和退出战略。以下是几种适合初创型企业的常见法律形态。

1. 个体工商户：适合规模较小、业务简单的初创企业。个体工商户的设立和运营成本较低，税务处理简单，但经营者需承担无限责任。

2. 个人独资企业：类似于个体工商户，但可能享有更多的经营自主权。个人独资企业的投资者同样对企业债务承担无限责任。

3. 合伙企业：适合由几个合作伙伴共同创立的企业。合伙企业可以是普通合伙企业，其中合伙人对企业债务承担无限责任；也可以是有限合伙企业，其中有限合伙人的责任限于其投资额。

4. 有限责任公司：既为初创企业提供了灵活性，又为个人资产提供了保护。股东的责任限于其对公司的出资额，这有助于保护创始人的个人财产不受企业债务的影响。

在选择法律形态时，初创企业应考虑以下因素。① 法律责任：不同法律形态对企业及其所有者的责任有不同的规定。② 税收影响：不同的法律形态可能会对企业的税务处理产生不同的影响。③ 管理结构：企业的结构会影响决策过程和日常运营。④ 资本化：企业需要考虑如何筹集资金及如何分配股权。⑤ 社会和道德价值观：对于强调社会责任感的企业，选择的法律形态应与其价值观相符。⑥ 未来的增长和退出战略：企业应考虑长期目标，包括扩张计划和潜在的退出策略。

在做出选择之前，初创企业应咨询法律和财务顾问，以确保选择最适合其特定需求和目标的法律形态。

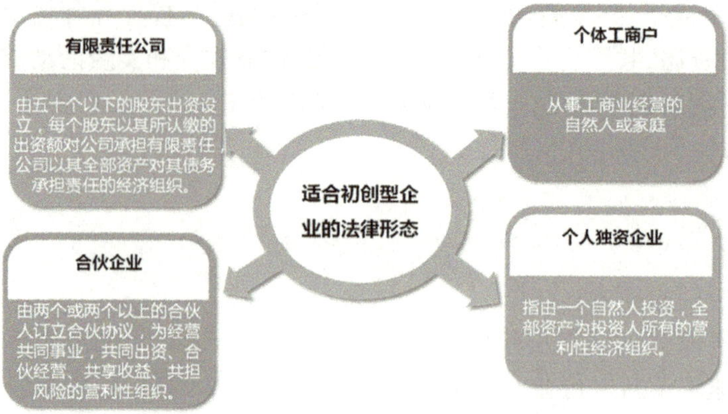
有限责任公司
由五十个以下的股东出资设立，每个股东以其所认缴的出资额对公司承担有限责任，公司以其全部资产对其债务承担责任的经济组织。
个体工商户
从事工商业经营的自然人或家庭
适合初创型企业的法律形态
合伙企业
由两个或两个以上的合伙人订立合伙协议，为经营共同事业，共同出资、合伙经营、共享收益、共担风险的营利性组织。
个人独资企业
指由一个自然人投资，全部资产为投资人所有的营利性经济组织。

二、新兴行业知识

我国战略性新兴产业发展面临长期挑战，应对复杂国际环境，“十四五”时期，应筑牢产业安全体系，提升安全体系，提升产业创新能力，打造世界级产业集群，聚焦重点领域的产业共性技术、产业瓶颈技术、前沿跨领域技术等，构建新兴产业创新发展体系，实现新兴产业高质量发展。当前，随着我国经济进入高质量发展阶段，加快发展战略性新兴产业的现实意义更为重要。新兴行业通常指的是随着科技进步、社会发展和市场需求变化而出现的新兴产业。这些行业往往具有高成长性、高创新性和高附加值的特点。以下是一些新兴行业及其代表性企业。

1. 云计算。随着企业数字化转型的加速，云计算作为一种提供共享计算资源和服务的模式，正变得越来越重要。它允许企业按需使用计算资源，从而降低成本并提高效率。

国内代表企业：百度、阿里巴巴、腾讯、科大讯飞。

国际代表企业：谷歌、亚马逊、微软、国际商业机器公司。

2. 人工智能(AI)。AI 技术正在改变各行各业，从自动化生产到智能分析，再到个性化服务，AI 的应用正在扩展到社会生活的各个方面。

国内代表企业：阿里云、腾讯云、华为云。

国际代表企业：亚马逊云科技(AWS)、谷歌云平台。

3. 大数据。大数据涉及收集、存储、分析和解释大量数据的过程，它可以帮助企业洞察市场趋势、优化运营和提高决策质量。

国内代表企业：华为、阿里巴巴、腾讯。

国际代表企业：帕兰提尔。

4. 物联网。物联网是指通过网络互联的各种设备和物体，实现信息的交换和通信。它在智能家居、智慧城市、工业自动化等领域有广泛应用。

国内代表企业：小米、海尔、美的。

国际代表企业：思科、西门子、通用电气(GE)。

5. 生物技术。生物技术行业涉及基因编辑、生物制药、农业生物技术等领域，它有助于开发新药、提高作物产量和改善人类健康。

国内代表企业：华大基因、恒瑞医药、药明康德。

国际代表企业:安进、基因技术、诺华。

6. 新能源。随着全球对可持续能源的需求增加,新能源行业如太阳能、风能和电动汽车等领域正在迅速发展。

国内代表企业:比亚迪、宁德时代、隆基股份。

国际代表企业:特斯拉、第一太阳能。

7. 新材料。新材料行业致力于开发具有特殊性能的材料,如纳米材料、高性能复合材料等,这些材料在航空航天、电子设备和医疗设备等领域有重要应用。

国内代表企业:中芯国际、东旭光电、碳元科技。

国际代表企业:明尼苏达矿务及制造业公司、陶氏化学、康宁。

8. 高端装备制造。这一行业包括智能制造、精密机械、机器人技术等,它代表着制造业的高端化和智能化趋势。

国内代表企业:中国中车、三一重工、徐工机械。

国际代表企业:西门子、卡特彼勒、波音。

9. 数字创意产业。包括数字媒体、游戏、虚拟现实(VR)和增强现实(AR)等领域,这些技术正在改变娱乐、教育和营销的方式。

国内代表企业:腾讯、网易、哔哩哔哩。

国际代表企业:奈飞、声田、动视暴雪。

10. 绿色低碳。随着全球对环境保护意识的增强,绿色低碳行业如节能技术、环保设备和循环经济正在获得更多关注。

国内代表企业:远景能源、金风科技、中环股份。

国际代表企业:维斯塔斯、西门子歌美飒、特斯拉。

新兴行业的发展对于经济增长、社会进步和科技创新具有重要意义。它们通常基于前沿技术,如人工智能、云计算、大数据等,推动了传统产业的转型和升级,同时也催生了新的商业模式和服务。新兴行业不仅为市场提供了多样化的产品和服务,满足了消费者不断变化的需求,还促进了就业机会的增加,尤其是在高技能和知识密集型的岗位上。此外,新兴行业在解决全球性问题,如气候变化、资源短缺和健康危机等方面展现出巨大潜力,有助于实现可持续发展目标。通过创新驱动和跨界融合,新兴行业正在重塑全球经济格局,为未来社会的发展奠定坚实基础。

三、山东省大学生创业优惠补贴政策及扶植标准

1. 一次性创业补贴、一次性创业岗位开发补贴及创业场所租赁补贴。

(1) 全面落实高校毕业生、登记失业人员、退役士兵和残疾人等群体就业创业税收优惠政策。加大一次性创业补贴发放力度,有条件的市可将一次性创业补贴政策放宽到符合条件的新注册个体工商户,补贴标准不低于2 000元。对毕业5年内的高校毕业生(含技师学院高级工班、预备技师班和特殊教育学院职业教育类毕业生)租用经营场地创业,有条件的市可给予创业场所租赁补贴。[《山东省人民政府〈关于助推新旧动能转换 做好当前和今后一段时期就业创业工作的意见〉》(鲁政发〔2017〕27号)]

(2) 落实国家关于清障减负各项政策,为高校毕业生创新创业营造良好环境,鼓励大

学生担任科技特派员投入农村创新创业。鼓励各高等院校允许全日制在校学生休学创业。凡创办企业的大学生，所创办的企业与所学专业相关的，可视为其参加实习、实训或实践教育的时间，并按相关规定记入学分。加快大学生创业孵化基地、众创空间、星创空间、农科驿站等建设，推动老旧商业设施、仓储设施、闲置楼宇、过剩商业地产转为大学生创业孵化基地，为高校毕业生搭建低成本、全方位、专业化的创新创业平台，为创业者提供指导服务和政策扶持，对确有需要的创业企业，可适当延长孵化周期。发挥财政、信贷、创投以及社会公益等各类资金的作用，为高校毕业生创业创新提供多渠道资金支持。鼓励高校毕业生根据自身专长和区域经济特色，在基层创办小微企业、从事个体经营或网络创业，鼓励高校毕业生参加全国创新创业大赛和山东省中小微企业创新竞技行动计划，按规定给予政策支持。支持高校毕业生以资金入股、技术参股等方式，加入农民专业合作社等经济组织，鼓励其兴办家庭农场，对符合扶贫扶持政策、农业补贴政策条件的，按规定给予政策支持。鼓励高校毕业生充分利用闲暇时间，通过互联网远程技术为基层和艰苦边远地区提供公益性志愿服务或兼职工作，以多种形式为基层发展贡献才智。［中共山东省委办公厅 山东省人民政府办公厅印发《关于进一步引导和鼓励高校毕业生到基层工作的实施意见》的通知（鲁办发〔2017〕37 号）］

（3）大学生到农村创业领办农民专业合作社、创办小微企业等实体，首次领取营业执照且正常经营、在创办实体按照企业职工标准缴纳社会保险费满 12 个月的，给予不低于 1.2 万元的一次性创业补贴。对大学生领办农民专业合作社或创办小微企业，根据其申请补贴时吸纳签订 1 年以上劳动合同、按规定参加社会保险 4 个月以上的就业人员数量，给予每个岗位 2 000 元的一次性创业岗位开发补贴。各地创业孵化基地、创业园区应优先为毕业年度高校毕业生涉农创业项目提供创业场所，按规定给予场地租赁费用减免。对毕业年度高校毕业生涉农创业项目租用经营场地，并且未享受场地租赁费用减免的，可给予一次性创业场所租赁补贴，具体由各市结合实际自行确定。［山东省人力资源和社会保障厅等部门《关于促进大学生到农村创业的意见》（鲁人社发〔2016〕21 号）］

2. 孵化。

（1）各地创业孵化基地、创业园区应优先为毕业年度高校毕业生涉农创业项目提供创业场所，按规定给予场地租赁费用减免。对毕业年度高校毕业生涉农创业项目租用经营场地，并且未享受场地租赁费用减免的，可给予一次性创业场所租赁补贴，具体由各市结合实际自行确定。［山东省人力资源和社会保障厅等部门《关于促进大学生到农村创业的意见》（鲁人社发〔2016〕21 号）］

（2）强化创业实践孵化，提供创业经营场所支持，统筹利用资源建设大学生创业园、留学人员创业园和创业孵化基地，支持发展一批众创空间等新型平台，为高校毕业生提供低成本场所支持和孵化服务。［山东省人力资源和社会保障厅 山东省教育厅《关于贯彻落实人社部发〔2016〕100 号文件 实施高校毕业生就业创业促进计划的通知》（鲁人社发〔2016〕51 号）］

（3）加大大学生创业示范平台建设力度，基本实现大学生创业孵化基地或大学生创业园全覆盖，为高校毕业生提供低成本场所支持和工商税务等一站式服务，并对符合条件的给予一定的场地租赁补贴。每年评估认定10家左右省级大学生创业孵化示范基地和创业示范园区,并按照规定给予资金奖补。[山东省人力资源和社会保障厅 山东省教育厅《关于贯彻落实人社部发(2016)100号文件 实施高校毕业生就业创业促进计划的通知》(鲁人社发〔2016〕51号)]

规范使用好省级创业带动就业扶持资金、就业补助资金和大学生创业引领计划专项扶持资金,落实好一次性创业补贴、一次性创业岗位开发补贴、一次性创业场所租赁补贴及创业担保贷款等政策。[山东省人力资源和社会保障厅 山东省教育厅《关于贯彻落实人社部发(2016)100号文件 实施高校毕业生就业创业促进计划的通知》(鲁人社发〔2016〕51号)]

3. 创业担保贷款及贴息。

符合条件的创业人员,可申请10万元以内(含10万元)创业担保贷款,期限最长不超过3年,利率可在贷款合同签订日贷款基础利率的基础上上浮不超过1个百分点,第一年给予全额贴息,第二年贴息2/3,第三年贴息1/3。符合条件的小微企业,可申请300万元以内(含300万元)创业担保贷款,期限最长不超过2年,按照贷款合同签订日贷款基础利率的50%给予贴息。[山东省财政厅 山东省人力资源和社会保障厅关于印发《山东省创业带动就业扶持资金管理办法》的通知(鲁财社〔2016〕69号)]

4. 选树创业典型。

(1) 组织开展“山东大学生十大创业之星”评选活动,举办“山东省大学生创业大赛”,营造良好的创新创业氛围。[山东省人力资源和社会保障厅 山东省教育厅《关于贯彻落实人社部发(2016)100号文件 实施高校毕业生就业创业促进计划的通知》(鲁人社发〔2016〕51号)]

(2) 创业典型奖励标准:对每年新评选的“山东省十大大学生创业之星”给予5万元奖励,对“山东省创业大赛”前十名,按照获奖等次即特等奖、一等奖、二等奖、三等奖由高到低分别给予10万、8万、5万、3万元奖励。[山东省财政厅 山东省人力资源和社会保障厅关于印发《山东省创业带动就业扶持资金管理办法》的通知(鲁财社〔2016〕69号)]

通过评选树立创业典型,既能筛选出优秀的创业人才,又能鼓励更多有创业理想的大学生积极参与到创新创业之中,让大学生创业者在合作与竞争中进步,通过资源整合组建更优秀的团队,成就更好的企业。

四、山东省优势行业与产业

2018年1月,山东省新旧动能转换综合试验区获国务院批复,成为我国第一个以新旧动能转换为主题的国家战略。随后,《山东省新旧动能转换重大工程实施规划》(鲁政发〔2018〕7号)等文件陆续出台,“十强”产业发展规划明晰。新一代信息技术、高端装备、新能源新材料、智慧海洋、医养健康五个新兴产业快成长、上规模;绿色化工、现代高效农业、文化创意、精品旅游、现代金融五个传统产业提层次、强实力。“十强”产业涵盖了一、二、三产业,涉及山东省主导产业、优势产业、潜力产业,代表了先进生产力发展方向。用新技术提升产业核心竞争力,用新模式、新业态让“老树发新芽”,山东省在农业上正推进农业一、二、三产业融合,发展终端型、体验型、循环型、智慧型新产业新业态;在旅游产业主打“精品”概念，支持低空飞行、旅游演艺、生态休闲、康体健身等旅游新业态项目建设；文化创意、现代金融服务等产业也都融入了新模式、新业态。

山东省政府陆续出台了相关实施意见，围绕区位优势和产业禀赋，提出创新创业共同体建设蓝图。

第七章

创新创业市场调查与营销策划实践

初创企业在经营中最重要的两件事就是管理和营销。营销在企业中起着至关重要的作用,要想做好营销工作,须了解整个经营过程,抓住重要内容和关键任务,这也是创业后成功营销的关键。

【实践目的】

在市场营销基础理论的基础上,开展有效的调研活动,了解相关营销内容,提升综合素质。

【实践仪器】

PC。

【实践原理】

通过市场调研,了解市场环境的变化,寻找和把握机会,制订合适的市场营销方案。

【实践内容】

一、创业者一分钟自我推销演练

1. 实践目标。

(1) 帮助学生树立自信心,让学生对首因效应有独到的认识;进一步认识营销在组织中的地位和作用,帮助学生进入营销的角色。

(2) 帮助学生建立市场营销的基本概念,形成现代市场营销观念,建立营销职业意识,学习用营销的思想分析问题,能清晰明确地表达出营销的相关知识。

2. 实践组织。

(1) 个人。

学生按授课教师要求,精心写好一份一分钟自我推销介绍词,然后利用课余时间反复演练。当学生对演讲内容熟练时,教师再安排课堂时间让学生登台进行一分钟自我推销演练。

(2) 团队。

按教学班级学生人数来确定小组团队,每一团队人数以4～6人为宜。

3. 实践过程。

(1) 个人展示。

第一步,上台问候。跑步上台,站稳后先对所有人问好,然后再做自我介绍。注意要面带微笑。

第二步,进行正式内容演练,即进行自我推销介绍。注意音量、站姿、介绍顺序、肢体动作等。

第三步,致谢回座。对所有人说"谢谢"后,才能按教师示意回到座位。

(2) 团队展示。

第一步,各小组团队进行合理分工,通过互联网、实地考察等方式收集相关资料,确定选题。

第二步,组织研讨,最终形成小组团队的课题报告,并进行汇报。

第三步,同学互评,教师点评,然后综合评定本次各学习小组团队的实践成绩。

4. 报告要求。

基于营销基本原理的应用,须满足下面两点要求:

(1) 结合地区经济发展状况,对一具体的企业市场行为进行调查,应用营销基本原理,分析其企业行为的科学性。

(2) 应用已学习过的营销原理,对所调研的企业未来的市场行为提出营销发展建议。

二、市场营销调查

1. 实践目标。

帮助学生达到初步掌握市场营销调查的基本程序、核心技术和技能的要求,培养学生的团队合作精神。

2. 实践组织。

将班级学生划分为若干项目小组,每组一般是4～6人。组团的时候要注意小组成员在知识、性格、技能等方面的互补性。选举小组长,以协调小组的各项工作。

由于市场营销调查的很多环节均需要小组人员共同作业,因此,无特殊原因,中途不允许组员变动。

小组成绩将作为每位组员的作业成绩。

3. 实践过程。

第一步,确定调研主题与调研内容。

第二步,选择调研项目,收集资料,进行问卷调查,对数据进行统计与分析、加工与处理等。

第三步,撰写调查报告。

4. 报告要求。

(1) 调研主题和内容要有可操作性。

要尽量避开不常使用的产品或服务,选择的调查对象要熟悉本产品或服务。为便于操作,可选择学生、教师等为调查对象,学校周围的商店、书店、洗衣店店员等也可作为调查对象。

(2) 确定调研项目内容。所选择的调研项目至少应涉及以下内容:对二手资料进行调查,进行问卷设计并调查,对数据进行抽样处理,对数据进行基本统计和分析,利用SPSS 及 Excel 软件处理,撰写调查报告。

(3) 控制项目进程。用约两个星期的时间落实客户,提交调研计划书,确定调研主题和调研对象。调研项目将与课程学习平行进行,随着课程内容的展开不断推进。

(4) 建立经验交流制度。每完成调研的一个环节如调查问卷的设计、样本量的确定和抽样等,辅导老师应及时检查学生调研操作的进度和实际完成情况,提供必要的指导和建议,并组织学生进行经验交流,针对共性问题,要在课堂上组织讨论,进行专门的讲解。

三、目标市场营销战略(STP)

1. 实践目标。

设定自己是某产品的市场营销经理,针对你所经营的产品,细分目标市场,分析研究“谁是你的客户”,以找准目标市场,实施市场定位策略。

2. 实践组织。

将班级学生划分为若干项目小组,每组一般由4～6人组成。组团的时候要注意小组成员在知识、性格、技能等方面的互补性。选举小组长,以协调小组的各项工作。

小组成绩将作为每位组员的作业成绩。

3. 实践过程。

第一步,在市场调研与分析的基础上,确定拟要调查的客户,按要求描绘客户。

第二步,根据调查资料结果,确定这一产品的市场定位。

第三步,拟订出目标市场营销战略方案。

4. 报告要求。

(1) 明确市场细分的标准。例如,年龄段、性别、收入、文化水平、职业、家庭大小、民族、社会阶层、生活方式等;本地、国内、国外;产品、服务、附加利益;等等。例如,调查某件产品的市场情况,按产品的数量,也可按产品销售金额细分。

(2) 注明营销渠道。例如,网络、广告、报纸、广播、电视、面对面营销等。

(3) 进行市场定位。分析总市场规模,分析自己的产品所占的市场份额。

(4) 了解客户对产品或服务的感受,分析产品的竞争力。提出如何充分发挥产品优势、规避产品劣势的方法,提出提升产品销售的策略。

四、营销策划(4Ps)

1. 实践目标。

(1) 关于产品。熟悉产品的整体概念、产品市场生命周期、产品组合、新产品开发、品牌和包装等策略的原理及应用。通过品牌设计,帮助学生掌握品牌设计的基本技能。在品牌设计中,学生能够根据设计要求,积极创造,设计具有吸引力、体现个性化的品牌名称和标志。策划设计一个好品牌对企业来说是极其重要的,企业可以借助品牌的魅力,增强市场竞争力，获得更佳效益，也能为学生将来创业奠定业务基础。

(2) 关于渠道。熟悉、掌握中小企业是如何选择分销渠道模式的；了解企业现有渠道运行的状况及存在的问题；了解企业是如何化解渠道矛盾和冲突的。

(3) 关于价格。熟悉影响企业定价的主要因素，掌握基本的定价方法，学习应用定价的技巧、变价的策略。掌握讨价还价的方法与技巧，能根据情景模拟资料，进行角色扮演和营销情景模拟活动。

(4) 关于促销。培养学生的自信、胆量与沟通的能力；培养学生能随时进入推销及促销的角色的能力。

2. 实践组织。

将班级学生划分为若干项目小组，每组一般由 4 ~6 人组成。组团的时候要注意小组成员在知识、性格、技能等方面的互补性。选举小组长，以协调小组的各项工作。

小组成绩将作为每位组员的作业成绩。

3. 实践过程。

教师选择 2 ~3 个类型的产品，并向学生提供市场上该类产品的价格竞争现状的基本资料。学生以小组为单位，在市场上收集某类产品中相近产品的不同企业的定价情况，了解存在的问题。

第一步，各小组成员组织市场调研，在开展调查前做好准备工作，如制作调查问卷，拟订访谈提纲，等等。可采用网上调查、案头调查等渠道来调查。

第二步，针对样本产品的整体概念、市场生命周期等问题收集市场信息，确定所研究产品的整体概念和市场生命周期阶段。根据研究结论，针对该产品的竞争和营销现状提出存在的主要问题。

第三步，各学习小组可组织本组成员到当地市场上收集有关该类产品的信息资料，具体如下：

① 同类企业或其同类产品的定价情况。

② 该类产品原材料的价格和供求信息。

③ 该类产品的替代产品 / 互补品的价格和供求信息。

④ 该类产品中高、中、低档产品不同的价格情况和销售情况。

各学习小组共同完成价格分析策略书面总结。

第四步，分组并确定拟讨价还价的商品，然后针对具体商品进行讨价还价的技巧演练。

第五步，教师安排课堂时间，让学生登台，以两人为一组，一位学生扮演推销员，一位学生扮演店主(消费者)，进行新产品推销说服话术演练，再进行角色互换。体验并总结推销过程中的方法和技巧，结合消费者的心理和行为，提出恰当的促销方案。

第六步，拟订该产品的整体市场营销策划方案。

4. 报告要求。

报告应包含如下内容。

(1) 该产品处于生命周期的什么阶段，有何进一步开发的机会，产品的品牌能否延伸，产品包装可否进一步调整。

（2）设计的品牌名称和标志。

（3）产品的渠道选择、渠道运行、渠道管理的状况，渠道设计、运行、管理中存在的问题，具体的解决建议或措施。

（4）产品变价的依据，并拟订出相应的变价策划方案。

（5）写出讨价还价过程及心得体会。

【思考题】

1. 为什么要进行市场调研？
2. 什么是市场营销？
3. 市场营销主要包括哪些方面？其中哪个方面是重中之重？
4. 什么是营销渠道策略？
5. 促销策略有哪些类型？

【制订行动计划】

1. 进行市场调研。
2. 撰写市场调查报告。
3. 制定市场营销策略。

（1）制定市场策略。

将所有的市场营销策略和力量集中在前十名客户身上。创业公司初期没有资源“打大战役”，先攻下几个山头，有了根据地再说，不要试图一开始就建立全国性的营销网络。另外，销售人员要少而精。

（2）制定客户策略。

前十名客户的选择十分重要，不当的选择容易导致企业成长缓慢甚至经营失败。选择前十名客户的重要考虑因素：产品的客户价值高，客户有实力、成长性好、行业影响大、信誉好，地理位置，原有的关系，等等。对前十名客户第一轮拜访时，不仅要核实上述条件，还要了解客户需求、采购程序、制度、管理水平、哪些人参与采购决策、竞争产品及对手等信息。前十名客户的选择由公司统一确定，而非由个别销售员确定。

（3）制定销售策略。

根据客户特征对每个客户制定专门的销售策略（特别服务的提供，各个环节的打通，等等），要发挥集体的力量来制定销售策略，特别要借鉴有销售经验的业务员的经验。要树立以整个公司的力量和经验为客户服务，而不是某一个销售员去为客户服务的销售观念（这是创业公司的优势，要充分发挥好这一优势）。

【实践成果】

结合测评报告，制订市场调研和营销计划，并撰写实践报告。

【知识拓展】

一、市场的调查和预测

由于影响市场的因素很多,故市场调查和预测的范围很广。凡是直接或间接影响企业营销状况的因素都可能被列入调查和预测的范围。市场调查和预测的内容主要包括以下几方面。

1. 调查宏观市场环境。

宏观市场环境主要包括政治、法律、经济、人口、社会文化和技术环境等方面。

2. 调查市场需求。

市场需求主要包括市场需求总量(市场需求总量主要涉及6个因素:产品、顾客、地理区域、时限、营销环境、营销组合方案)、需求结构(指对吃、穿、用、住、行商品的需求结构)和需求时间(了解消费者需求的季节、月份及需求时间内的品种和数量结构)。

3. 调查消费者。

为了准确把握消费者的需求情况,通常需要对消费者的人口构成、家庭、职业与教育、收入、购买心理、购买行为等方面进行调查,然后得出结论。

4. 调查企业自身经营的全过程。

产品调查主要包括生产者生产能力调查、产品本身调查、产品包装调查和产品生命周期调查。

销售渠道调查主要包括批发商、零售商、生产者自销市场等。

促销调查主要包括促销形式、促销活动有无创新特点等。

销售服务调查主要包括企业目前提供服务的网点数量、消费者的反映等。

5. 调查竞争对手。

对竞争对手的调查主要包括竞争对手的数量,主要的竞争对手,是否具有潜在的竞争对手;竞争对手的经营规模、人员组成及营销组织机构情况;竞争对手经营商品的品种、数量、价格、费用水平和营利能力;竞争对手的供货渠道情况和对销售渠道的控制程度;竞争对手所采用的促销方式;竞争对手的价格政策;竞争对手的名称、生产能力、产品的市场占有率、销售量及销售地区;等等。

二、市场营销的定义

美国市场营销学家菲利普·科特勒对市场营销的解释得到了人们的广泛认同,本书即采用菲利普·科特勒的定义。市场营销是个人或组织通过创造并同他人交换产品和价值以满足需求和欲望的一种社会过程和管理过程。

根据这一定义,可以将市场营销具体归纳为以下几点。

(1) 市场营销的最终目标是“满足需求和欲望”。

(2) 交换是市场营销的核心,交换过程是一个主动、积极地寻找机会,满足双方需求和欲望的社会过程和管理过程。

(3) 交换过程能否顺利进行取决于营销者创造的产品和价值满足顾客需求的程度和交换过程管理的水平。

三、促销策略的类型

根据促销手段的出发点和作用的不同,促销策略可分为两种:推式策略和拉式策略。

1. 推式策略。

即以直接方式,运用人员推销手段,把产品推向销售渠道。其作用路线为:企业的推销员把产品或劳务推荐给批发商,再由批发商推荐给零售商,最后由零售商推荐给最终消费者。该策略适用于以下几种情况:① 企业经营规模小,或无足够资金用以执行完善的广告计划。② 市场较集中,分销渠道短,销售队伍大。③ 产品具有很高的单位价值,如特殊品、选购品等。④ 产品的使用、维修和保养方法需要人员进行示范,最终消费者才能掌握。

2. 拉式策略。

即采取间接方式,通过广告和公共宣传等措施吸引最终消费者,消费者对企业的产品或劳务产生兴趣,从而引起需求,主动去购买商品。其作用路线为:企业将消费者引向零售商,将零售商引向批发商,将批发商引向生产企业。这种策略适用于:① 市场广大,产品多属便利品。② 商品信息必须以最快速度告知广大消费者。③ 对产品的初始需求已呈现出有利的趋势,市场需求日渐上升。④ 产品具有独特性能,与其他产品的区别显而易见。⑤ 产品能引起消费者某种特殊情感。⑥ 有充足的资金用于打广告。

第八章 >>>

创新创业项目评价实践

“创业机会具有时限、稍纵即逝”“创业需要承担各种风险”，这是创业者必须考虑的两个核心问题。据不完全统计，创业企业的失败率高达70%以上。盲目开始创业，可能面临极大的风险。因此，正确评价和把握创业机会，对于创业者来说十分重要。

【实践目的】

使用蒂蒙斯创业机会评价指标体系进行测评，评价创业机会所在行业、市场是否具有进入的可能性。

【实践仪器与软件】

1. PC。
2. 蒂蒙斯创业机会评价指标。

【实践原理】

蒂蒙斯提出了比较完善的创业机会评价指标体系，认为创业者应该从行业与市场、经济因素、收获条件、竞争优势、管理团队、致命缺陷、个人标准、理想与现实的战略性差异8个方面评价创业机会的价值潜力，并围绕这8个方面形成了53项指标。创业者可以通过这些指标给自己的创业项目打分，评价项目的可行性和成功率，并通过评价找出项目的薄弱之处及风险点，寻求解决方案。

【实践内容】

创业者使用蒂蒙斯创业机会评价指标对项目进行打分，如下表所示。利用这个体系模型对行业与市场、经济因素、收获条件、竞争优势、管理团队、致命缺陷、个人标准、理想与现实的战略性差异等做出判断，来评价一个创业项目或创业企业的投资价值和机会。

蒂蒙斯创业机会评价指标

评价方面	评价指标	得分
行业与市场	1. 市场容易识别,可以带来持续收入	
	2. 顾客可以接受产品或服务,愿意为此付费	
	3. 产品的附加价值高	
	4. 产品对市场的影响力高	
	5. 将要开发的产品生命长久	
	6. 项目所在的行业是新兴行业,竞争不完善	
	7. 市场规模大,销售潜力达到1 000～10亿元	
	8. 市场成长率达30%～50%甚至更高	
	9. 现有厂商的生产能力几乎完全饱和	
	10. 在5年内能占据市场的领导地位,达到20%以上	
	11. 拥有低成本的供货商,具有成本优势	
经济因素	1. 达到盈亏平衡点所需要的时间为1.5～2年	
	2. 盈亏平衡点不会逐渐提高	
	3. 投资回报率在25%以上	
	4. 项目对资金的要求不是很大,能够获得融资	
	5. 销售额的年增长率高于15%	
	6. 有良好的现金流量,能占到销售额的20%～30%	
	7. 能获得持久的毛利,毛利率达到40%以上	
	8. 能获得持久的税后利润,税后利润率要超过30%	
	9. 资产集中程度低	
	10. 运营资金不多,需求量逐渐增加	
	11. 研究开发工作对资金的要求不高	
收获条件	1. 项目带来的附加价值具有较高的战略意义	
	2. 存在现有的或可预料的退出方式	
	3. 资本市场环境有利,可以实现资本的流动	
竞争优势	1. 固定成本和可变成本低	
	2. 对成本、价格和销售的控制较严	
	3. 已经获得或可以获得对专利所有权的保护	
	4. 竞争对手尚未觉醒,竞争较弱	
	5. 拥有专利或具有某种独占性	
	6. 拥有发展良好的网络关系,容易获得合作	
	7. 拥有杰出的关键人员和管理团队	

续表

评价方面	评价指标	得分
管理团队	1. 创业者团队是一个优秀管理者的组合	
	2. 行业和技术经验达到了本行业内的较高水平	
	3. 管理团队的正直廉洁程度能达到较高水平	
	4. 管理团队知道缺乏哪方面的知识	
致命缺陷	不存在任何致命缺陷	
个人标准	1. 个人目标与创业活动相符合	
	2. 创业家可以做到在有限的风险下实现成功	
	3. 创业家能接受薪水减少等损失	
	4. 创业家渴望进行创业这种生活方式,而不只是为了赚大钱	
	5. 创业家可以承受适当的风险	
	6. 创业家在压力下状态依然良好	
理想与现实的战略性差异	1. 理想与现实情况相吻合	
	2. 管理团队已经是最好的	
	3. 在客户服务管理方面有很好的服务理念	
	4. 所创办的事业顺应时代潮流	
	5. 所采取的技术具有突破性,不存在许多替代品或竞争对手	
	6. 具备灵活的适应能力,能快速地进行取舍	
	7. 始终在寻找新的机会	
	8. 定价与市场领先者几乎持平	
	9. 能够获得销售渠道,或已经拥有现成的网络	
	10. 能够允许失败	
合计		

评价体系说明:

(1) 主要适用于具有行业经验的投资人或资深创业者对创业企业的整体评价。

(2) 该指标体系必须运用创业机会评价的定性与定量方法,才能得出创业机会的可行性及不同创业机会间的优劣排序。

(3) 该指标体系涉及的项目比较多,在实际运用过程中可作为参考选项库,结合使用对象、创业机会所属行业特征及机会自身属性等进行重新分类、梳理简化,以提高使用效能。

(4) 该指标体系及其项目内容比较专业,创业导师在运用时一方面要多了解创业行业、企业管理和资源团队等方面的经验信息,另一方面要掌握这50多项指标内容的具体含义及评估技术。

打分方法:标准矩阵打分法。

标准矩阵打分法是指将创业机会评价体系的每个指标设定为3个打分标准,比如最好3分,好2分,一般1分,形成打分矩阵表。在打分后,求出每个指标的加权评价分。

这种方法简单易懂,易操作。该方法主要用于不同创业机会的对比评价,其量化结果可直接用于机会的优劣排序。只用于一个创业机会的评价时,则可采用多人打分后进行加权平均。如果其加权平均分越高,说明该创业机会越可能成功。一般来说,高于100分的创业机会可进一步规划,低于100分的创业机会则需要考虑淘汰。

【思考题】

1. 机会、创意、商业概念、创业机会之间存在着什么样的区别和联系?
2. 评价创业机会受到哪些因素的影响?
3. 有价值的创业机会有哪些特征?
4. 如何评价创业机会?
5. 创业机会评价还有哪些方法?

【制订行动计划】

请结合本项目内容,评价这个创意:在高尔夫球内安置一个电子小标签,以使它们丢失后容易被找到。你觉得这可以称得上是一个好创意吗?你觉得值得投资吗?

【实践成果】

蒂蒙斯创业机会评价指标表。

第九章 创新创业大赛

在大学生创业实践中,创新创业大赛至关重要。对于大学生来说,由于身份的限制和经验的缺乏,如果直接投身创业实践,将大概率遭遇创业失败,进而影响学业甚至身心健康,而大学生创新创业竞赛为大学生的创业实践提供了良好载体。在竞赛过程中,多种实践活动相互交织,对学生各方面的知识、技术和能力均有要求。学生不断地遇到问题、提炼问题、分析问题和解决问题,并针对问题开展学习,可以掌握相关知识和技能,从而实现自我能力的快速提升。

【实践目的】

针对社会需求或学术问题,基于学生的科学文化知识和个人能力素质,通过创新的技术、方法及模式开发和整合各种资源,寻求问题解决方法,提升大学生的综合素质。

【实践途径】

一、"互联网+"创新创业大赛

1. 大赛简介。

大赛旨在深化高校创新创业教育改革,把创新创业教育融入人才培养,切实提升大学生创新精神、创业意识和创新创业能力。大赛采用校级初赛、省级复赛、全国总决赛三级赛制。在校级初赛、省级复赛基础上,按照组委会配额择优遴选项目进入全国决赛。参赛作品的件数以院校具体通知为准。

2. 主办单位。

大赛由教育部、中共中央统一战线工作部、中央网络安全和信息化领导小组办公室、国家发展和改革委员会、工业和信息化部、人力资源和社会保障部、国家知识产权局、中国科学院、中国工程院、共青团中央等共同主办。

3. 大赛要求(具体以每年大赛官方发布文件为准)。

(1) 参赛项目能够将移动互联网、云计算、大数据、人工智能、物联网、机器人等信息技术与各个行业紧密结合,培育各行业新产品、新服务、新业态、新模式;发挥互联网在产业升级中的作用,促进互联网与各行业深度融合,推进行业转型升级。

(2) 参赛项目不只限于"互联网+"项目,"互联网+"只是一个时代符号,鼓励各类创新创业项目参赛，根据行业背景选择相应类型。

(3) 一个项目只能选择参加一个赛道。

(4) 初创组、成长组、就业型创业组已完成工商登记注册参赛项目的股权结构中，参赛成员合计不得少于1/3。

(5) 国际赛道限国际高校学籍学员报名（在海外留学的中国学生具有国际高校学籍），鼓励各高校推荐国外友好合作高校的项目参赛，鼓励各高校推荐海外校友会作为国际赛道合作渠道。

(6) 参赛项目不得侵犯他人知识产权；所涉及的发明创造、专利技术、资源等必须拥有清晰合法的知识产权或物权；抄袭、盗用、提供虚假材料或违反相关法律法规，一经发现，即刻丧失参赛相关权利并自负一切法律责任。

4. 参赛项目所提供的证明材料类型（具体以每年大赛官方发布文件为准）。

参赛项目涉及他人知识产权的，报名时须提交完整的具有法律效力的所有人书面授权许可书、专利证书等；已完成工商登记注册的创业项目，报名时需提交单位概况、法定代表人情况、股权结构、组织机构代码复印件等。参赛项目可提供当前财务数据、已获投资情况、带动就业情况等相关证明材料。

5. 参赛对象（具体以每年大赛官方发布文件为准）。

根据参赛项目所处的创业阶段、已获投资情况和项目特点，大赛分为创意组、初创组、成长组、就业型创业组。具体参赛条件如下。

(1) 创意组。参赛项目具有较好的创意和较为成型的产品原型或服务模式，在大赛正式文件下发前尚未完成工商登记注册。参赛申报人须为团队负责人，须为普通高等学校在校生（可为本专科生、研究生，不含在职生）。

(2) 初创组。参赛项目工商登记注册未满3年，且获机构或个人股权投资不超过3轮次。参赛申报人须为初创企业法人代表，须为普通高等学校在校生（可为本专科生、研究生，不含在职生），或毕业5年以内的毕业生。企业法人在大赛通知发布之日后进行变更的不予认可。

(3) 成长组。参赛项目工商登记注册3年以上；或工商登记注册未满3年，且获机构或个人股权投资2轮次以上。参赛申报人须为企业法人代表，须为普通高等学校在校生（可为本专科生、研究生，不含在职生），或毕业5年以内的毕业生。企业法人在大赛通知发布之日后进行变更的不予认可。

(4) 就业型创业组。参赛项目能有效提升大学生就业数量与就业质量，主要面向高职高专院校的创新创业项目（高职高专院校也可申报其他符合条件的组别），其他高校也可申报本组。若参赛项目在大赛正式文件下发前尚未完成工商登记注册，参赛申报人须为团队负责人。若参赛项目在大赛正式文件下发前已完成工商登记注册，参赛申报人须为企业法人代表。

6. 赛事安排（具体以每年大赛官方发布文件为准）。

大赛实施分为动员部署、参赛报名、校级初赛、省级复赛、全国总决赛五个阶段。

二、"创青春""挑战杯"创新创业大赛

1. 大赛简介。

"创青春"是"'创青春'全国大学生创业大赛"的简称，是"挑战杯"中国大学生创业计划竞赛的改革提升。2013 年 11 月 8 日，习近平总书记向 2013 年全球创业周中国站活动组委会专门致贺信，特别强调了青年学生在创新创业中的重要作用，并指出全社会都应当重视和支持青年创新创业。党的十八届三中全会对"健全促进就业创业体制机制"作出了专门部署，指出了明确方向。

为贯彻落实习近平总书记系列重要讲话和党中央有关指示精神，适应大学生创业发展的形势需要，共青团中央、教育部、人力资源和社会保障部、中国科协、全国学联决定，在原有"挑战杯"中国大学生创业计划竞赛的基础上，自 2014 年起共同组织开展"创青春"全国大学生创业大赛，每两年举办一次。

2. 主办单位。

大赛由共青团中央、中国科协、教育部和全国学联共同主办，每届由一所高校承办，需要向主办单位申办、答辩。

3. 参赛对象（具体以每年大赛官方发布文件为准）。

普通高校学生：正式注册的全日制非成人教育的各类普通高等学校在校专科生、本科生、硕士研究生（不包含在职研究生）。

职业院校学生：正式注册的全日制职业教育本、高职高专和中职中专在校学生。

4. 赛事安排（具体以每年大赛官方发布文件为准）。

校级初赛：由各校组织，广泛发动学生参与，遴选参加省级复赛项目。各地校赛参赛项目需在大赛官方平台统一填报。

省级复赛：由各省举办，按照分配名额遴选参加全国决赛项目，在大赛官方平台完成项目审批申报。

全国决赛：各省推荐进入全国决赛的项目，数量根据每年的项目具体确定。

三、山东省大学生科技创新大赛

1. 大赛简介。

大赛秉持"崇尚科学、锐意进取、开拓创新、面向未来"的理念，营造大学生积极从事科技创新活动的浓厚氛围，培养学生的创新精神、探索意识和实践能力，发现和扶持一批有创新潜质和研究能力的优秀人才。

2. 主办单位。

大赛由山东省教育厅主办。设组织委员会（简称大赛组委会）、组委会办公室、专家委员会及纪律与监督委员会。

3. 参赛对象（具体以每年大赛官方发布文件为准）。

参赛对象为山东省高校具有正式学籍的全日制普通本专科生、研究生在校学生，不含在职生及成人教育学生。鼓励跨专业、跨院系、跨学校组建团队。

4. 参赛要求（具体以每年大赛官方发布文件为准）。

（1）参赛项目须真实、健康、合法，无任何不良信息，项目立意应弘扬正能量，践行社

会主义核心价值观。参赛项目不得侵犯他人知识产权，所涉及的发明创造、专利技术、资源等必须拥有清晰合法的知识产权或物权。报名时须提交完整的具有法律效力的所有人书面授权许可书、项目鉴定证书、专利证书等。抄袭、盗用、提供虚假材料或违反相关法律法规，一经发现，即刻丧失参赛相关权利并自负一切法律责任。不得上传涉密信息。

（2）每个项目只能选择一个赛道参赛。

（3）每个项目的参赛成员不超过 5 人（含团队负责人），且所有成员均须对项目有实际贡献。指导教师不超过 2 人。

（4）自主选题赛道的参赛项目须为学生在校期间的创新研究成果，有一定的科学价值、创新价值和实际应用价值。

（5）列入国家和省大学生创新创业训练计划且已结项的项目须报名参赛。

【思考题】

1. 为什么要参加创新创业大赛？
2. 通过大赛你能收获什么？

【实践成果】

以小组为单位，准备创业计划书和路演 PPT，至少参加一次大赛。

【知识拓展】

我的“互联网＋”大赛历程

2019 年 1 月，“互联网＋”比赛前，校园里充满着浓浓的比赛气氛。在餐厅、综合楼、奶茶店等，你可以经常看见一帮围在一起的年轻人讨论着什么。我很羡慕这些人，我也想参加这个比赛，可是，会有人带我参加比赛吗？

我在学校的比赛组队群中看到了我日后的队长所发的招人宣传，他对新人的年级与参赛经历没有要求。我联系了他，初步确定加入他的团队。

然后就是队友见面了。在一个月黑风高的夜晚，我们顶着寒风打着手电听他讲创业规划。这是一个基于微信公众号的家教服务购买平台，他跟另外一个合伙人（一位快毕业的学姐）已经做好了初步的策划与 PPT，连公司都注册好了，并且程序开发也正在找公司做。大约一个多小时，我们结束了第一次会议，队长让我们回去想一下是否确定加入。两个学软件的队友被寄予了厚望，我知道队长很希望懂技术的人员加入，但是那天晚上过后，我就再也没见过他俩。

1 月 20 号，我正式加入了团队。我很认真地看了策划与 PPT，并打印了出来。当时的感觉就是策划与 PPT 做得真好，但是以现在的眼光来看问题的确不少。

之后就是不断地碰头，逐字逐句地改动策划，设想各种方案，设计平台运作方式，等等。

但是由于队伍里有两个另一校区的女生，她们来往不方便（我总共就见过三次），还有两个男生不经常来，另一个男生还不是相关专业的（药学院学生）。这就导致了我们的队伍名存实亡，碰头会基本上每次就三个人，我和队长是从头坚持到尾的。虽然在这过程中有人三天打鱼、两天晒网，让我很不爽，但是我对自己的工作还是会负责的。

我们当时有几大任务：改策划（格式与内容），做 PPT，做 LOGO 等设计图标，还有改公司发来的 UI 设计图。这是我们最紧要的几个任务，因为五月份的比赛要用。

值得骄傲的是，我是队伍里的主力。策划的内容是大家一起讨论的，而其他的任务基本上都是我做的！整个队伍里对策划最了解的除了队长以外就是我，因为我是学商学的，商业计划书我比他们更懂些。

在我的要求下将风险分析增加进了策划。我还特地设计了基于微信平台的应急报警机制。如下图所示，目的是保护家教老师上班安全。

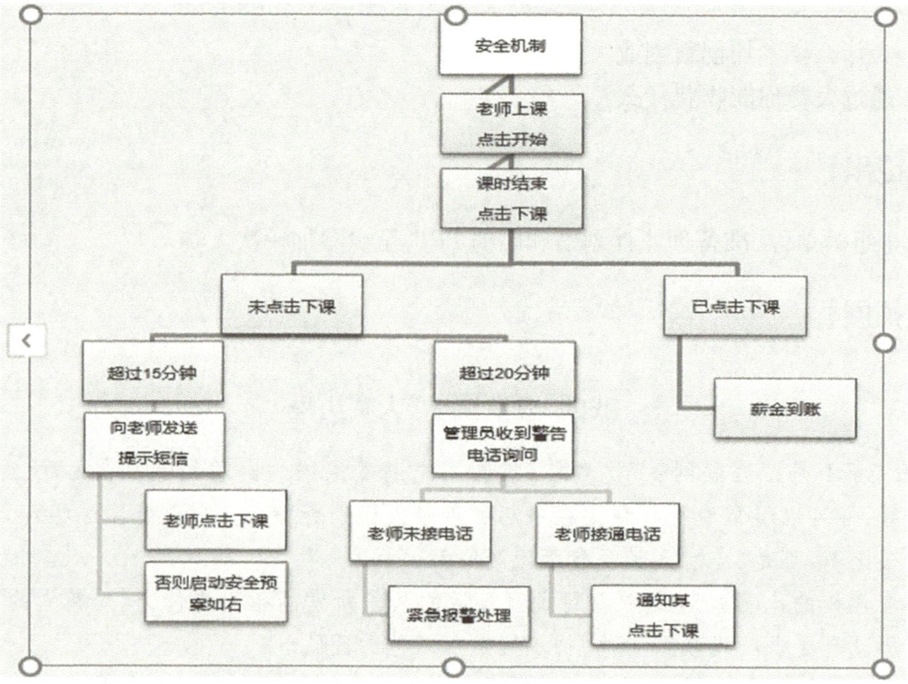

4 月加上 5 月的上半月，我除了上课外，其余时间都在搞策划等，凌晨两点睡觉是常有的事。为了赶进度，我必须在每次碰头会前把上一次谈论完毕的策划与 PPT 做好，并发给队长看一看，再在开会阶段继续改进。

其中让我最崩溃的不是改策划与做 PPT（我有二级证书），而是改小程序的 UI 图。因为公司做的部分不符合策划要求，为了省钱与节约时间，我在页面上用 PS 修图。因图片都是 jpg 格式而不是 psd 格式，为了避免出现明显的改动痕迹，我耗费了很大精力才改成功，以致我现在都对 UI 设计图有点发怵。

经过我们的努力，我们成功进入校赛。

五月，一个“局促”的男孩，扭捏着站在一旁看他的队长介绍 PPT，又扭捏地走上前与队员们站在一起应对评委答辩(虽然都是队长说)。

最后的分数出来,我们落选了。我虽经历了一次失败,但更是获得了一次促进自己成长的机会。

两个月,能让一个人成长到什么地步?试试就知道了!

(本文选自微信公众号《智创天地》,内容有改动)

附录

创业实训模拟公司业务集成系统（教师手册）

【内容导图】

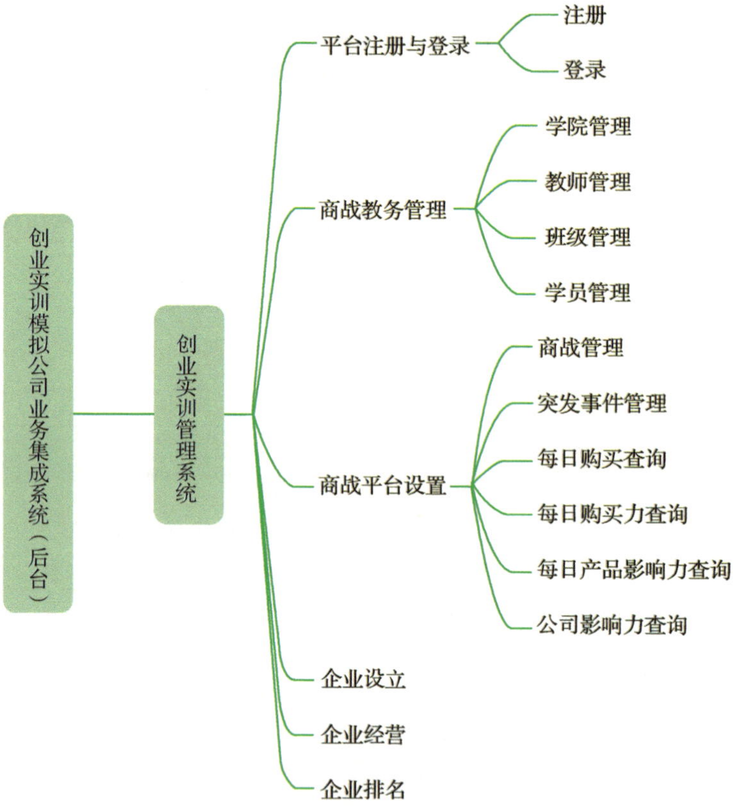

【教学准备】

- PC。
- 创业实训模拟公司业务集成系统。

第一节　平台注册与登录

一、注册

实训师登录后台链接为 http://bwars. chinapen. org. cn/jmlwarop/,首次登录的实训师,需点击附图 1 右下角的“注册”按钮,跳转至注册页面。

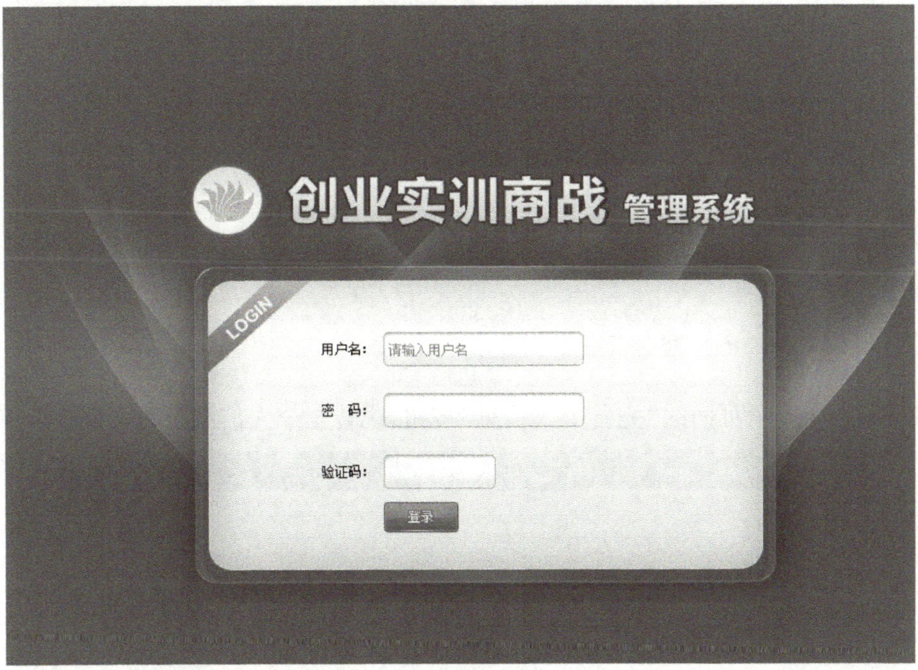

附图 1

根据如附图 2 所示新用户注册提示信息,填写相应个人信息,其中用户名需为字母或者数字组成的 6～15 位的字符。如果进行的是学员班授课,在“角色选择”下选择“实训师”身份;如果进行的是师资班授课,选择“培训师”身份。信息填写完毕,点击“申请注册”按钮,跳转至完善个人信息页面。

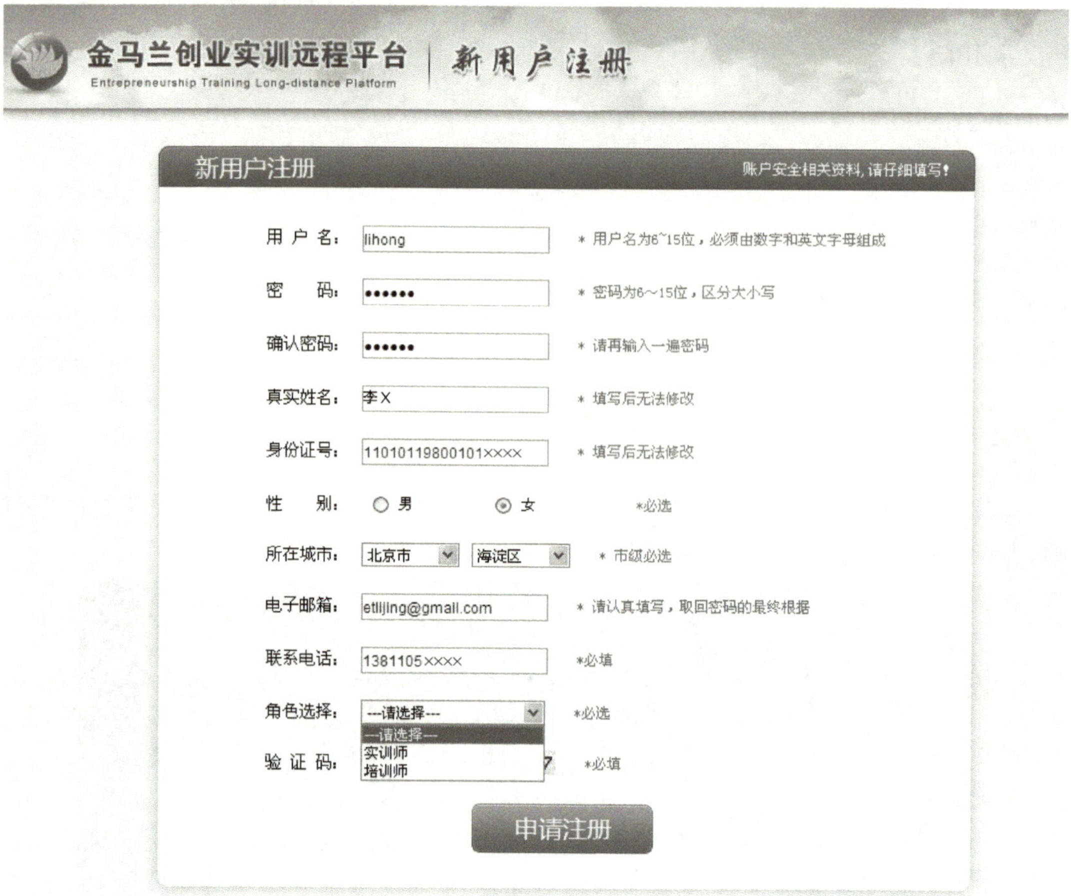

附图 2

点击附图 3 提示页面的“完善个人信息”按钮，跳转至个人信息填写页面。

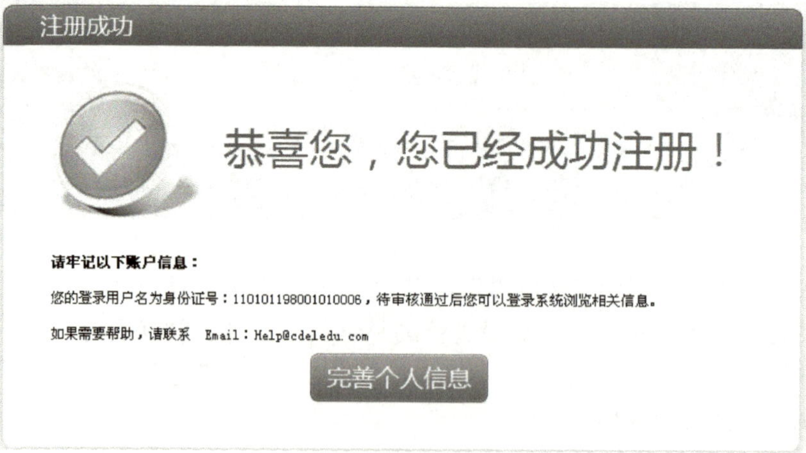

附图 3

填写个人信息,填写完毕后,点击“下一步”按钮(附图 4),继续填写与授课相关的问卷。

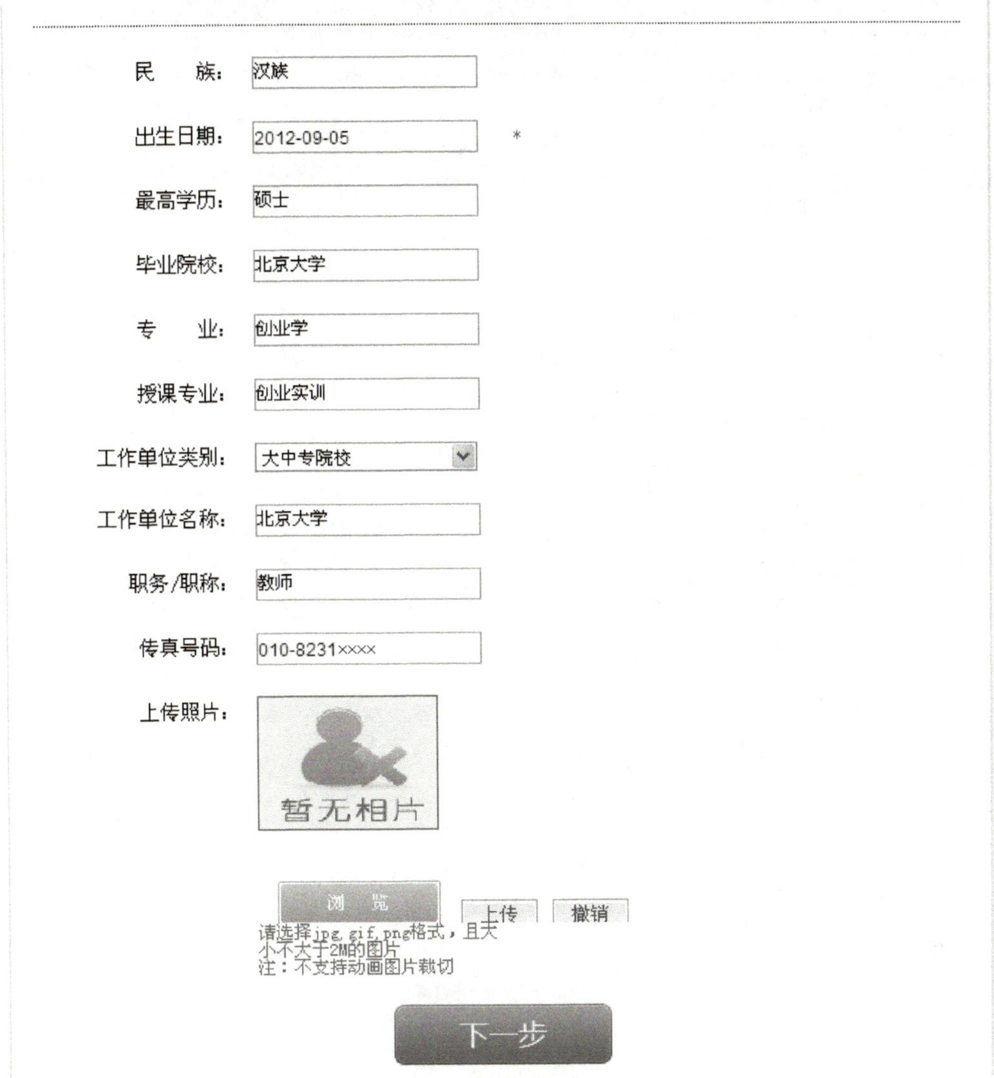

附图 4

根据个人实际情况填写问卷内容，并点击“注册完成”按钮（附图 5），即完成整个注册过程。

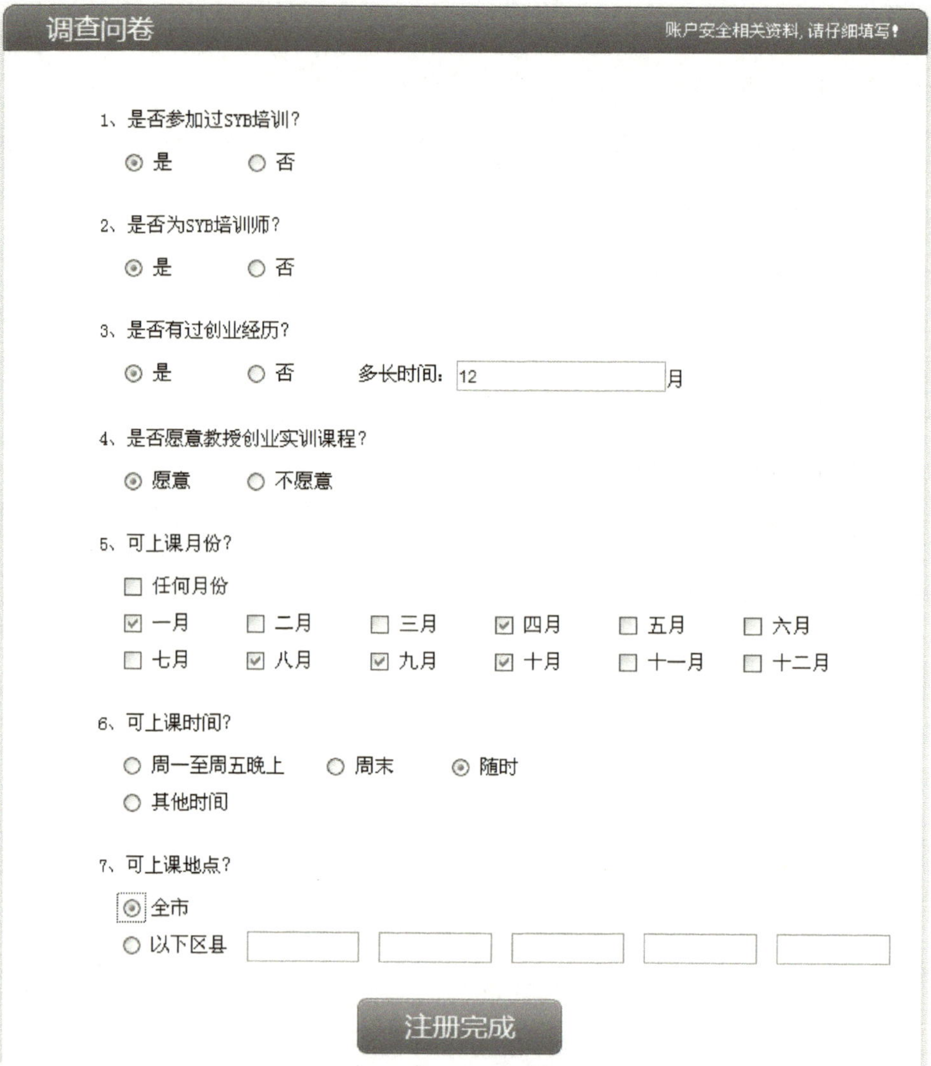

附图 5

注册完成,弹出如附图 6 所示的“注册成功”页面。

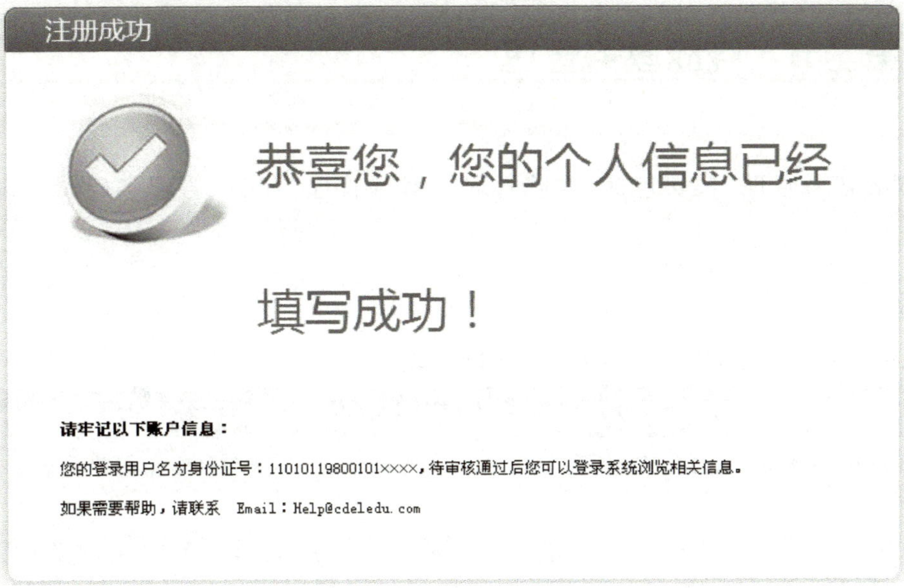

附图 6

二、登录

信息填写完毕后,中国中心管理员会于 3 个工作日后进行审核,审核通过后,实训师可用注册时使用的身份证及密码登录后台管理系统。登录后界面如附图 7 所示。点击右上角的“修改密码”按钮,可修改密码;点击“用户信息”按钮,可修改个人信息;通过左侧管理菜单,可对“商战教务管理”“商战平台设置”等模块进行管理。

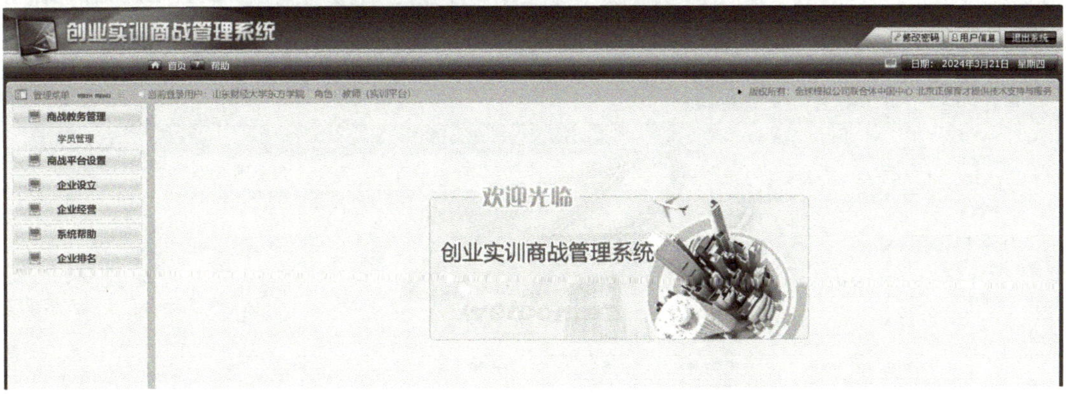

附图 7

第二节 商战教务管理

“商战教务管理”模块包括“学院管理”“教师管理”“班级管理”“学员管理”四个部分。

一、学院管理

点击“学院管理”，出现如附图8所示的页面。

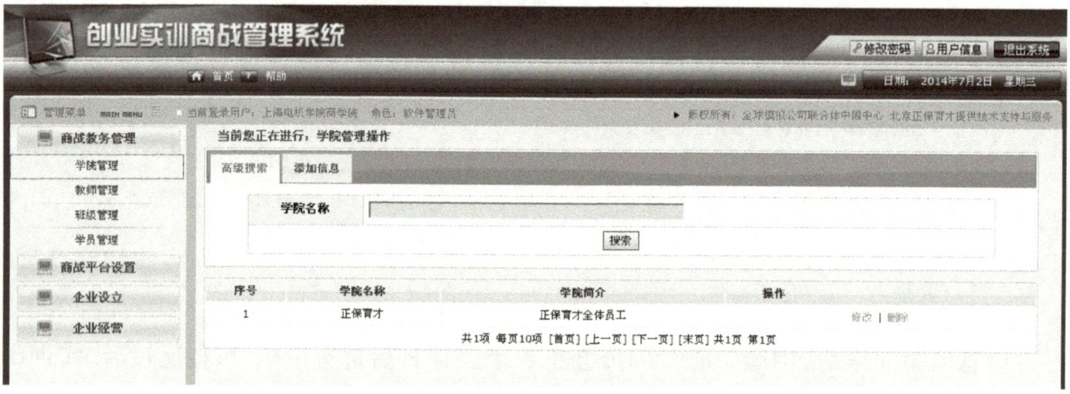

附图8

点击“操作”下的“修改”或“删除”，出现如附图9所示的页面。

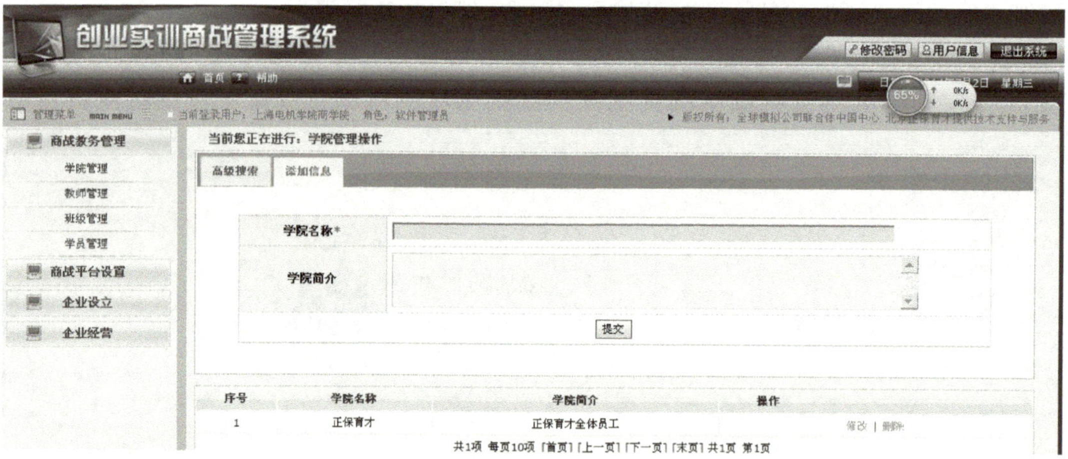

附图9

点击附图9中的“添加信息”选项卡，可填写学院名称、学院简介，点击“提交”按钮，即完成学院添加操作。

二、教师管理

点击左侧“商战教务管理”模块下的“教师管理”，出现如附图 10 所示的页面。

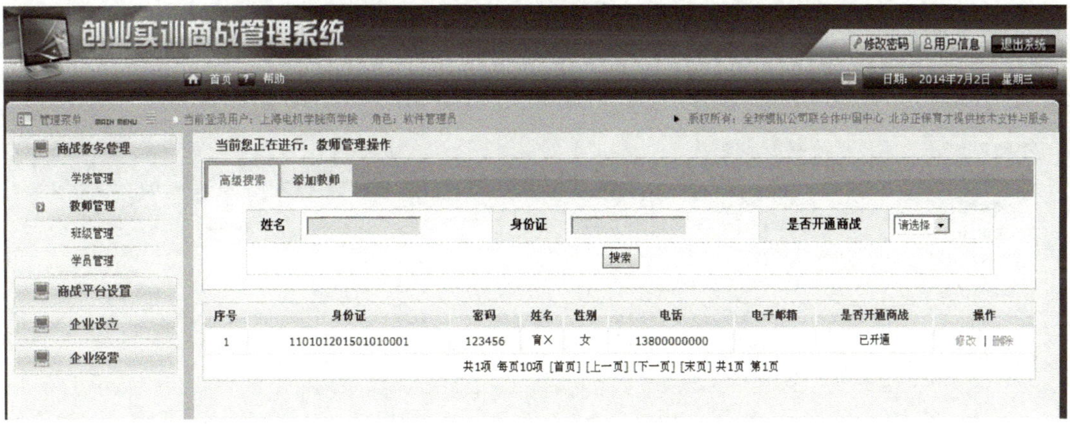

附图 10

点击附图 11 中“操作”下的“修改”或“删除”，可针对教师信息进行相应操作。

点击“添加教师”选项卡(附图 11)，填写姓名、身份证号、性别、手机、邮箱等信息，点击“提交”按钮，即完成教师添加操作。

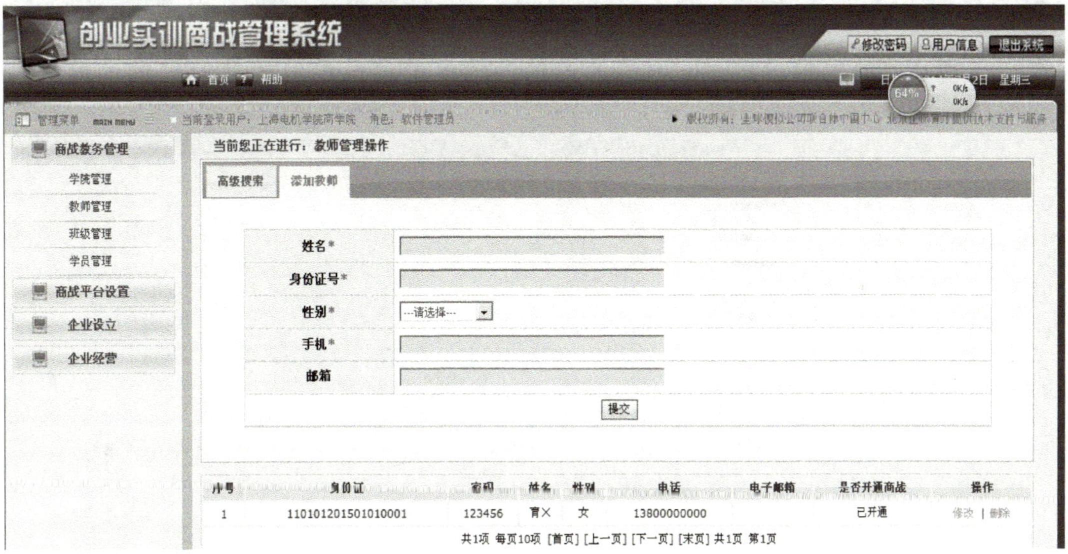

附图 11

三、班级管理

点击左侧“商战教务管理”模块下的“班级管理”，如附图 12 所示。

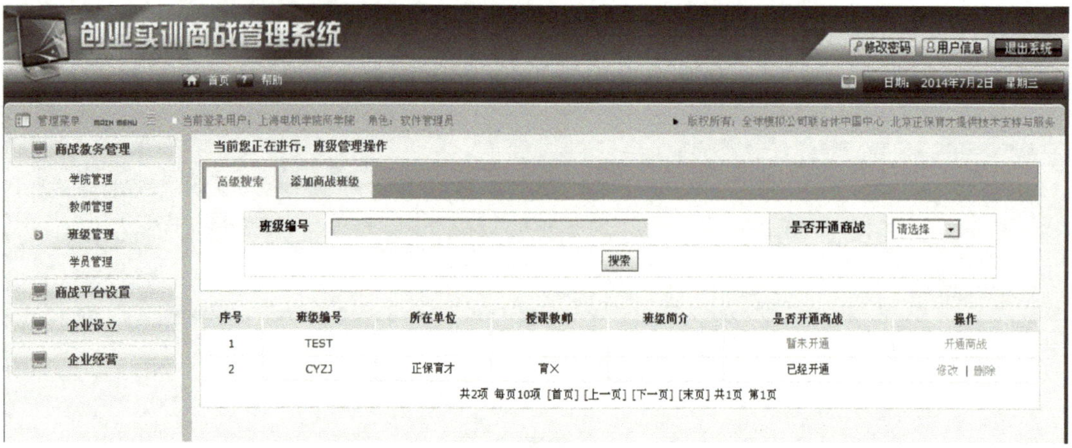

附图 12

点击附图 12“操作”下的“开通商战”，该班级“是否开通商战”属性会调整为“已经开通”（附图 13）。点击“操作”下的“修改”或“删除”，可调整或停止该班级商战。

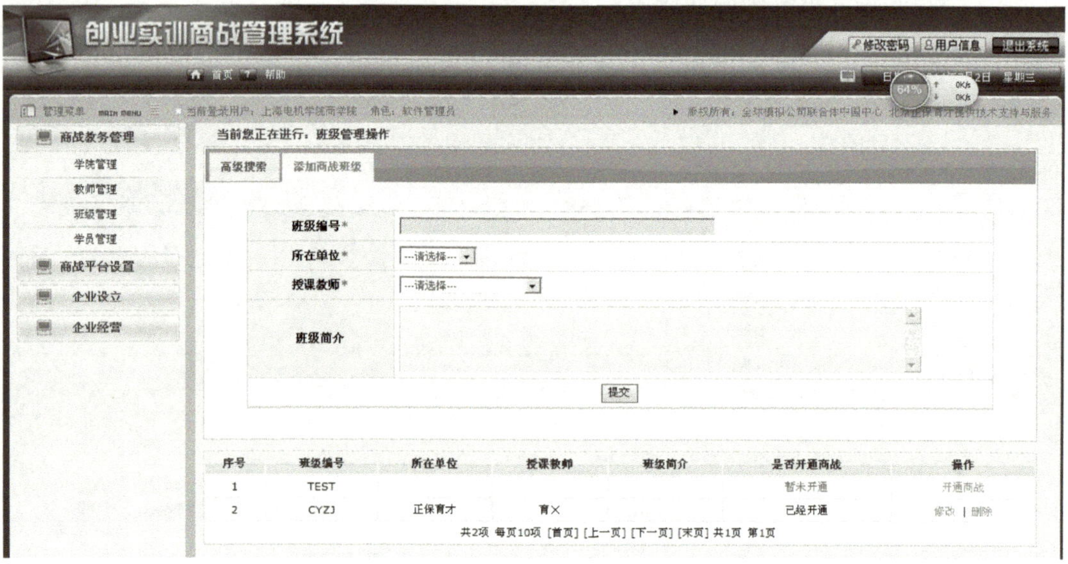

附图 13

点击附图 13 中的“添加商战班级”选项卡，可添加班级编号、所在单位、授课教师等信息，点击“提交”按钮，即可完成班级管理的添加。

四、学员管理

点击左侧“商战教务管理”下的“学员管理”,如附图 14 所示。点击“操作”下的“修改”,可修改学员信息。

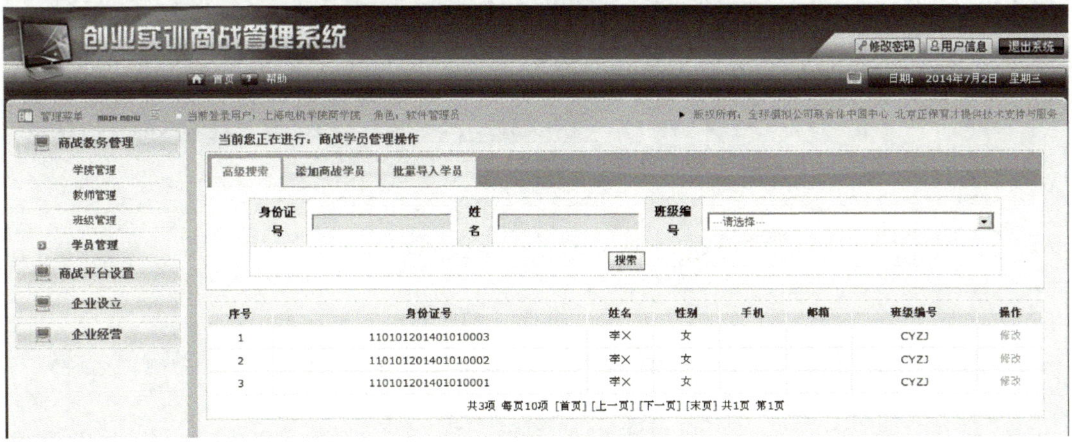

附图 14

点击“添加商战学员”选项卡(附图 15),可填写姓名、身份证号、性别、手机、邮箱及班级编号等信息,点击“提交”按钮,可添加“商战学员”。

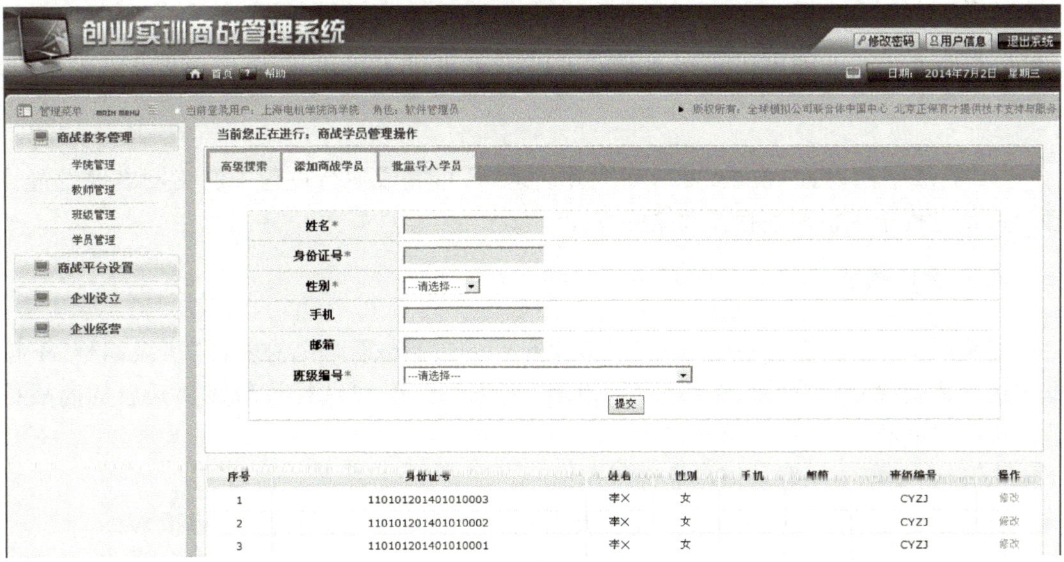

附图 15

点击“批量导入学员”选项卡(附图16),再点击“下载模板”,按照模板要求填写学员信息。再选择“班级编号”,点击“浏览”“上传”“开始导入数据”按钮,可完成批量导入学员信息的操作。

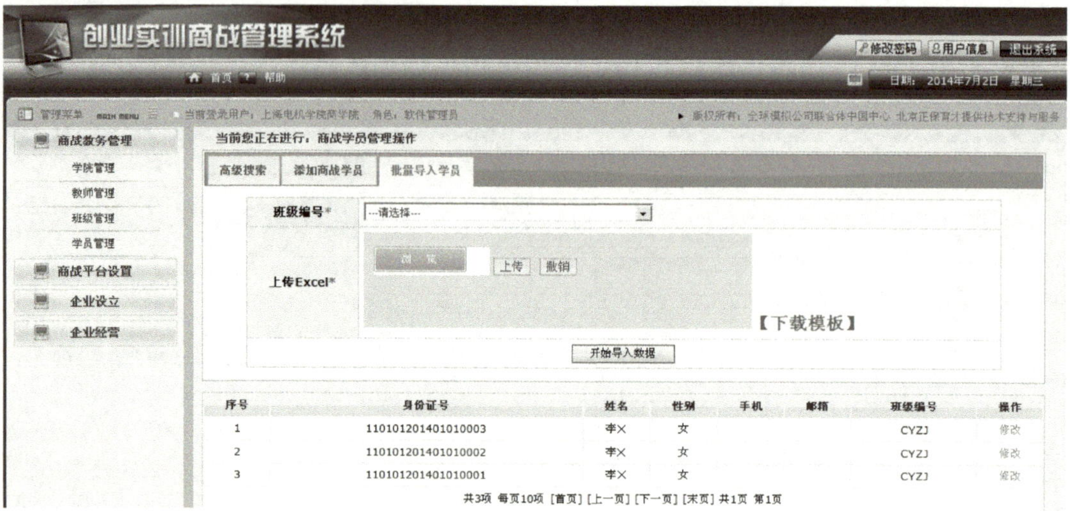

附图16

第三节 商战平台设置

在“商战平台设置”模块,可对商战开启运行,可完成运行过程中的突发事件设置管理及运行过程中虚拟购买相关数据的查询。

一、商战管理

如附图17所示,点击左侧“商战平台设置”下的“商战管理”,在右侧“班级编号”下拉框中选择需要设置商战的班级编号后,点击“搜索”按钮,可选择该班级要开启的商战行业。虚拟时间状态有以下三种。

未开启:学生不能登录该行业进行模拟。

暂停中:学生可进入该行业模拟,但虚拟时间不能走动,且不会发生虚拟购买。

运行中:学生可进入该行业模拟,虚拟时间向下走动,会发生虚拟购买。

对于同一个班级,在同一时间,只能开启运行一个行业,操作包括“开启”“运行”“暂停”“停止”。点击“开启”后,该班级即可进行商战演练;点击“运行”,即商战开始运算并进行虚拟购买;点击“暂停”,即可进行行业模拟,但是系统不进行虚拟购买,虚拟时间并不向下走动;点击“停止”,即退出该行业商战,该轮次商战数据被系统自动清除。

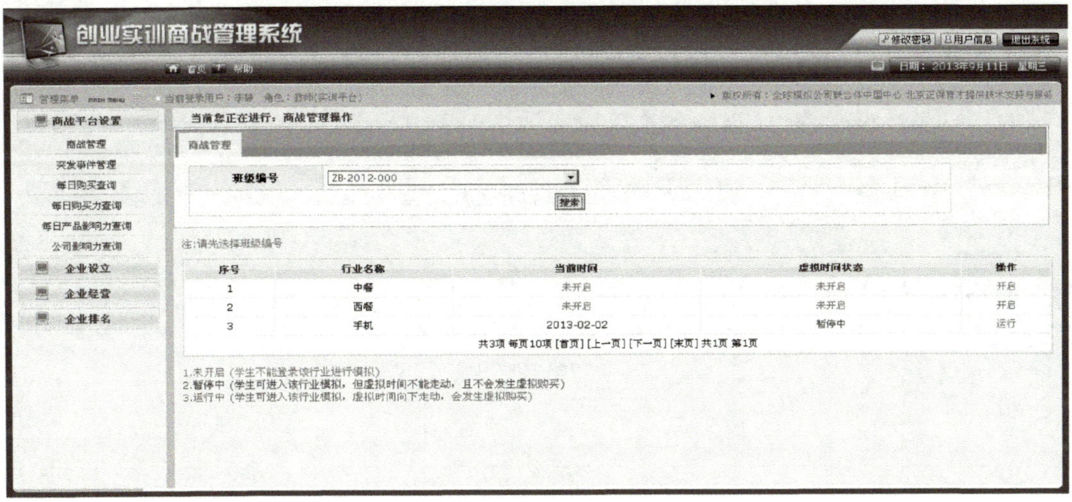

附图 17

二、突发事件管理

点击左侧“商战平台设置”下的“突发事件管理”，点击“添加突发事件”选项卡，可填写突发事件名称、目标人群、描述、预警时间、事件开始时间、事件结束时间、系数和预警内容等信息后，点击“提交”按钮(附图 18)，即完成突发事件添加。突发事件于预警时间在前台互动区提醒学员，并在时间开始至结束时间段内实时生效。系数可直接影响该段时间内的市场需求数量，学员可根据对行业的了解预判市场需求走势，并提前作出相应的产品及营销策略调整，来应对市场的突发事件。此事件可提升学员的行业风险意识及抵抗风险的能力。

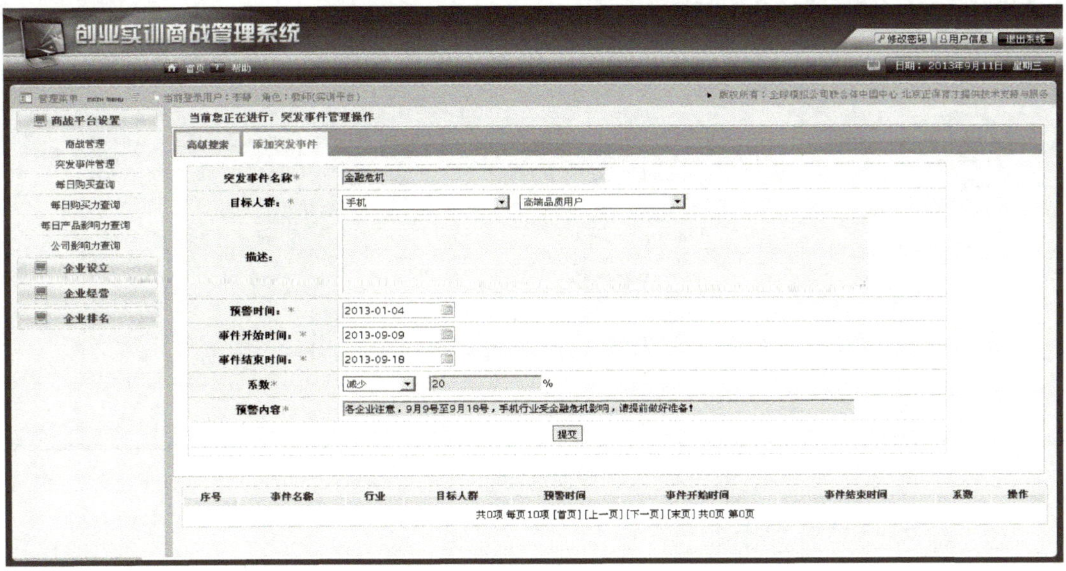

附图 18

如附图 19 所示，可根据事件名称、目标人群搜索突发事件，针对系统内置的突发事件，可修改或删除。

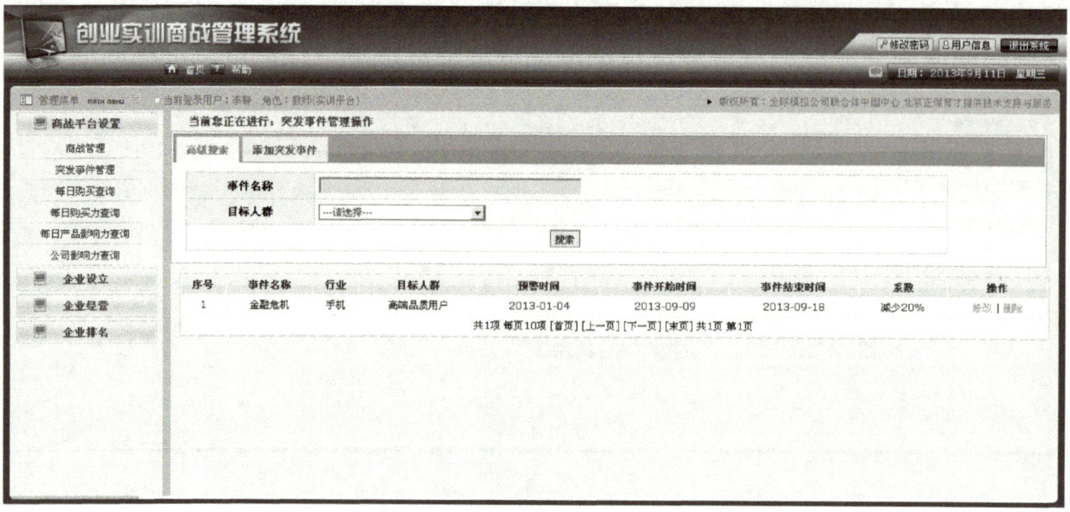

附图 19

三、每日购买查询

如附图 20 所示，点击左侧“商战平台设置”下的“每日购买查询”，可查询虚拟市场中各企业的产品销售数量，在“班级编号”下拉框中选择某班级，并选定某虚拟时间段，点击“搜索”按钮，可查询各企业在限定商战行业下不同产品在某虚拟时间内的销售数量。

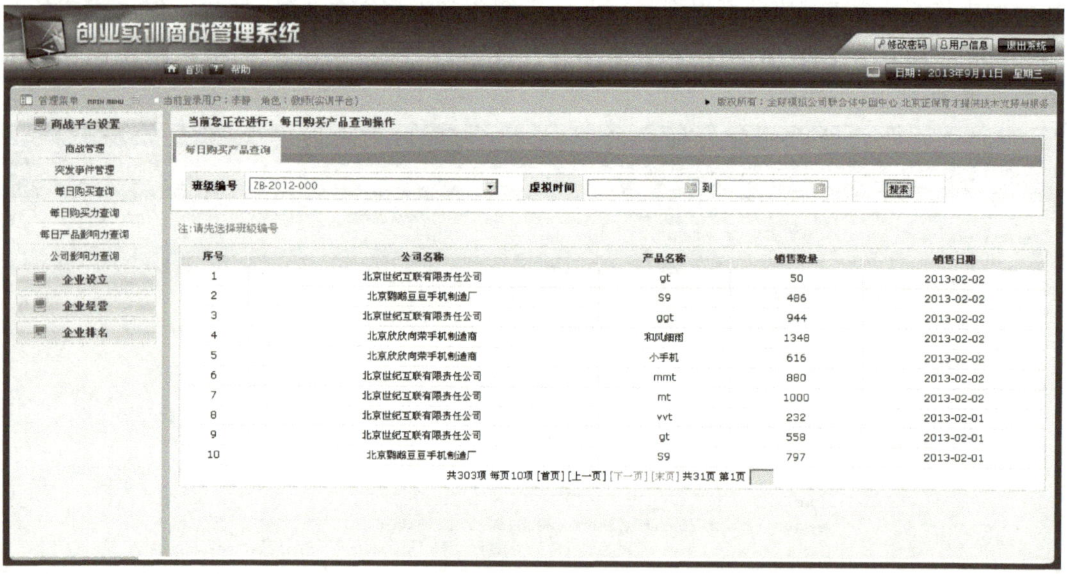

附图 20

四、每日购买力查询

如附图 21 所示，点击左侧“商战平台设置”下的“每日购买力查询”，可查询不同消费群体每天的市场需求量。在“班级编号”下拉框中选择某班级，并选定某虚拟时间段，点击“搜索”按钮,可查询各企业在限定商战行业下不同消费群体在某个虚拟时间内的市场需求量。

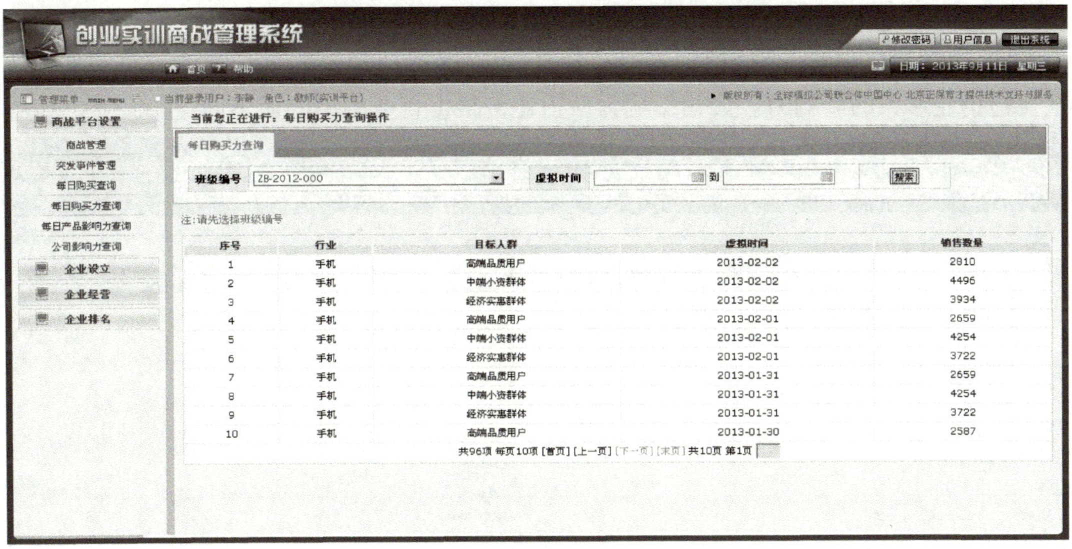

序号	行业	目标人群	虚拟时间	销售数量
1	手机	高端品质用户	2013-02-02	2810
2	手机	中端小资群体	2013-02-02	4496
3	手机	经济实惠群体	2013-02-02	3934
4	手机	高端品质用户	2013-02-01	2659
5	手机	中端小资群体	2013-02-01	4254
6	手机	经济实惠群体	2013-02-01	3722
7	手机	高端品质用户	2013-01-31	2659
8	手机	中端小资群体	2013-01-31	4254
9	手机	经济实惠群体	2013-01-31	3722
10	手机	高端品质用户	2013-01-30	2587

附图 21

五、每日产品影响力查询

如附图 22 所示,点击左侧“商战平台设置”下的“每日产品影响力查询”,可查看产品的影响力数值。在“班级编号”下拉框中选择某班级,选定某虚拟时间段,也可填写公司名称或产品名称,进行有针对性的搜索。可查看公司产品在某日的产品影响力,虚拟购买依据此影响力进行优先购买。

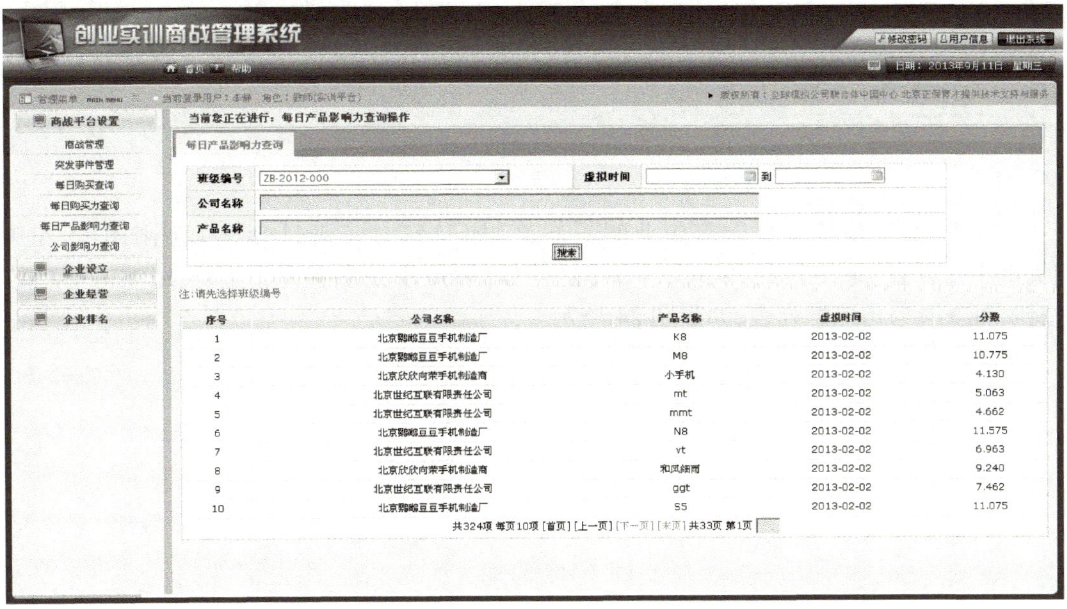

序号	公司名称	产品名称	虚拟时间	分数
1	北京鹏鹏豆豆手机制造厂	K8	2013-02-02	11.075
2	北京鹏鹏豆豆手机制造厂	M8	2013-02-02	10.775
3	北京欣欣向荣手机制造商	小手机	2013-02-02	4.130
4	北京世纪互联有限责任公司	mt	2013-02-02	5.063
5	北京世纪互联有限责任公司	mmt	2013-02-02	4.662
6	北京鹏鹏豆豆手机制造厂	N8	2013-02-02	11.575
7	北京世纪互联有限责任公司	vt	2013-02-02	6.963
8	北京欣欣向荣手机制造商	和风细雨	2013-02-02	9.240
9	北京世纪互联有限责任公司	ggt	2013-02-02	7.462
10	北京鹏鹏豆豆手机制造厂	S5	2013-02-02	11.075

附图 22

六、公司影响力查询

如附图 23 所示，点击左侧“商战平台设置”下的“公司影响力查询”，可查看公司影响力数据。在“班级编号”下拉框中选择某班级，也可通过公司名称进行搜索。公司影响力主要指企业形象的影响力。公司影响力所占比例根据行业的不同而不同。

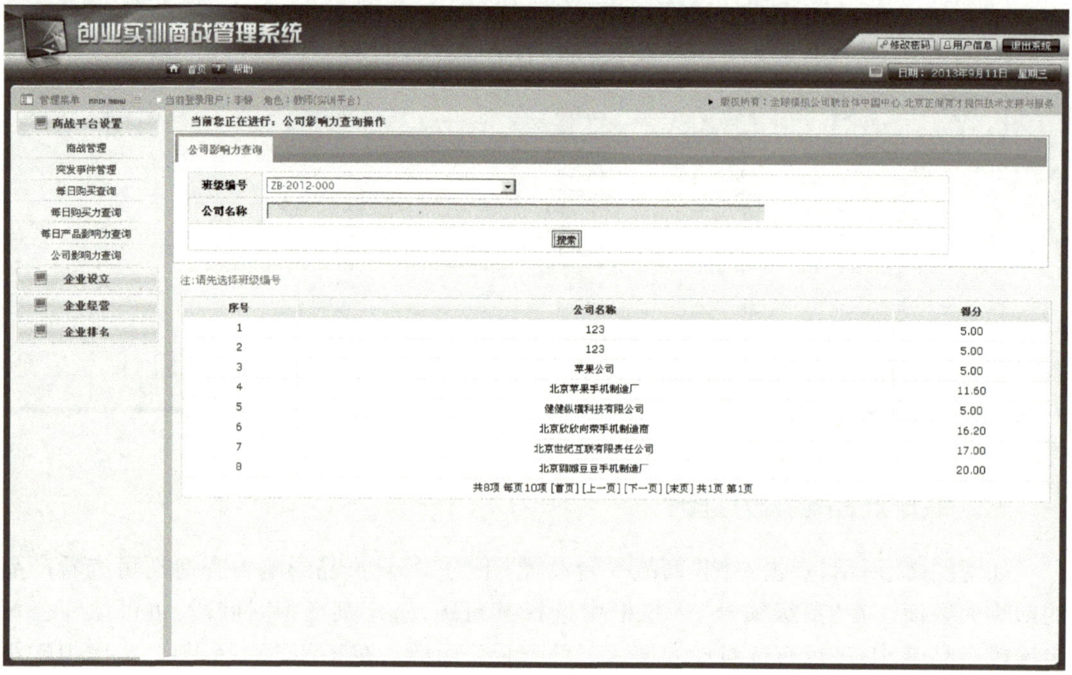

附图 23

第四节　企业设立

“企业设立”模块主要针对企业的名称及 LOGO 进行主观打分。点击附图 23 左侧“商战平台设置”下的“企业设立”，可通过“班级编号”下拉框选择相应班级，点击“搜索”按钮，可查看公司信息列表，如附图 24 所示。

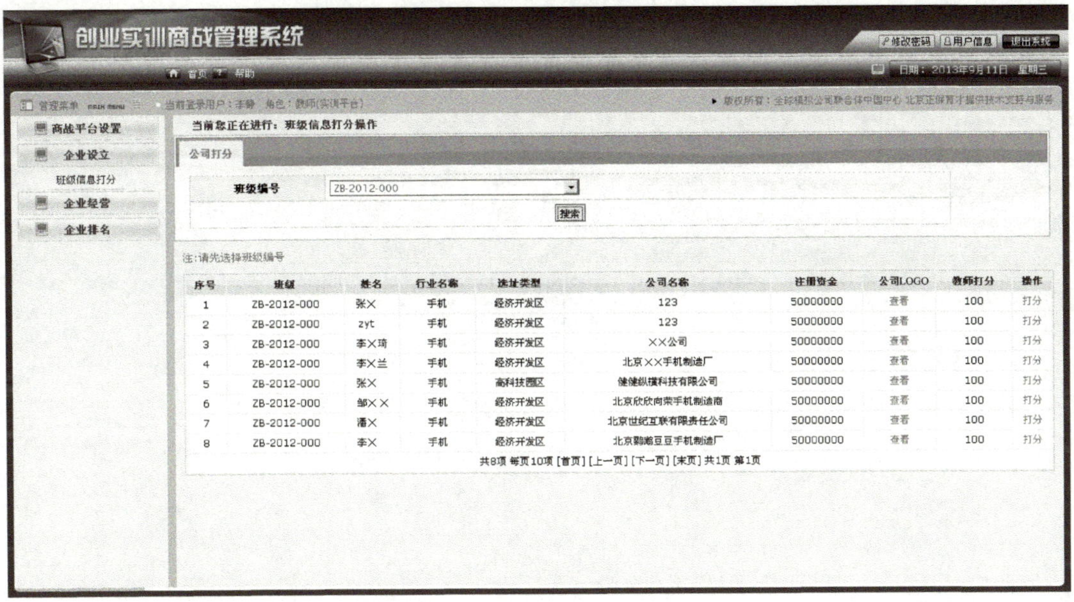

附图 24

点击附图 24“公司 LOGO”下的“查看”，可查看企业设计的 LOGO；点击“操作”下的“打分”，可根据企业名称及企业 LOGO 的情况，进行主观打分，如附图 25 所示，填写分数后，点击“提交”按钮，完成企业设立打分操作。

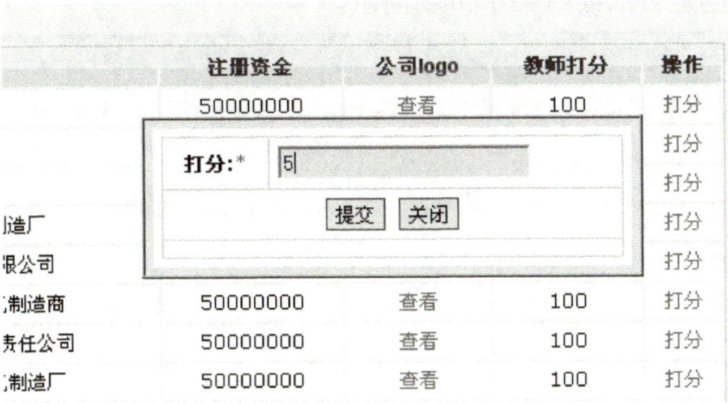

附图 25

第五节　企业经营

点击左侧“企业经营”(附图 26)，可查看企业经营信息、市调信息及产品信息等。

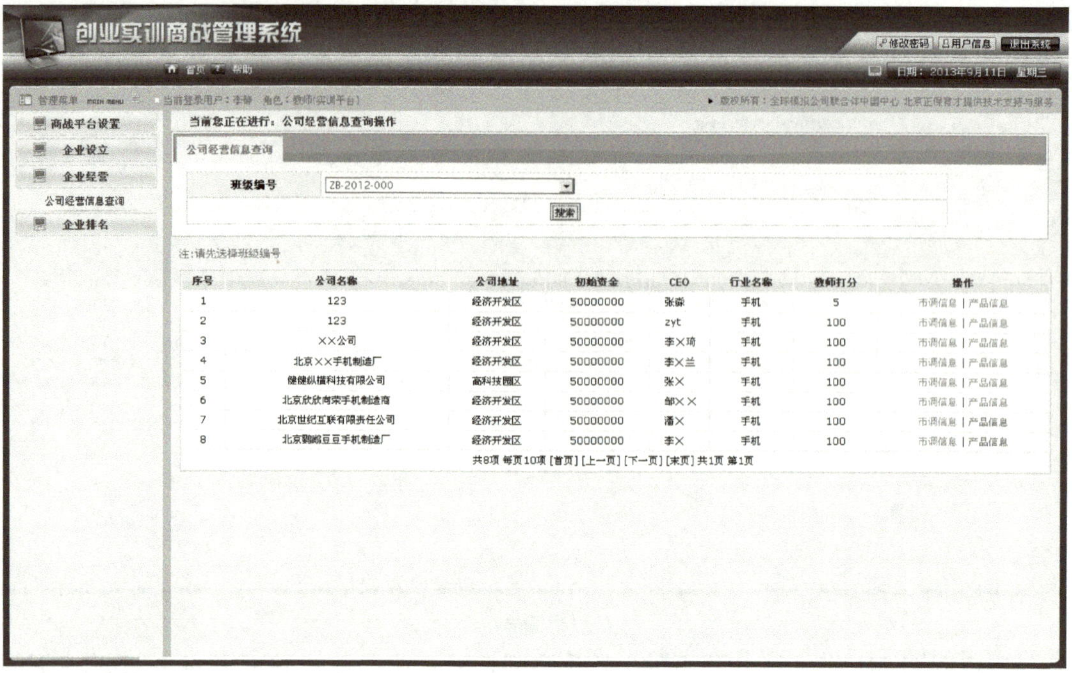

附图 26

点击附图 26 中的“操作”下的“市调信息”，可查看市调中心信息数据，如附图 27 所示，并可查看某企业是否已经购买了市场需求。

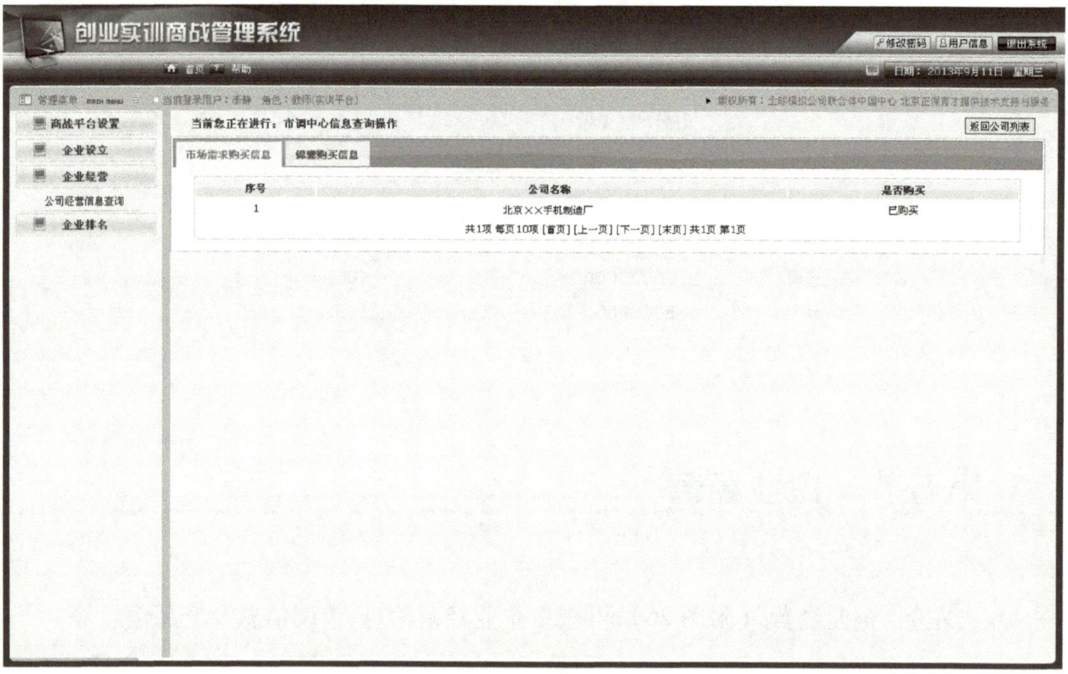

附图 27

点击“锦囊购买信息”选项卡，可查看企业经营锦囊的购买情况，如附图 28 所示。

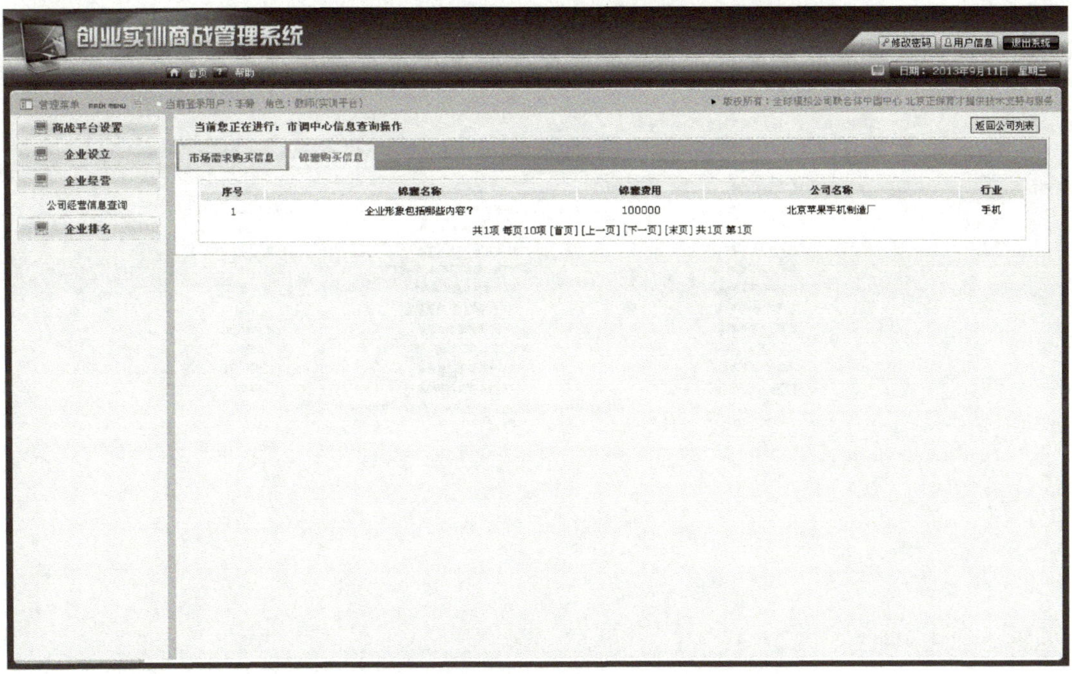

附图 28

点击附图 26 中“操作”下的“产品信息”,可查看企业的产品信息,如附图 29 所示。

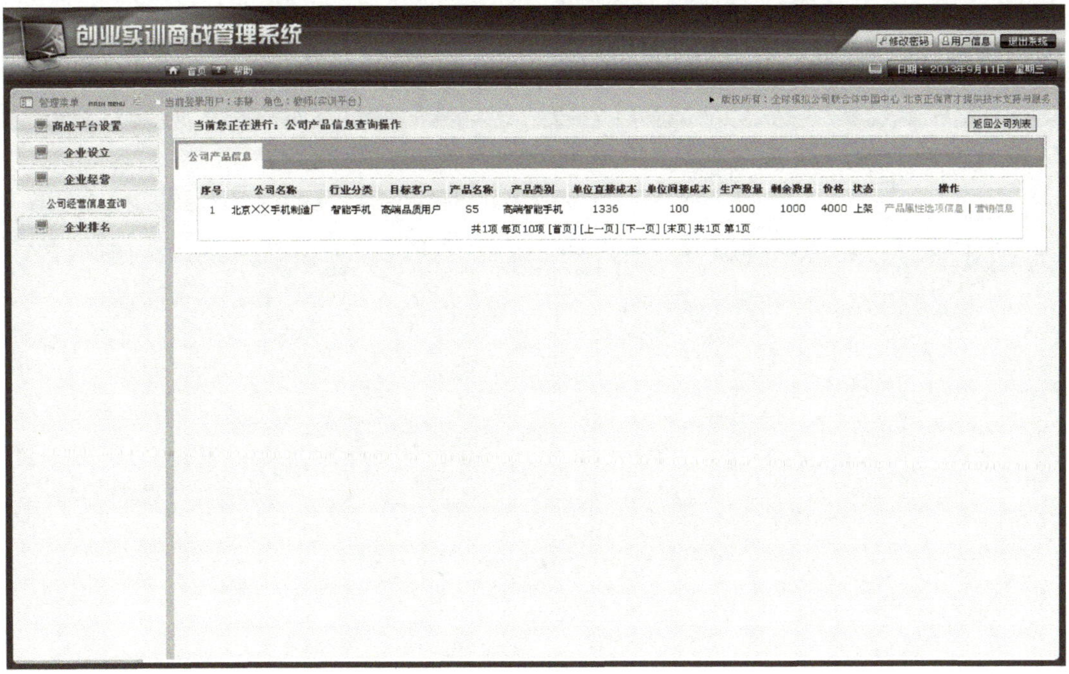

附图 29

点击附图 29 中“操作”下的“产品属性选项信息”,可查看学员的产品详情,如附图 30 所示。

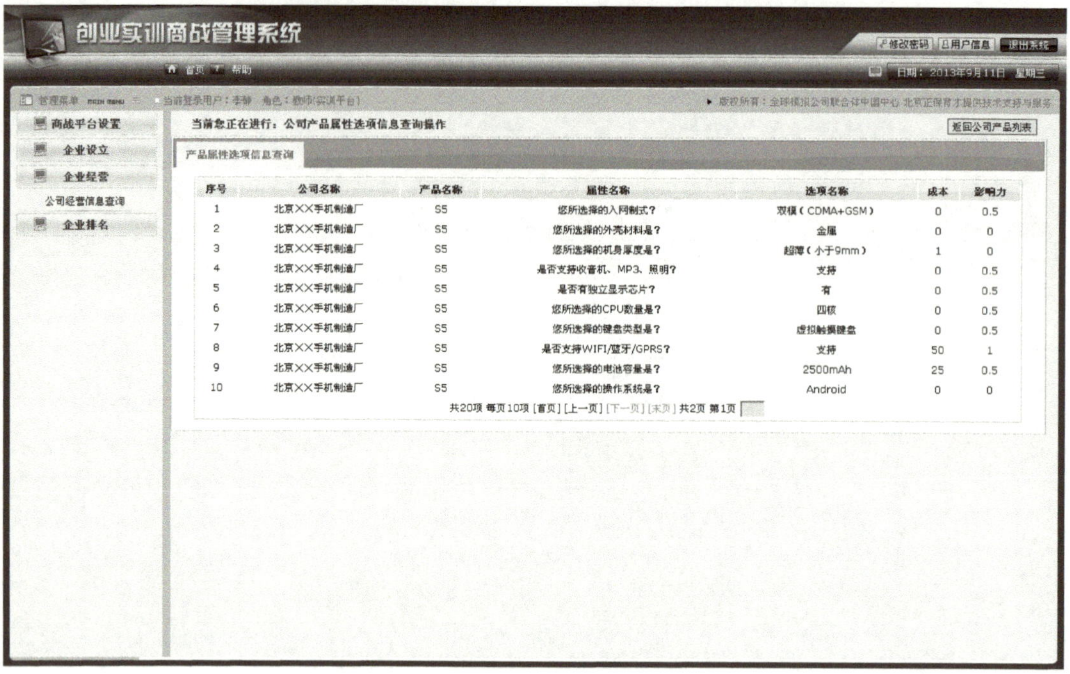

序号	公司名称	产品名称	属性名称	选项名称	成本	影响力
1	北京××手机制造厂	S5	您所选择的入网制式？	双模（CDMA+GSM）	0	0.5
2	北京××手机制造厂	S5	您所选择的外壳材料是？	金属	0	0
3	北京××手机制造厂	S5	您所选择的机身厚度是？	超薄（小于9mm）	1	0
4	北京××手机制造厂	S5	是否支持收音机、MP3、照明？	支持	0	0.5
5	北京××手机制造厂	S5	是否有独立显示芯片？	有	0	0.5
6	北京××手机制造厂	S5	您所选择的CPU数量是？	四核	0	0.5
7	北京××手机制造厂	S5	您所选择的键盘类型是？	虚拟触摸键盘	0	0.5
8	北京××手机制造厂	S5	是否支持WIFI/蓝牙/GPRS？	支持	50	1
9	北京××手机制造厂	S5	您所选择的电池容量是？	2500mAh	25	0.5
10	北京××手机制造厂	S5	您所选择的操作系统是？	Android	0	0

共20项 每页10项 [首页] [上一页] [下一页] [末页] 共2页 第1页

附图 30

点击附图 30 中“操作”下的“营销信息”，可查看企业的营销信息，包括产品渠道、产品促销、产品服务、产品广告等信息，如附图 31 所示。

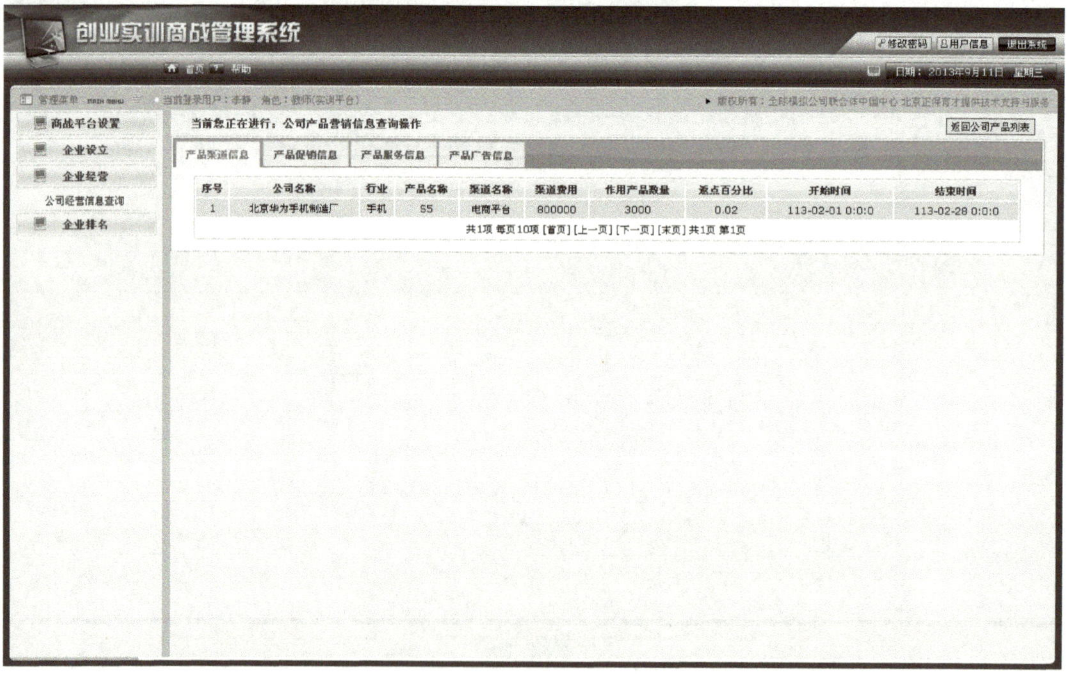

序号	公司名称	行业	产品名称	渠道名称	渠道费用	作用产品数量	返点百分比	开始时间	结束时间
1	北京华为手机制造厂	手机	S5	电商平台	800000	3000	0.02	113-02-01 0:0:0	113-02-28 0:0:0

共1项 每页10项 [首页] [上一页] [下一页] [末页] 共1页 第1页

附图 31

第六节　企业排名

如附图32所示,在“企业排名”模块中可以查看企业的综合排名及八个分项排名情况,包括:投资收益率、库存周转率、市场投入率、人力成本率、销售额、市场占有率、经营净利润、公司美誉度。各指标计算公式如下:

$$投资收益率=(净利润/投资总额)\times 100\%$$

$$库存周转率=营业成本/存货平均余额$$

其中,存货平均余额=(期初存货+期末存货)/2。

$$市场投入率=(市场投入/销售额)\times 100\%$$

其中,市场投入为营销策略中各项的费用之和。

$$人力成本率=(人力成本/销售额)\times 100\%$$

其中,人力成本为招聘员工的工资额汇总。

销售额=已售出产品的销售额求和。

$$市场占有率=(销售量/市场需求量)\times 100\%$$

$$经营净利润=销售额-成本$$

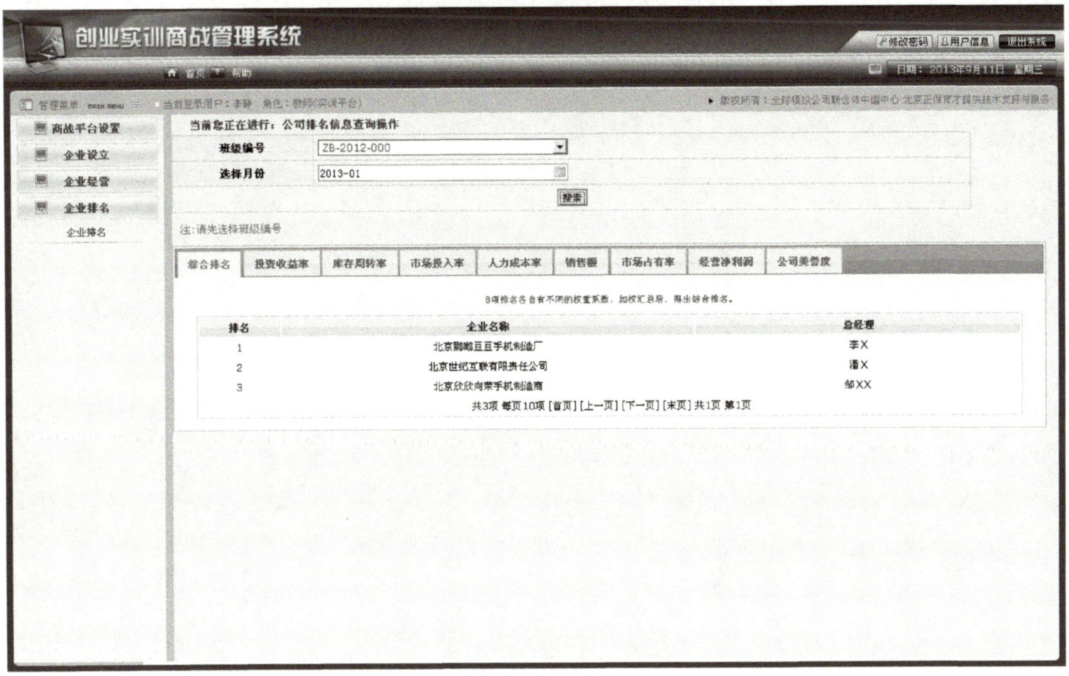

附图32